图2-1(彩) 光谱形成图

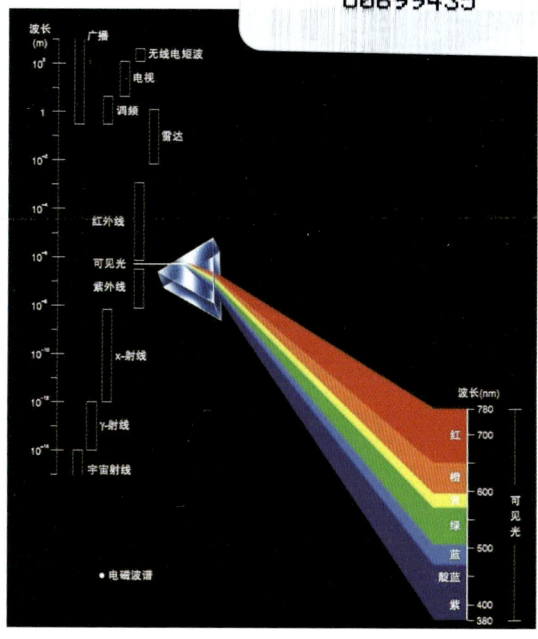

图2-4(彩)
《钟馗驾牛图》修复前(左图)

图2-5(彩)
《钟馗驾牛图》修复后(右图)

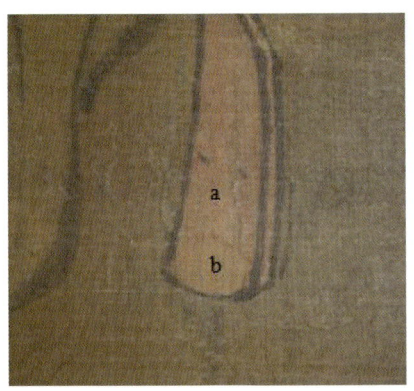

图2-6(彩) 红色绶带原全色与新全色处对比(a.原全色处;b.新全色处)

图2-7(彩) 牛腹处原全色与新全色处对比(a.原全色处;b.新全色处)

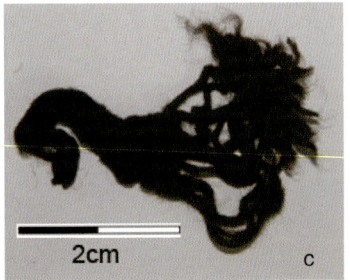

图2-11(彩) 织物残片

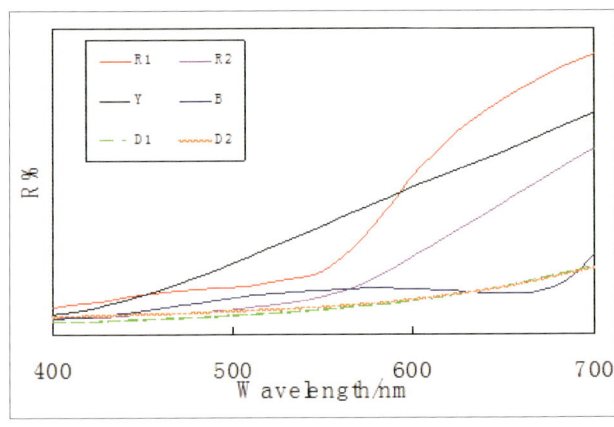

图2-12(彩) 织物样品反射光谱曲线图

图 3-1(彩) 道教画像原图

背面　　　　　　　　　　　　　　拼合图片

图 3-8(彩) 漆器残片样品正面及背面照

— 3 —

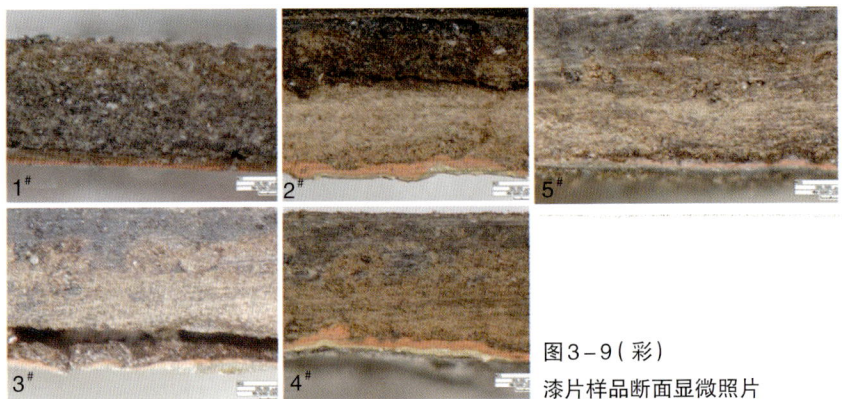

图 3-9(彩) 漆片样品断面显微照片

图 3-18(彩) 曹村窑青黄釉陶样品照片(a. 样品外侧;b. 样品内侧)

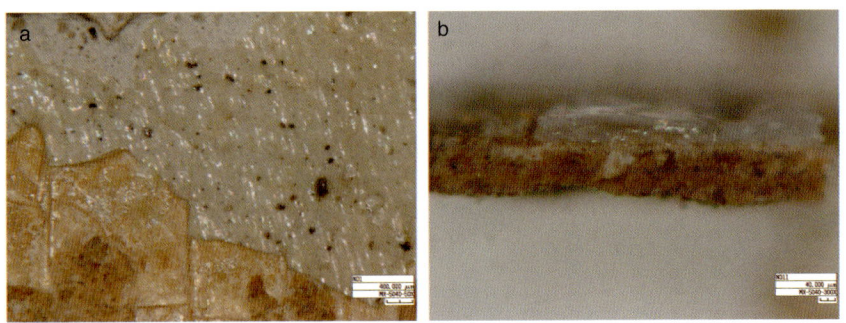

图 3-19(彩) 样品表面腐蚀物显微观察(a. 平面;b. 剖面)

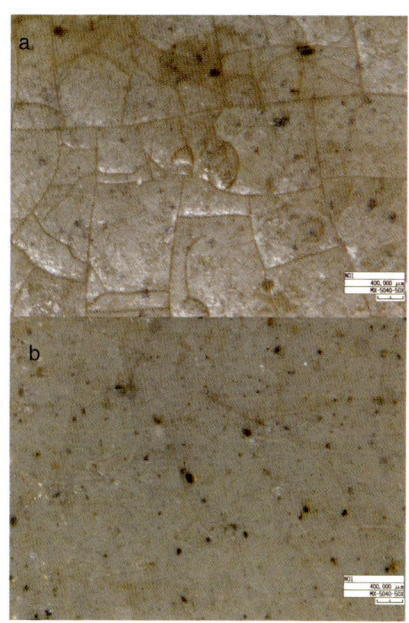

图3-20（彩） 3号样品未腐蚀（a）和腐蚀釉面（b）对比图

图4-4（彩） 菘蓝

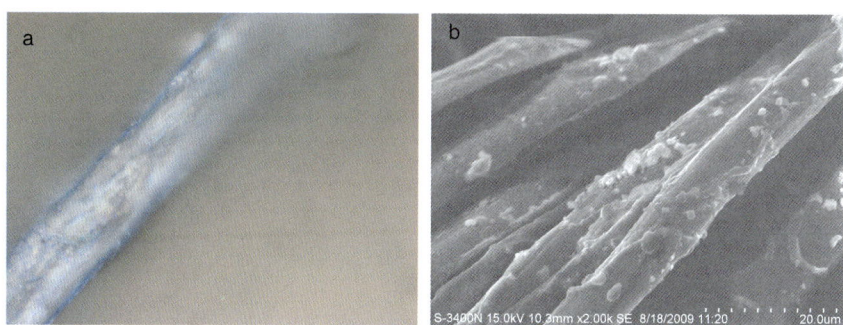

图4-13（彩） 扇套蓝色纤维显微观察（a.×1000倍；b.×2000倍）

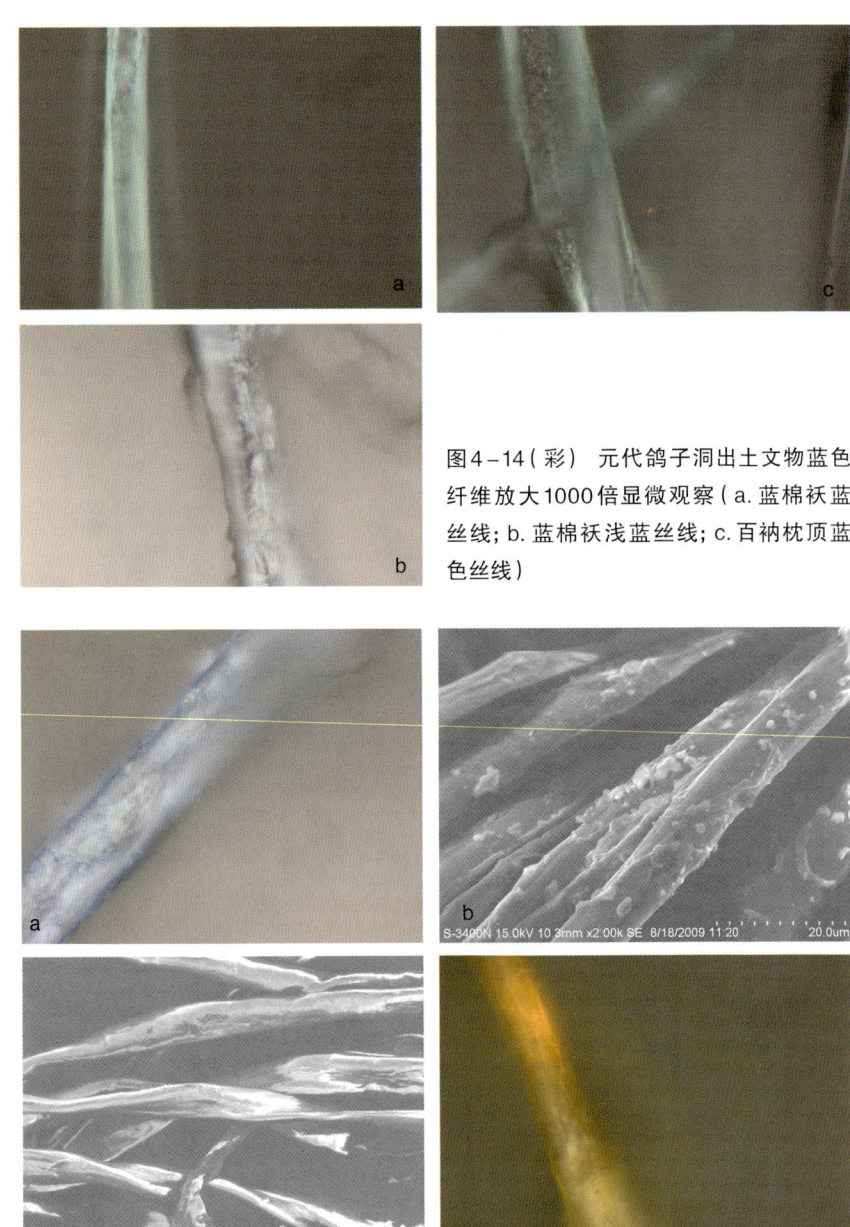

图4-14(彩) 元代鸽子洞出土文物蓝色纤维放大1000倍显微观察(a.蓝棉袄蓝丝线;b.蓝棉袄浅蓝丝线;c.百衲枕顶蓝色丝线)

图4-58(彩) 古织物样品显微观察(a.扇套OM照片;b.扇套SEM照片;c.金线线芯OM照片;d.金线线芯SEM照片)

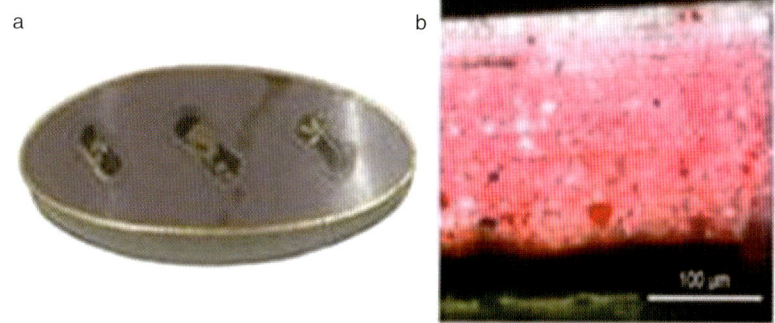

图 4-63（彩） 艺术藏品织梭图片（a. 织梭；b. 织梭剖面结构图）

米黄					
藤黄：赭石=1：1	藤黄：赭石=4：1	藤黄：赭石=5：3	藤黄：赭石=5：1		藤黄：赭石=1：5
藤黄：赭石：水=4：1：25	藤黄：赭石：墨=40：10：1	藤黄：赭石：墨：水=40：10：1：250	藤黄：水=1：5		藤黄：水：墨=40：10：1：250

淡青				
花青：水=1：5	花青：水=1：10	花青：水=1：20	花青：水=1：100	花青：水=1：200

汁绿

花青:藤黄 =1:20 　花青:藤黄 =1:5 　花青:藤黄=1:1 　藤黄；花青:朱䃥=10:2:1 　藤黄；花青:朱䃥=7:3:1

花青:藤黄:赭石=1:1:1 　花青:藤黄:赭石=2:1:1 　花青:藤黄:赭石=5:1:4

橙色

藤黄 　藤黄:朱䃥=5:1 　藤黄:朱䃥=1:5 　藤黄:朱䃥=1:1

图5-9（彩） 模拟色卡

表5-4（彩） 高温加热淬水后玉料样品染色（×20）

染色材料	蛇纹石玉	透闪石
无染色		
重铬酸钾		—

— 8 —

高锰酸钾		
碱性橙		
三氯化铁		
铁黑		
墨		
朱砂		

表5-5（彩） 硝酸腐蚀后蛇纹石玉染色

蛇纹石玉	原图	20倍	40倍
无染色			
重铬酸钾			
高锰酸钾			

三氯化铁			
碱性橙			
朱砂			

表5-6(彩) 氢氟酸腐蚀后各玉料染色

玉料	染色材料	原图	30倍
蛇纹石玉	重铬酸钾		
	三氯化铁		
	碱性橙		
	墨		

透闪石	三氯化铁		
	碱性橙		
	墨		
	重铬酸钾		

表5-7（表） 蛇纹石玉玉料玻璃光做旧（×30倍）

样品	做旧前	做旧后
原样		
高温加热		
三氯化铁		
碱性橙		
重铬酸钾		

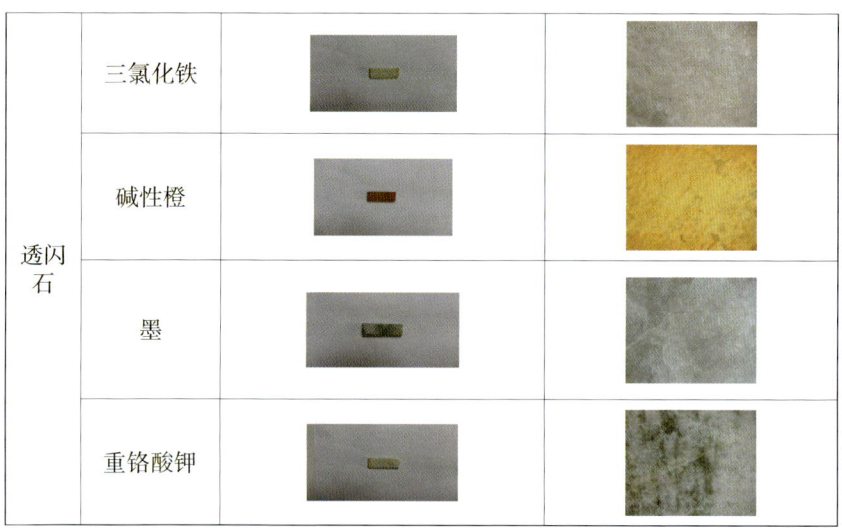

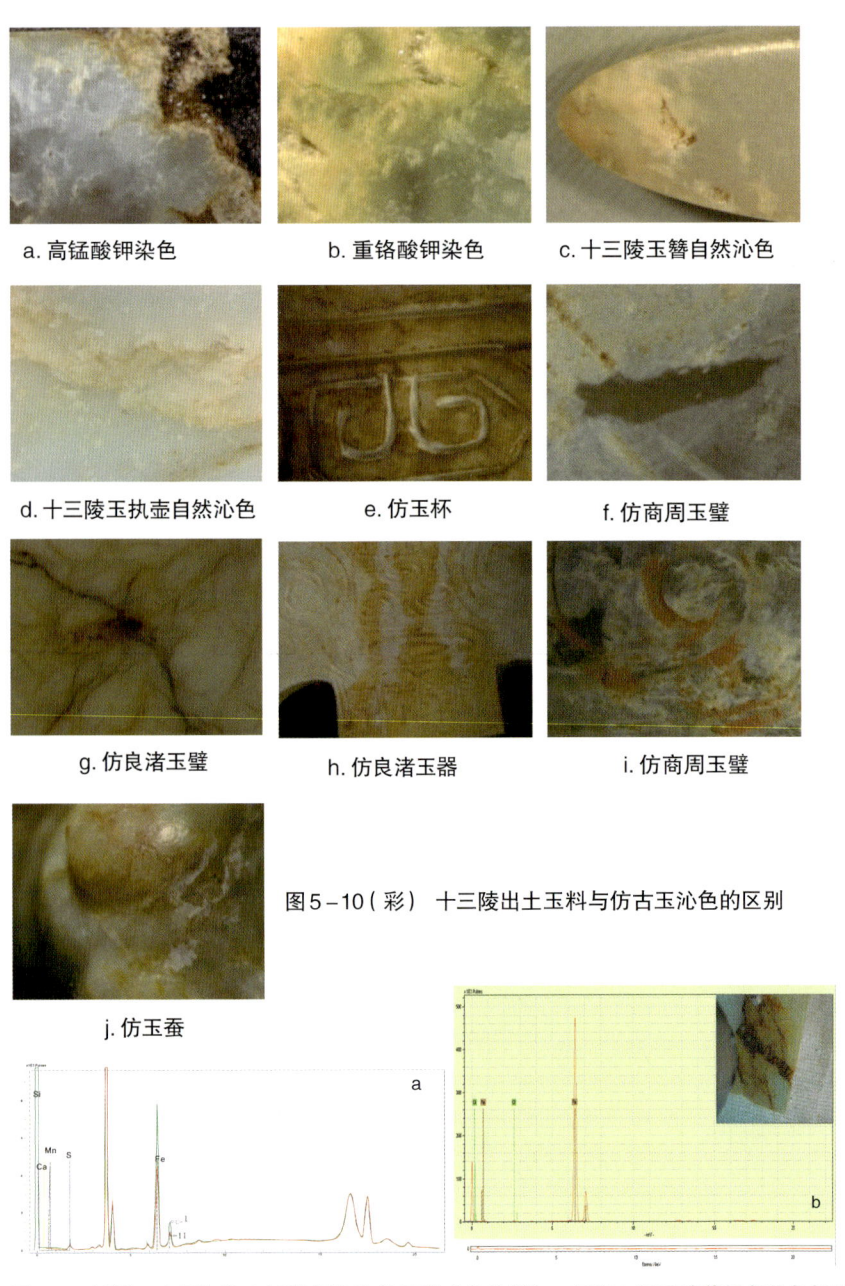

a. 高锰酸钾染色 b. 重铬酸钾染色 c. 十三陵玉簪自然沁色

d. 十三陵玉执壶自然沁色 e. 仿玉杯 f. 仿商周玉璧

g. 仿良渚玉璧 h. 仿良渚玉器 i. 仿商周玉璧

j. 仿玉蚕

图5-10（彩） 十三陵出土玉料与仿古玉沁色的区别

图5-11（彩） 古玉与仿古玉黄褐色沁色元素成分比较（a.齐家文化玉璧黄褐色沁色部位（Ⅰ）与玉器本体（Ⅱ）的XRF叠加图；b.蛇纹石玉样品酸蚀后采用三氯化铁染色后的XRF图）

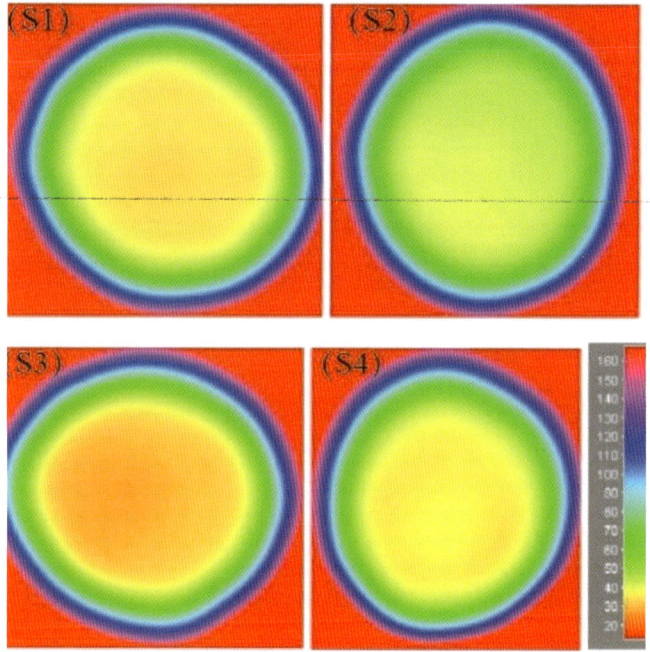

图7-8(彩) 水墨扩散过程

图7-17(彩) 宣纸样品老化20小时表观特征

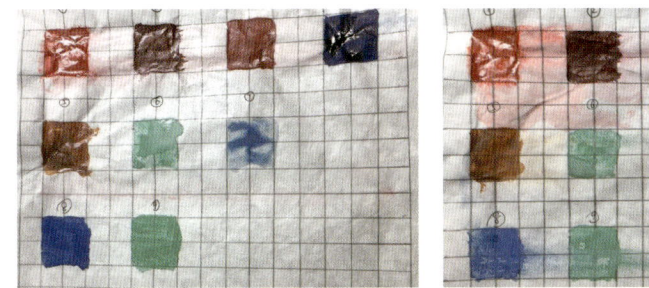
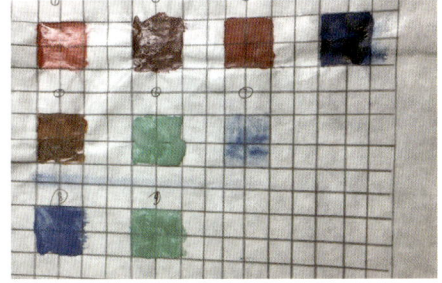

胶矾水　　　　　　　　　　壳聚糖

市购施胶剂　　　　　　　　中性施胶剂

图7-35（彩）　重彩画颜料固色效果

图7-36（彩）　现代书画固色

图7-40（彩） 云辉寺降尘试验地点（a. 左侧；b. 右侧）

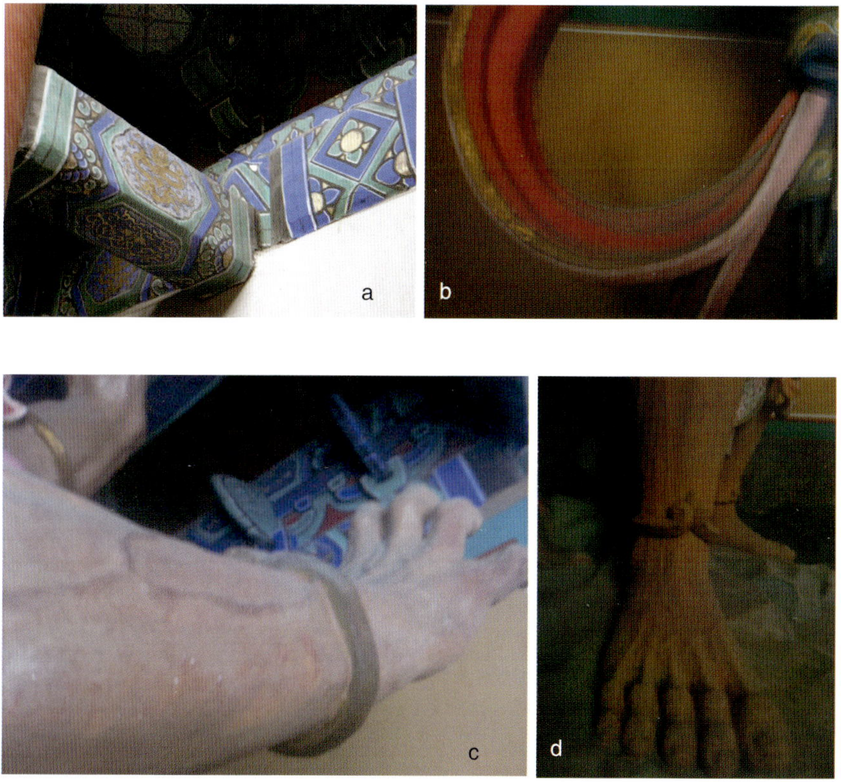

图7-41（彩） 降尘样品取样点

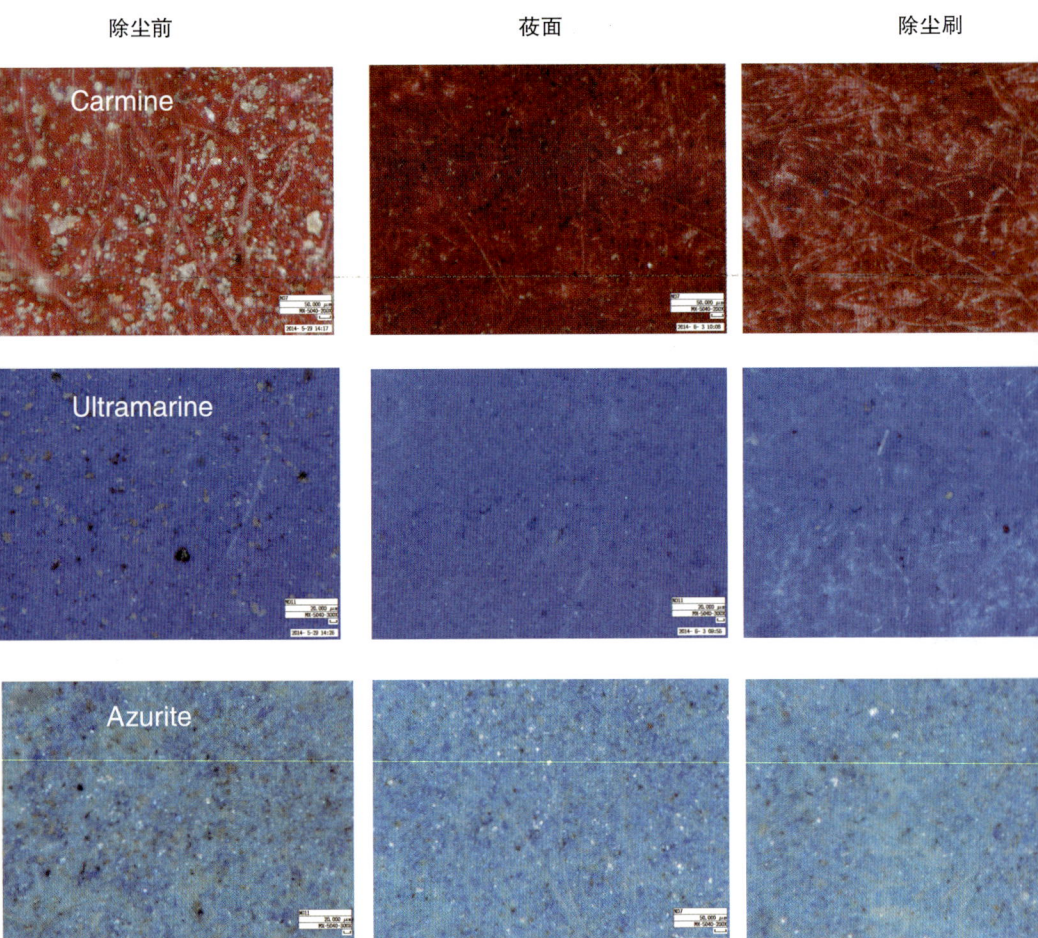

图 7-42（彩） 不同除尘方式显微照片对比

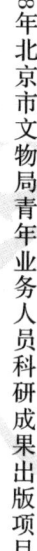

北京市文物局青年科研丛书

2018年北京市文物局青年业务人员科研成果出版项目

文物色彩分析与保护

何秋菊 著

北京燕山出版社

图书在版编目（CIP）数据

文物色彩分析与保护/何秋菊著．—北京：北京燕山出版社，2018.11
 ISBN 978－7－5402－5269－4

Ⅰ.①文… Ⅱ.①何… Ⅲ.①文物－色彩－保护－研究 Ⅳ.①G26

中国版本图书馆 CIP 数据核字（2018）第 256199 号

文物色彩分析与保护

作　　者：	何秋菊
责任编辑：	刘朝霞　李瑞芳
封面设计：	耿中虎
内文排版：	北京麦莫瑞文化传播有限公司
出版发行：	北京燕山出版社有限公司
社　　址：	北京市丰台区东铁匠营苇子坑路138号
邮　　编：	100079
电话传真：	86－10－65240430（总编室）
印　　刷：	三河市灵山芝兰印刷有限公司
开　　本：	787mm×1092mm　1/16
字　　数：	280 千字
印　　张：	20
版　　次：	2018 年 11 月第 1 版
印　　次：	2018 年 11 月第 1 次印刷
ISBN	978－7－5402－5269－4
定　　价：	58.00 元

版权所有　盗版必究

前　言

中华民族是勤劳智慧的民族，古代人民在历史长河中给我们留下了光辉灿烂的物质文化。形态各异、色彩缤纷的各类文物是先民们智慧的结晶。早在一万年前，生活在黄河流域、长江流域、黑龙江流域和珠江流域的原始人类就留下了丰富的艺术品，如山岩和兽骨上所刻的文字和花纹图案、陶器上的彩色纹饰、居室和墙壁上的绘画等。随着时代的发展，绘画的载体从坚硬的岩石、牢固的陶器逐渐转移为墙壁、木质材料、丝织物和纸张等，呈现出多元化的形态。

如果说文物的载体材料成就了文物的形，那么色彩便赋予了文物的神。不论是壁画、书画、漆器、陶瓷器，还是丝织品、彩绘泥塑、古建油饰彩画、佛造像等，其栩栩如生、不可复制的形象都离不开色彩的渲染。颜料和染料是色彩的物质基础和重要组成部分，它们呈现出来的色彩信息是文字、线条等符号所无法比拟的，它们的运用也真实地反映了一个时代的艺术、生活、习俗、服饰、制度等方面的信息，为后人提供了极其珍贵的史料。

然而，在光照、温湿度、污染气体等外界环境的影响下，随着时间的流逝，各类文物的色彩出现了褪变色、粉化、脱落、晕染等各种病害，影响了它们的外观和安全。宏观上色彩的褪变源于微观色彩构成材料的劣化。

本书以文物色彩分析与保护研究为主线，共分为八章：

第一章介绍了色彩的发展历程，色彩组成材料颜料与染料的区别，颜料中胶结物的类别与特性，染料媒染剂类别等；

第二章介绍了色彩的感知，色彩在文物保护修复中的量化表征及应用；

　　第三、四章分别讨论了颜料、染料的分析方法及进展情况；

　　第五章研究了古书画装裱辅料配色染色方法、仿古玉染色方法；

　　第六章研究了外界环境中光照、高温、湿度等因素对文物色彩的影响；

　　第七章分析了莜麦面团、胶矾水及本研究新研发的中性施胶剂的应用效果；

　　第八章论述总结了各类文物色彩分析保护的一般思路与流程。

　　本书首次以文物色彩为主线，研究目的在于建立各类材质基体色彩文物的研究方法，从表观的颜色变化监测到微观的色彩成分变化，从色彩构成材料本身的物理化学性能到外界环境的影响，从配色染色数据化到色彩保护材料的研发与评估，涵盖了文物色彩保护工作的方方面面。这些研究对于从事古书画、壁画、彩绘陶、纺织品、漆器等色彩文物的工作者来说，都有重要的参考作用。

目 录

前 言 ·· 1

第一章 颜料与染料 ·· 1
  1.1 色彩的发展历程 ·· 1
  1.2 颜料 ·· 2
    1.2.1 颜料的概念及种类 ·· 2
    1.2.2 颜料的性质 ··· 10
    1.2.3 颜料中的胶结材料及分类 ··· 10
  1.3 染料 ··· 13
    1.3.1 植物染料 ·· 14
    1.3.2 动物染料 ·· 18
    1.3.3 媒染剂 ··· 19

第二章 色彩光谱学原理及表征 ·· 23
  2.1 色彩的感知 ··· 23
  2.2 颜色的基本特征 ·· 24
  2.3 色度学系统及颜色空间 ·· 25
  2.4 色彩量化实例 ··· 26
    2.4.1 明代《钟馗驾牛图》色彩量化 ·· 27
    2.4.2 古建油饰彩画随湿度的色差变化 ·· 30
    2.4.3 豆浆水对颜料的呈色效果 ·· 32
    2.4.4 染织品反射光谱曲线的测定 ·· 34

第三章 颜料检测方法 ··· 37
3.1 测试方法 ··· 37
3.1.1 形貌分析 ·· 37
3.1.2 元素分析 ·· 39
3.1.3 结构与物相分析 ···································· 41
3.2 研究实例 ··· 43
3.2.1 未知年代的道教画像颜料鉴别 ······················· 43
3.2.2 老山汉墓出土漆器残片髹漆工艺探究 ················· 55
3.2.3 曹村窑青黄釉陶表面腐蚀物成分及形成机理分析 ······· 64

第四章 染料分析 ··· 75
4.1 植物染料鉴定 ··· 75
4.1.1 分析步骤及方法 ···································· 76
4.1.2 染料鉴定方法 ······································ 77
4.2 蓝色植物染料的鉴定 ··································· 84
4.2.1 染料蓝草制靛及染色工艺原理 ······················· 84
4.2.2 一组古代丝织品上蓝色植物染料的分析鉴定 ··········· 91
4.3 染料的紫外可见吸收光谱分析 ··························· 101
4.3.1 标准染料色素及提取试剂 ··························· 101
4.3.2 测试条件 ·· 101
4.3.3 测试结果 ·· 102
4.4 染料的高效液相色谱分析 ······························· 107
4.4.1 测试条件 ·· 107
4.4.2 测试结果 ·· 107
4.5 染料拉曼光谱分析 ····································· 109
4.5.1 不同激发波长拉曼光谱对古织物植物染料的分析 ······· 109
4.5.2 拉曼光谱法鉴定染料的研究进展 ····················· 116

第五章 配色染色技术 ·· 133
5.1 古书画装裱用辅料染色 ·· 133
5.1.1 实验部分 ·· 134
5.1.2 结果与讨论 ·· 135
5.1.3 结语 ·· 142
5.2 仿古玉染色 ·· 142
5.2.1 研究背景 ·· 142
5.2.2 实验方法 ·· 144
5.2.3 染色实验结果 ·· 144
5.2.4 古玉与仿古玉沁色的区别 ······································ 146
5.2.5 结论 ·· 149

第六章 环境因素对古建油饰彩画色彩的影响 ································ 152
6.1 古建油饰彩画的主要病害成因初步分析 ····························· 152
6.1.1 褪色与变色 ·· 152
6.1.2 粉化 ·· 153
6.1.3 油饰彩画的龟裂、起甲、空臌和剥落 ······················ 153
6.1.4 裂缝 ·· 154
6.1.5 烟熏、油污和降尘 ·· 155
6.1.6 霉变 ·· 155
6.1.7 生物对油饰彩画的危害 ·· 155
6.2 光照对色彩的影响 ·· 156
6.2.1 实验材料及仪器 ·· 157
6.2.2 油饰彩画样板制备 ·· 157
6.2.3 光老化方法 ·· 159
6.2.4 光老化表征与测试方法 ·· 159
6.2.5 结果与讨论 ·· 161
6.2.6 小结 ·· 184

6.3 高温对色彩的影响 ·············· 185
   6.3.1 温度老化方法 ············· 185
   6.3.2 结果与讨论 ·············· 185
6.4 高湿对色彩的影响 ·············· 195
   6.4.1 高湿老化方法 ············· 195
   6.4.2 结果与讨论 ·············· 196
   6.4.3 小结 ················· 211
6.5 大气降尘对色彩的影响 ············ 211
   6.5.1 集尘实验方法 ············· 212
   6.5.2 结果与讨论 ·············· 213
   6.5.3 小结 ················· 216
6.6 酸雨对色彩的影响 ·············· 217
   6.6.1 实验方法 ··············· 217
   6.6.2 结果与讨论 ·············· 218
   6.6.3 小结 ················· 223

第七章 色彩保护材料 ················ 227
7.1 胶矾水在书画材料中的应用 ·········· 227
   7.1.1 书画用纸润墨性量化表征方法初探 ···· 227
   7.1.2 胶矾水对宣纸润墨及力学性能的影响 ··· 236
   7.1.3 胶矾水在熟化书画纸张中的应用 ····· 246
   7.1.4 胶矾水在书画颜料固色中的应用 ····· 257
   7.1.5 结论 ················· 263
7.2 一种新型中性施胶剂在书画固色中的应用 ··· 264
   7.2.1 研究背景 ··············· 264
   7.2.2 样品制备 ··············· 264
   7.2.3 应用效果测试方法 ··········· 265
   7.2.4 结果与讨论 ·············· 267

  7.2.5 结论 ·· 272
7.3 莜麦面团对彩绘文物的除尘效果评价 ·················· 272
  7.3.1 研究背景 ·· 272
  7.3.2 实验部分 ·· 273
  7.3.3 实验结果与讨论 ···································· 274
  7.3.4 结论 ·· 279

第八章 文物色彩分析与保护修复方法 ·················· 282
8.1 文物色彩分析原则与步骤 ································ 283
  8.1.1 分析原则 ·· 283
  8.1.2 分析步骤 ·· 283
8.2 色彩文物的保护修复 ······································ 288
  8.2.1 保护修复原则 ······································ 288
  8.2.2 色彩文物保护修复的一般思路与方法 ········ 290

后　　记 ·· 293

第一章　颜料与染料

1.1　色彩的发展历程

旧石器时代晚期，山顶洞人（距今18865年 ± 420年）已会用赤铁矿粉末涂染石珠和筋绳。至春秋战国时，人们仍然用这种红色颜料涂染麻织物[1]。古代彩绘文物的颜料，限于当时的历史条件及制作工艺水平，绝大部分使用的是易于采集及提纯的天然矿物颜料。唐代以前的绘画一直以使用矿物质颜料为主。颜料使用至明代，种类也不是很多，主要依靠大自然提供的天然材料或者利用炼丹术制备的少数几种合成颜料。在19世纪晚期的工业革命浪潮里，合成颜料开始出现，它是一场化工技术革命，出现了合成茜素、合成靛蓝等颜料[2]。鸦片战争（1840年）以后，外国化学颜料巴黎绿、群青等渐渐进入中国，我国至清代才大规模使用合成颜料。随后，西域和国外的颜料也随着中西经济文化的交流补充进了中国颜料的色谱中，如越南的藤黄等。古代建筑文物色彩的发展是与颜料生产、应用技法密切相关的，如历代矿物质颜料的开采、选择、研制，植物颜料品种的增加，无机颜料的广泛应用，用色技法的综合使用，以及采用矿物质、植物颜料和化学颜料的混合使用，罩染、晕染、叠染等多种技巧的运用使设色更加完备。古建筑绘画中的衬地、衬色、填堆、粉贴、胶矾水笼罩、调色、合色、布色、叠晕、积粉、别填、贴络、华子等技术，被总结进了宋代《营造法式》一书的彩画制度中。除了历代古建筑的油饰彩画外，从敦煌石窟壁画和塑像彩绘上都能看到在文物色彩上取得的丰硕成果。可见，随着时代的发展，不仅色彩的载体从坚硬的岩石、牢固的陶器逐渐转移到墙壁、木质、丝织物和纸张等载体材料表面，而且色彩的种类也越来越丰富。

1.2 颜料

1.2.1 颜料的概念及种类

颜料是分散在要着色的介质中的不溶性颗粒状物质。美国出版的 Pigment handbook 将颜料定义为：不被分散介质所溶解，基本上也不与这种介质发生物理和化学反应的，其粒径变化范围可从非常细的胶体粒子（约 0.01 μm）到比较粗大的（约 100 μm）粒子的粒状物质。从化学性质上可分为无机颜料和有机颜料；从来源上可分为天然颜料（矿物颜料、金属颜料、动物颜料、植物颜料）和人工合成颜料（炭黑、铅白、酞菁蓝）。

1.2.1.1 天然颜料

（1）天然矿物颜料

天然矿物质颜料是指以矿物质岩石研磨成粉末、漂制而成的颜料，传统画谱和文献中也把它称为"石色"。实施彩画的矿物颜料不溶于水，其细微颗粒有很强的覆盖力和隔绝性，干后能够形成薄的防护层，对于防止各种侵蚀具有显著的功效[3]。同时，相当一部分颜料本身含有毒性，因而具有一定的防虫效果。常用的颜料有[4-8]：

① 朱砂：又叫丹砂、辰砂，属于辉闪矿类，主要成分是 α-HgS，生于石灰岩中，为红色六方晶系结晶或粉末，比重 8.09~8.20。α-HgS 为中性化合物，化学性质稳定，不溶于一般稀酸、烧碱、乙醇、水，微溶于煮沸的浓盐酸，在王水中溶解。朱砂的色调与颜料的粒子大小有关，直径越大，色调越接近暗红色；直径越小，色调越接近亮红色，甚至带有黄色的色调。

② 雌黄：化学成分是 As_2S_3。常呈柠檬黄色，条痕鲜黄色，金刚光泽至油脂光泽，透明。晶体形态常呈短柱状、板状或片状。极完全解理。

硬度1~2，比重3.4~3.5，常与雄黄共生。

③雄黄：又叫鸡冠石，砷硫化物矿物之一，分子式为As_2S_2。常呈桔红色，条痕浅橘红色，晶面为金属光泽，断口显油脂光泽，透明到半透明。置于阳光下曝晒，会变为黄色的雌黄（As_2S_3）和砷华，不溶于水和盐酸，可溶于硝酸，溶液呈黄色。

④石青：又称扁青、大青，化学式为$2CuCO_3 \cdot Cu(OH)_2$，为次生氧化矿物，原石为蓝铜矿，具有美丽的青色光泽。石青在通常情况下，化学性质较稳定，不溶于冷水和乙醇，但在水（尤其是热水）中会分解，溶于酸而形成相应的铜盐，对硫化氢不稳定。需要注意的一点是，该颜料有毒，对载体材料有一定的腐蚀作用。它与含铅的颜料混合时会发生变色。

⑤青金石（天然群青）：又称天青石，是一种不透明或半透明的蓝色准宝石，属于架状结构硅酸盐中的方钠石族矿物，化学分子式为$(Na,Ca)_{4-8}(AlSiO_4)_6(SO_4,S,Cl)_{1-2}$，常用作绘画颜料，颜色为深蓝色、紫蓝色、天蓝色、绿蓝色等。青金石早在6000年前即被中亚国家开发使用。自明清以来，青金石因"其色如天"，又称"帝青色"，因此明清帝王比较看重青金石。

⑥石绿：矿物名称为孔雀石，主要成分为$CuCO_3 \cdot Cu(OH)_2$。与石青同属贵重颜料，色相略偏冷，研磨后可分头绿、二绿、三绿等数种，颗粒越细颜色越浅，头绿颗粒最粗，颜色最深。石绿与石青一样，都属于单斜晶系，只是晶胞内包含的分子数目不同（每个晶胞含有四个石绿分子；含有两个石青分子），这就引起分子中心的Cu原子在晶胞内的堆积方式不同，从而二者的颜色差异很大。但二者化学性质基本相同，在一般情况下很稳定，遇热水易分解，不能与含铅颜料或腐败的胶混合，具有一定腐蚀性。

⑦赭石：又称土朱，是人类所使用的最为古老的天然红色颜料。伴随赤铁矿产出，为氧化物类矿物刚玉族，化学成分主要含三氧化二铁（Fe_2O_3），呈红褐色。

⑧土红：又称西红和红土，天然的氧化铁红颜料，黄红色至棕红色，主要成分是三氧化二铁。

⑨土黄：为土样黄色，是包在黄金石外面的土黄色。它的主要成分是氧化铁及氢氧化铁。

⑩氯铜矿：是一种绿色铜锈 $CuCl_2·3Cu(OH)_2$。从北魏时期开始，敦煌莫高窟、榆林窟的主要绿色颜料是氯铜矿。天然氯铜矿与石绿为共生矿物，常同时存在于绘画中。唐代便有文献记录了"造铜青法"，主要采用醋酸和卤盐，通过加热和填料控制反应条件和酸度，在青铜板表面促进腐蚀的发生，合成一种绿色铜锈即氯铜矿。

⑪绿土：为一种绿色岩石粉末，化学分子式为 $K[(Al^{III},Fe^{III})(Fe^{II},Mg^{II})],(AlSi_3,Si_4)O_{10}(OH)_2$，含海绿石、青绿色黏土矿物的绿色泥岩等。

⑫白云母：为银白色半透明状天然云母晶体矿石，化学成分为硅铝酸钾。磨成粉后呈现珍珠光泽，可增加画面光泽感。

⑬白垩：白垩又称白土粉，其成分是碳酸钙。古代壁画先以垩饰壁后，然后再作画。它是古人最早使用的白色颜料。由于白垩历久不变色，且有较强的覆盖力，所以它在汉魏以来的壁画中被大量使用。敦煌的北魏壁画中，工匠们将白垩与银朱或樟丹调成肉色用以绘制人物的脸与手。

（2）金属颜料

①金：一般形态为金箔和金粉。金黄色立方晶体，性质稳定，在有氧气的条件下仅与王水起反应。古建筑所用金箔可分为含金量为98%的"库金"和含金量为74%"赤金"。库金质量较好，适用于外檐装修；赤金质量略逊，易变色。

②铜：常用铜箔、铜粉来代替金箔、金粉。具有金黄色光泽，纯铜箔易变色，密度为 $8.0\,g/cm^3$，质重，遮盖力弱，反射光和热的性能较差。

（3）动物颜料

①蛤粉：蛤粉又称"蜃灰"，是一种重要的白色颜料。取自白色的贝壳，因其原料是石化的动物外壳，与白垩一样，所以蛤粉是不易变色的白色物质，在古代绘画中使用量很大。宋代的绘画中已开始使用蛤粉来

代替白垩了。蛤粉壳上的珍珠层中所含的微小文石及方解石晶体，使这种白色颜料具有一种特殊的细腻光泽，所以又称之为"珍珠粉"。

②珊瑚：珊瑚是珊瑚虫的尸体石化后的形态，这种红色颜料的特点是比较厚重，易于浮起。

（4）植物颜料

①胭脂：是用植物红兰花、茜草、紫草三种植物色汁加牛皮胶制成，又称胭脂膏。色相呈深红色，古代常用于妇女面部化妆。

②藤黄：是亚热带地区植物海藤树树脂状胶质黄色液体，自唐代便由越南、缅甸、泰国等地引进。呈柠檬黄色，可用以画花卉、枝叶。藤黄具有一定毒性，对纸张有腐蚀性。使用时，不可用热水泡，否则易起渣滓而变质。藤黄的主要成分是藤黄酸（分子结构式见下图）。

③花青：为蓝靛所制，以蓝草植物的汁液发酵后制成。蓝靛染色作为我国一项古老的传统染色技艺，在纺织品服饰染色上应用广泛。用作绘画的花青蓝色色淀颜料，多取自蓝草的叶和花。花青在国画中用量较大，染天、水，画远山、树叶都用它，与藤黄混合后为草绿色，与墨相配为螺青，色质透明、易渗入纸张。根据所需多少，随用随泡，泡多了容易腐臭变质。花青色素不稳定，易因受热或光照影响产生褪变色。

1.2.1.2 人工合成颜料

人工合成颜料大多具有明确的生产日期（见表1-1），颜料的使用带有绘画作品的时代信息，因此对绘画作品中合成颜料的鉴别，对于作品的绘制年代或者重绘时间的确定具有重要意义。

①银朱：又叫紫粉霜，是我国古代最早的人工合成的化学颜料，用水银（汞）：石亭脂（药名，即加工过的硫黄）=1:2（重量比）制成。分子式为 HgS，红色或橙色三方晶体，加热时升华，不溶于水、稀酸、乙醇，与硫化钠、热盐酸、热硝酸起反应。

②群青：又称沙青、佛青，佛教绘画常用，为复杂的铝钠的硫硅酸盐。色相不同，化学组成亦不同，蓝色中浅色为 $Na_6Al_6Si_6O_{24}S_2$；中色为 $Na_7Al_6Si_6O_{24}S_3$；深色为 $Na_8Al_6Si_6O_{24}S_4$。群青为最鲜艳的人工合成蓝色矿物颜料，具有特殊晶格，耐高温、耐碱，但不耐酸，遇酸易分解而变色，着色力和遮盖力很低，适合装饰色彩，尤其是在中国古建筑上用途很普遍。

③铅白：又名胡粉、宫粉、锭粉（定粉）[9]，是盐基性碳酸铅，分子式为 $2PbCO_3 \cdot Pb(OH)_2$，为矿物铅加工制成的碱式碳酸铅，白色粉状物。铅粉日久易变成黑色，称为"返铅"，但用双氧水轻轻洗过之后又可返回白色。使用时禁与硫化物合用。铅白为平板状六方晶体，由于是人工制造，其颗粒较小，一般为 $1\,\mu m$ 到 $2\,\mu m$。正交偏光下其为小的亮黄色颗粒。铅白加热后转化为密陀僧（PbO），而高温情况下则生成铅丹（Pb_3O_4）。

④铅丹：也称樟丹、红丹，是用铅加工制成的四氧化三铅（Pb_3O_4），产品可以是100%的 Pb_3O_4 组成，但大多数 Pb_3O_4 含量为97%~98%，其余部分为 PbO。为橙红色或橙黄色粉末，密度可达 $8.9\,g/cm^3$，不耐酸碱，不溶于水和酒精。温度超过480℃时，放出氧气，一部分分解为 PbO。

⑤钛白：分子式为 TiO_2，无毒，不溶于水、酸，与 HF、熔融 $KHSO_4$、熔融碱起反应，与浓 H_2SO_4 缓慢起反应。它是惰性颜料，不受气候条件影响，有很强的覆盖力，是近代生产出的颜料。纯钛白颜色干得快，干后容易变黄，所以经常和锌白混合使用。

⑥铬黄：是中性的铬酸铅，分子式为 $PbCrO_4$，是一种非常漂亮的略带暖性的颜色（按照不同的制作方法生产的铬酸铅可以从最浅的柠檬黄、浅黄、中黄、深黄直到橙色），无毒，着色力高，遮盖力强。铬黄不能与带硫的颜色相调，调后容易变暗发黑，更不能与铅白调配。传统彩画较

少使用，现代绘画中逐渐运用。

⑦巴黎绿：是用砷和铜的化合物制成的乙酰亚砷酸铜（醋酸亚砷酸铜），化学式为 $Cu(C_2H_3O_2)_2 \cdot 3Cu(AsO_2)_2$，是具有翡翠绿颜色的结晶粉末，有毒。在空气中对光和热都稳定，对酸和碱不稳定，遇硫化氢变黑，不溶于水和乙醇，可溶于稀酸。

⑧黄丹：又名密陀僧粉，主要成分为 PbO，呈亮黄色。

⑨炭黑：炭黑即墨，是以含碳原料（松树枝、桐油、大漆）经不完全燃烧而产生的微细粉末，分为松烟墨、油烟墨、漆烟墨。松烟墨偏冷色，多用于书法及描绘头发与须眉；油烟墨偏暖色，能和其它透明色调成中间色；漆烟墨的黑色细腻而有光泽，用以作画比较合适。墨的主要组成物是碳元素，色素稳定，着色力及遮盖力都很强。中国书画以墨为主，这也导致了墨的制作技术十分讲究，唐代记载的制墨材料便有20余种。

表1-1 常用人工合成颜料及其合成年代

白色颜料名称	英文名	化学式	合成年代
金红石型钛白	Anatase titanium	TiO_2	合成于1923
锐钛型钛白	Rutile titanium	TiO_2	1947
铅白	Lead white	$PbCO_3 \cdot Pb(OH)_2$	500 BC
锌白	Zinc white	ZnO	1834
锌钡白	Lithopone zinc	$ZnS \& BaSO_4$	1874
骨白	Bone white	$Ca_3(PO_4)_2$	古代
黄色颜料名称	英文名	化学式	合成年代
镉黄	Cadmium yellow	CdS	1845
铅黄	Massicot	PbO	古代
铅锡黄	Lead tin yellow	Pb_2SnO_4	古代
拿坡里黄	Naples yellow	$Pb_2Sb_2O_7$	埃及 1500 BC
浅铬黄	Chrome yellow light	$PbCrO_4$	1809

续表

黄色颜料名称	英文名	化学式	合成年代
深铬黄	Chrome yellow deep	$PbCrO_4 \cdot PbO$	1809
橘铬黄	Chrome yellow-orange	$PbCrO_4 \cdot PbO$	1809
锶铬黄	Strontium yellow	$SrCrO_4$	19世纪早期
钡铬黄	Barium yellow	$BaCrO_4$	19世纪早期
锌铬黄	Zinc yellow	$ZnCrO_4$	1809（1850投入生产）
钴黄	Cobalt yellow	$K_3[Co(NO_2)_6] \cdot 3H_2O$	1861
钛黄	Titanium yellow	$NiO \cdot Sb_2O_3 \cdot 20TiO_2$	20世纪
黄赭石	Yellow ochre	$FeO(OH) \cdot nH_2O$	19世纪中期
马赛克金	Mosaic gold	SnS_2	13世纪以后
印度黄	Indian yellow	$MgC_{19}H_{16}O_{11.5}H_2O$	15世纪
汉沙黄	Hansa yellow	$C_{16}H_{13}Cl_1N_4O_4$	1910
红色颜料名称	英文名	化学式	合成年代
镉红	Cadmium red	$CdS \cdot xCdSe$	1907
红色一氧化铅	Litharge	PbO	古代
铅丹	Red lead	Pb_3O_4	古代
红赭石	Red ochre	Fe_2O_3	19世纪中期
朱砂	*vermilion*	HgS	8世纪
萘酚红	Bright red β-naphthol	$C_{24}H_{16}Cl_3N_3O_2$	1939
靛红	Indirubin	$C_{16}H_{10}N_2O_2$	1878
紫色颜料名称	英文名	化学式	合成年代
汉紫	Han purple	$BaCuSi_2O_6$	771 BC
钴紫	Cobalt violet	$Co_3(PO_4)_2$	1859

续表

紫色颜料名称	英文名	化学式	合成年代
锰紫	Manganese violet	$NH_4MnP_2O_7$	1868
胼尼基紫	Tyrian purple	$C_{16}H_{10}Br_2N_2O_2$	1400 BC
羧基茜草素	Purpurin	$C_{14}H_{18}O_5$	3000 BC
喹吖啶酮紫	Quinacridone violet	不明	不明
绿色颜料名称	英文名	化学式	合成年代
铬绿	Viridian	$Cr_2O_3 \cdot 2H_2O$	1838（?1850）
钴绿	Cobalt green	$CoO \cdot nZnO$	1780
巴黎绿	Emerald green	$Cu[C_2H_3O_2] \cdot 3Cu[AsO_2]_2$	1814
舍勒绿	Scheele's green	$Cu(AsO_2)_2$	1778
铜绿	Verdigris	$Cu(CH_3COO)_2$	BC
酞青绿	Phthalocyanine green	$Cu(C_{32}Cl_{16}N_8)$	1936
蓝色颜料名称	英文名	化学式	合成年代
合成群青	Ultramarine blue	$Na_{6-10}Al_6Si_6O_{24}S_{2-4}$	1828
埃及蓝	Egyptian blue	$CaCuSi_4O_{10}$	3000 BC
中国蓝	Han blue	$BaCuSi_4O_{10}$	771 BC
钴蓝	Cobalt blue	$CoO \cdot Al_2O_3$	1775
锡酸钴蓝	Cerulean blue	$CoO \cdot nSnO_2$	1821
钴玻璃	Smalt	$CoO \cdot nSnO_2$	1500 BC
普鲁士蓝	Prussian blue	$Fe_4[Fe(CN)_6]_3 \cdot 14-16H_2O$	1704
酞青蓝	Phthalocyanine blue	$C_{32}H_{16}CuN_8$	1936
黑色颜料名称	英文名	化学式	合成年代
火星黑	Mars black	Fe_3O_4	20世纪
钛黑	Titanium black	Ti_2O_3	现代

1.2.2 颜料的性质

从颜料的概念里可以看到，颜料不溶于分散介质，如常用的水、桐油和树脂。正因为如此，颜料才具有遮盖性，能覆盖纸张等载体材料的本色，形成色彩缤纷的艺术效果。颜料没有黏附性，所以需要借助于动物胶或者植物胶等胶结物才能牢牢地附着在载体上。颜料相对于染料来说比较耐久，较不易变色，一般情况下，其耐久性排序为：特殊无机颜料＞一般无机颜料＞有机颜料＞有机染料。

1.2.3 颜料中的胶结材料及分类

颜料中的胶结物多为天然材料所配的稀胶水，起着增强基体与颜料各层间的附着力及颜料颗粒间内聚力的重要作用。胶结物根据性质可分类为四类：干性油类，如桐油、白苏籽油等；蛋白质类，如动物胶、蛋白、蛋黄、大豆蛋白等；碳水化合物类（糖类），如植物胶及纤维素衍生物、淀粉等；天然树脂类，如生漆、松香等。

1.2.3.1 干性油类

干性油是指不饱和脂肪酸的双键数目达到6个以上的油类，即不饱和脂肪酸的浓度至少要达到65%，才具有明显的干化能力。影响成膜的因素有四个：一是所含双键数量；二是双键的位置（共轭或非共轭）；三是双键的构型（顺式或反式）；四是催干剂及其他杂质影响。成膜过程中，油中的饱和脂肪酸并未发生变化，而是不饱和脂肪酸中的C=C的氧化反应，最终形成连续的半固态膜及全固态膜[10]。

（1）桐油：也称中国木油，从生长在中国及周边地区的树籽中获得，为褐黄色黏稠液体[11]。它是古建油饰表面形成坚韧涂膜的主要成分，也用于地仗材料调配。因生桐油具有不耐日晒及难以干燥成膜的弊病，一般将生桐油高温熬制为熟桐油使用。

桐油的主要成分是不饱和脂肪酸的甘油酯，即十八碳共轭-9，11，13-酸三甘油酯，相对分子量为873，具有三个长分子链。每条长链上有三个共轭双键，具有很强的反应活性，易干燥、聚合，形成半固态膜。

桐油在干化过程中，不饱和键发生聚合反应和氧化反应，产物是壬二酸[HOOC-(CH$_2$)$_7$-COOH]。桐油在高温下加热直到变稠，熬制中可加入少量的铅、锰催干剂，以催化桐油氧化聚合，缩短干燥时间。桐油用于涂膜时易形成平整、光滑、坚固涂膜。油膜附着力强、耐水、耐碱、耐日光、大气等。在取自明西安鼓楼第二层东北角的样品中，通过热解气相色谱-质谱分析手段检测出胶结质均为干性油类且为桐油[12]。分子式可表示为：

$$CH_3(CH_2)_3-CH=CH-CH=CH-CH=CH-(CH_2)_7-COOCH_2$$
$$CH_3(CH_2)_3-CH=CH-CH=CH-CH=CH-(CH_2)_7-COOCH$$
$$CH_3(CH_2)_3-CH=CH-CH=CH-CH=CH-(CH_2)_7-COOCH_2$$

（2）白苏籽油：又称荏油、荏胡麻，是由白苏籽（含油约35%~45%）中获得的干性油。苏籽油干燥较快，易变黄。涂膜有聚集成滴的缺陷，必须经过280℃以上的热聚合才能使用。

1.2.3.2 蛋白质类

彩画中各种颜料要与动物胶等熬成的水胶以一定比例配合使用才能依附牢实，彩画的底面也要刷胶矾水一道垫底，起到紧固下层、吸附上层颜料的作用。血料在地仗材料配制中起粘结剂的作用，蛋黄等常用于颜料中与骨胶等一起起到粘结作用。

（1）动物胶：动物胶是一种水溶性天然胶料，由动物的骨、皮、筋等结缔组织的胶原体经水解后制得[13]。结构式一般以 NH$_2$-(CH$_2$CO-NH-CH$_2$)n-COOH 表示，是由不同种类的氨基酸按照一定比例缩合而成，其相对分子量在15000~250000之间。由于动物胶分子结构中含有 -NH$_2$ 和 -COOH 活性基团，在水溶液中组成胶团的各种蛋白质链借助于侧链互相缔合，构成一个网状的不溶性固体点阵，从而形成凝胶。常用的动物胶有：

①骨胶：骨胶是动物骨骼中的胶原经简单的水解而得到的蛋白质衍

生物[14]。干骨胶是无色或略带淡黄色、无味、无臭、无挥发性、透明而坚硬的非晶体物质。骨胶由各种不同的α-氨基酸组成，结构式一般以下式表示：

$$NH_2-\underset{R}{\overset{COOH}{\underset{|}{\overset{|}{C}}}}-H \quad (R为巨分子)$$

骨胶溶于热水，遇冷则生成凝胶，受热又恢复溶胶，随温度变化的可逆性是骨胶的最重要性质。其水溶液偏酸性，pH值在5.18~6.13之间。溶于水的骨胶能够形成稳定的亲水溶液，其分子大小正好处于胶体粒子的范围内（1μm~100μm），从而显示较强的胶体特性，这是它具有较强粘结性能的原因所在[15]。

②明胶（白胶）：是各种氨基酸的混合物，主要成份有甘氨酸、脯氨酸等，由废弃的骨头、皮革等水解制成，为无色玻璃状胶。

③广胶：又名黄明胶，用牛马筋骨皮角制成，黄色透明。

（2）血料：猪血中有血水和血块。制作时，先将血水和血块分装，再将血块碾碎成粥状后，酌情缓慢加入冷水，搅匀至同原来澄出的血水一样稠度。待其过筝后，把原来澄出的血水倒入桶内，搅匀后再次过筝。用气硬性石灰泡成较稀的石灰浆，过铁纱箅子后，将其少量多次倒入血水桶内，随时稍加搅动，一两个小时内，血水起变化，产生泡沫上涨，成肉冻状，即血料发成[16]。经过熟石灰水发酵的猪血，有黏合作用，还有防潮和防虫作用。

（3）蛋黄：蛋黄是一种乳浊液，其中含有51%的水、17%~38%的类酯、15%的蛋白及磷脂、2.2%的磷，以及具有明显表面活性剂性质的卵磷脂。蛋黄是一种很古老的绘画用胶结质，可与骨胶等配合使用。

（4）大豆蛋白：豆浆水为黄豆泡水打浆滤渣后所得，富含植物蛋白质。豆浆水中的大豆蛋白大部分是球形蛋白，是由多种L-型氨基酸组成的大分子[17],含有大量的疏水性氨基酸侧链,形成疏水性区域,可使纸张产生抗水性。

1.2.3.3 碳水化合物类

(1)植物胶:植物胶是用温水浸泡植物或植物的种子,提取其中黏液而得,主要成分是半乳甘露聚糖,属多糖类天然高分子化合物,分子量因来源不同而异[18]。除此之外,还有蛋白质、纤维素、水分及少量钙、镁等无机元素。其结构主要是由 $\beta-1,4$ 甘露糖苷的链连结着的 $\alpha-1,6$ 半乳糖苷的旁支单元所组成。同种植物的半乳糖和甘露糖比值保持不变,不同的植物有各自固定的比值。半乳糖-甘露糖结构具有较好的水溶性和交联性。在低浓度下能形成高黏度的稳定水溶液。常用的桃胶为浅黄透明固体,外似松香,黏性较强。

(2)面粉:小麦制成的面粉中的淀粉主要成分为碳水化合物。淀粉有两种形式:直链淀粉和支链淀粉,其相对比例依来源而不同。石灰水发酵面粉时,放出大量的热量,可将其中的淀粉分解形成糊精。淀粉遇热时,1,4键合打开,重新形成1,6键合,结果使得糊精还有许多支链,可以形成胶质所需要的三维结构。所以,用石灰水发过的面粉可用于调配油满,在地仗材料用,起胶结质的作用[19]。

1.3 染料

纺织品文物作为我国灿烂文化遗产的重要组成部分,其特色不仅在于高超的织造技术和华丽的装饰效果,还在于色彩也赋予了它们极大的魅力。纺织品染色技术在中国有着悠久的历史。旧石器时代晚期山顶洞人已用赤铁矿粉末涂染石珠和筋绳。夏、商时,先民们开始尝试用天然植物染料来对织物染色,根据《周礼》记载,周代时设立专官掌管印染。这一事实证明染色工艺体系已经形成。到了春秋战国时期,我国的草染工艺技术已经相当成熟。秦汉时期印染工艺发达,浸染、套染和媒染工艺已相当完善,织物色彩丰富。秦始皇兵马俑彩绘的颜色有近20种之多,汉马王堆出土的丝织品上色彩竟达30余种，其颜料制作能力及印染繁盛程度可见一斑。隋唐时期，在少府监下设有织染署，所属的练染之作中已普遍使用植物染料，"缬"的防染印花技术盛行，工艺也不断创新。明清时，植物染色应用技术达到了鼎盛。清代时的植物染料不仅自给自足，而且还大量出口到国外。

染料是指能溶于水中并能直接或借助于助剂上染于纤维而显示色彩的有机物质。染料按来源可分为植物染料（茜草、靛蓝等）和动物染料（胭脂虫红）；按染色方式可分为直接型、媒染型、还原氧化型。各种染料均有其着色原理，矿物颜料和植物染料虽然都是色料，但它们的着色原理却是不同的。矿物颜料着色是通过粘结剂使之黏附于织物的表面，但颜色遇水即容易脱落。植物染料则不然，染制时，其色素分子是通过与织物纤维亲合而改变纤维的色彩，有时要加入金属盐类媒染材料（如明矾等）以增加染色牢度[20][21]。颜料与染料的区别总结于表1-2。

表1-2 颜料与染料的区别汇总表

种类		颜料	染料
分类	化学性质	无机和有机	有机
	来源	天然（矿物、植物、动物、金属）和化学合成	天然（植物、动物）和化学合成
是否溶于分散介质		否	是
与载体结合方式		物理黏附	化学键
是否需要粘结剂		是	否
有无遮盖性		有	无
耐久性		较好	不好

1.3.1 植物染料

自然界中有记载的能够染色的植物达300多种[22]。按照色相可将染料分为以下几类，各染料主要色素化学结构式见图1-1。

1.3.1.1 红色染料

（1）茜草

茜草（India Madder Root）是我国历史最悠久的红色植物染料。马王堆汉墓出土的纺织品中有用茜草染色的。茜草色素化学成分主要是蒽醌衍生物（主要成分为茜素，亦含紫茜素等）。茜素（Alizarin）结构式见图1-1，学名1，2-二羟基蒽醌，含有羰基、羟基和醌环上三个碳原子所构成的络合基团，因此能生成较为稳定的五元螯合环配位络合物，由1，2位羟基和媒染剂（明矾、铬矾、锡盐）金属络合，生成不溶性沉淀而染于纤维[23]。

（2）红花

红花（Carthamus tinctorius L.）传说汉时由张骞自西域带回，唐宋以后，一直是我国最主要的红色植物染料之一。红花可直接在丝、麻、毛上染色并得到鲜艳纯正的深红色。红花中主要含有红花甙（Carthamin，0.3%~0.6%）和黄色素（Safflower Yellow，20%~30%）[24]。一般情况下只用红花甙进行染色。红花甙的结构式见图1-1。

（3）苏木

苏木（Sappan Wood）又称苏枋，原产于东南亚和我国岭南地区，约于魏唐之间跨过南岭进入中原。苏木内含苏枋隐色素，能在空气中迅速氧化而成苏木红素，主要成分为 $C_{16}H_{12}O_5$，结构式见图1-1，是一种典型的媒染染料，对棉、毛、丝等纤维均能上染，与其中的金属盐络合产生色淀才能有较好的染色牢度[25]。

1.3.1.2 蓝色染料

古代蓝色植物染料均是运用蓝草中所含靛质进行染色，人类应用靛蓝染色的历史可以追溯到四千多年前[26]。据古文献记载，相传在夏代，我国就开始种植蓝草[27]。1880年，Adolf von Bayer用化学方法合成了靛蓝[28]，传统的靛蓝生产也就日渐式微。但是，在国家级非物质文化遗产保护名录中，传统的蓝印花布、蜡染和扎染中使用的染料均为靛蓝，而目前仅有少数地区还在进行传统的制靛工作。常见的蓝草有菘蓝、蓼蓝、马蓝等，色素主要集中在叶和茎部。所有蓝草中均有可以缩合成靛蓝的吲哚酚，但它在各植物细胞中的存在形式却是有所不同的。其中，菘蓝中的形式为菘蓝甙，当它遇到碱时即可水解游离出吲哚酚，从而氧化为靛蓝（$C_{16}H_{10}N_2O_2$）；而其他蓝草如蓼蓝、马蓝中是靛甙，必须经过长时间的发酵、在生物酶和酸的作用下才能水解游离出吲哚酚，再氧化为靛蓝。同时由于部分吲哚酚在溶液中发生烯醇互变，过氧化还会形成靛蓝素的同分异构体靛玉红。靛蓝素和靛玉红的分子结构式见图1-1。靛蓝的配伍性能较强，除了可以染蓝色之外，还能与其他含黄色色素的植物染料套染绿色，以及与红色调植物套染紫色[29]。

1.3.1.3 黄色染料

能染黄的植物染料有栀子、槐树、姜黄、黄檗、地黄、黄栌、郁金、荩草、柘木等。

（1）栀子

自秦汉以来，栀子（Gardenia jasminoides Ellis）的种植已经极为普遍。1973年在长沙马王堆一号汉墓出土的纺织品中，有一部分黄色的丝绸和绣花制品。虽然历经两千多年，外观色光依然鲜明可辨。其中金黄色的绣线和土黄色的丝织物经过鉴定分析，均含有黄酮类物质，是属于用栀子植物染料，经直接染色或媒染剂染色加工而成。

栀子色素成分主要是萜类的藏红花素和黄酮类的栀子黄色素[30]。用于染色的主要是藏红花酸，主要成分是$C_{20}H_{24}O_4$，结构式见图1-1。栀子色素可用直接法将织物染成黄色，微泛红光，亦可加媒染剂染成不同色调之深浅黄色。

（2）槐米

槐米（Japanese Pagodatree Flower-bud）为未开的槐花蕊，染黄出现在唐代以后，明代继续发展。其色素成分为芸香甙（Rutin，10%~30%），又名槐黄素，属黄酮类衍生物，结构式见图1-1，医学上称维生素P，为色彩艳亮、牢度优良的黄色直接染料。

（3）姜黄

姜黄(Curcuma longa L.)主要成分是姜黄素(curcumin),化学式是$C_{21}H_{20}O_6$,结构式见图1-1,属于酚类衍生物,几乎不溶于水或乙醚,可溶于酒精、冰醋酸及碱溶液中[31]。姜黄可直接染棉、毛、丝等纤维,用金属媒染可得各种不同的黄色。

1.3.1.4 绿色染料

冻绿是古代为数不多的天然绿色染料之一,又称鼠李或绿柴。染料色素成分存在于嫩果实和叶茎之中,其色素主要为天然绿二号($C_{15}H_{12}O_6$)。这些色素可以采用直接法在弱碱性浴中染棉和丝绸,还可以在弱酸性浴中采用还原剂来还原染色,得到蓝光绿色。

1.3.1.5 紫色染料

春秋战国时紫草在我国就已经使用,紫草叶及根部均含有乙酰紫草醌($C_{18}H_{18}O_6$),结构式见图1-1,含量约为50%,是以萘醌类为主要发色基团的媒染染料。紫草热稳定性差,这类成分皆难溶于水,溶于醇、醚中,在空气中易氧化,遇热其溶液分解变黑,易与多价金属氢氧化物生成络合物[32]。

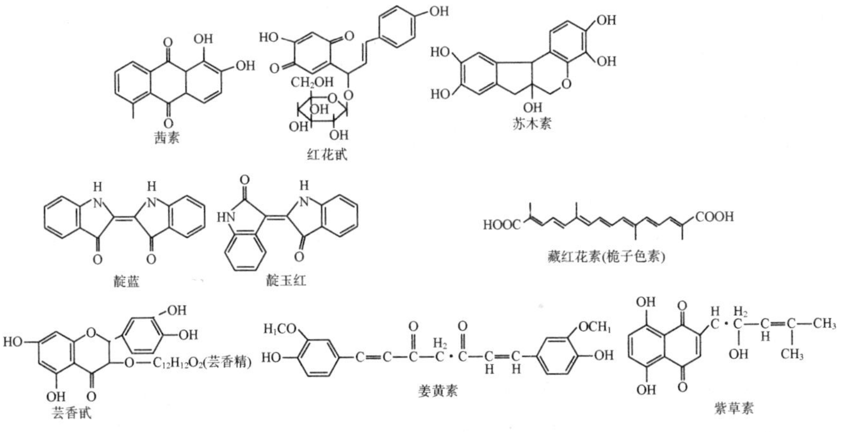

图1-1 各植物染料色素结构

1.3.1.6 黑色染料

黑色染料常见的有麻栎树果壳、胡桃、杨梅、桦柳等树皮，莲子壳等。五倍子是染黑色的主要天然染料，色素属于水解类植物多酚，含有没食类鞣质而能染色成黑。没食类鞣质多是由葡萄糖和没食子酸合成的酯类化合物，其结构式因植物种类不同而异，但均能在铁媒染剂下染出极佳的黑色。主要利用其成分中的鞣质在纤维上经媒染生成灰、黑色，鞣质首先与铁盐在纤维上生成无色的鞣酸亚铁，然后被空气氧化成不溶性的鞣酸高铁色淀，所以染色牢度非常优秀。

1.3.2 动物染料

1.3.2.1 贝紫

贝紫不是贝壳的名称，而是贝的鳃下腺，是一种位于筋肉和内脏中间部分的呼吸系统组织里的活性分泌物，不溶于水，可是一旦将它染在布料上，在酶、空气和阳光的作用下，就会由黄变绿、由绿变蓝，最后成为色牢度极佳的紫色[33][34]。在贝类海生物中，不少海贝都含有紫腺，常见于古代记述的染色海贝有5种，其中最有代表性的是：染色骨螺（Phyllonotus［murex］brandaris）、环带骨螺（Phyllonotus［murex］trunculus）和荔枝岩骨螺（Thais［purpura］haemastoma），均为拉丁文写法。染色骨螺和环带骨螺主要栖息于地中海，荔枝岩骨螺则在地中海和大西洋都有栖息，它们喜好在气候温暖地带栖息繁衍。古希腊人将这些从染色海贝中提取的染料称作"Porphura"，这也是英文中"Purple/紫色"的词源。最有名的动物染料是可用于染紫色的骨螺，此方法在齐国的时候盛行一时。

1.3.2.2 胭脂虫红

胭脂虫有两种：一种生长在栎树上，还有一种生长在仙人掌上，是一种用雌胭脂虫干体加工生产的天然红色素，也称洋红酸，是优质的蒽醌类色素，包括胭脂虫红酸（$C_{22}H_{20}O_{13}$）和胭脂虫红铝两种化合物[35]。胭脂虫红是一种水溶性的红色染料物质，其主要成分是胭脂红酸。从胭脂的化学分子式来看，它属于偶氮类有机染料，支链上有硫酸根离子和羟基，是属于不稳定的染料。在碱性条件下，酸性会被中和，导致色泽发生变化（变成褐色）。

$$\text{CH}_3-\underset{\underset{\text{SO}_3\text{Na}}{|}}{\overset{\overset{\text{SO}_3\text{Na}}{|}}{\bigcirc}}-N=N-\underset{\underset{\text{SO}_3\text{Na}}{|}}{\overset{\overset{\text{OH}}{|}}{\bigcirc\bigcirc}}$$

1.3.2.3 紫胶虫红

紫胶虫生长在豆科和桑科植物上，其红色素通过雌虫分泌物制取。紫胶中含有两类色素，一类是紫胶红色素（或称紫胶色酸），在原胶中约占1.5%~3%，另一种是不溶于水的紫胶黄色素（或称红紫胶素），含量较少，约0.1%，紫胶红色素是水萃取物中最重要的物质，当水洗原胶时，几乎完全可以被洗出，这种红色染料呈酸性，是一种蒽醌衍生物，由A、B、C、D、E 5种紫胶酸（lacacid）组分混合组成。

1.3.3 媒染剂

天然染料在纺织品染色过程中，存在着如色相单调、色牢度较差等问题。媒染性染料如茜素，不能直接使纤维染上颜色，需要借助其他物质作为媒介才能上染。我国古代使用的媒染剂有明矾、青矾、胆矾、铬明矾和铁浆（可能是醋酸铁或醋酸铁乳酸铁的混合物）以及从五倍子、没食子、石榴皮、茶叶中提取的单宁酸等。长沙马王堆汉墓出土的深红绢，经分析检测，发现使用了明矾做媒染剂。宋代《本草演义》中描写的五倍子的染色法中，使用了青矾作媒染剂而制得黑色。这实际是利用五倍子中的鞣酸，借助媒染剂青矾与鞣酸反应生成鞣酸亚铁，进行染色[36]。现代染色也有用保险粉（连二硫酸钠）等。以明矾为例，明矾水解后的产物可以与可溶性染料化合生成不溶性有色物质牢固地吸附于纤维上，起到媒染剂的作用。媒染剂除了通过分子间力、氢键等作用与染料结合，促使染料与纤维的结合，提高染色牢度外，还可以丰富天然染料色相，提高颜色的明度、彩度及上染率。

参考文献

[1] 中国纺织品鉴定保护中心. 纺织品鉴定保护概论[M]. 北京：文物出版社，2002：87.

[2] 刘立. 合成染料工业史上技术创新的里程碑[J]. 南京经济学院学报，1997（5）：72-75.

[3] 赵芳. 中国画颜料浅析[J]. 玉溪师范学院学报，2005，12（9）：53-57.

[4] 黄雨三. 古建筑修缮·维护·营造新技术与古建筑图集（上、中卷）[M]. 合肥：安徽文化音像出版社，2000：94-103.

[5] 尹继才. 颜料矿物[J]. 中国地质，2000（5）：45-47.

[6] 董月明，刘文玉，申丽霞. 矿物质颜料的材质性能与应用[J]. 河北建筑科技学院学报，2003，20（3）：36-53.

[7] 周国信，程怀文. 丝绸之路古颜料考（Ⅲ）[J]. 现代涂料与涂装，1996（2）：37-40.

[8] 纵浩. 中国画颜料老化色差值分析[D]. 合肥：安徽大学硕士学位论文，2005：4-11.

[9] 和玲. 艺术品保护中的高分子化合物[M]. 北京：化学工业出版社，2003：131.

[10] 涂料工艺编委会编. 涂料工艺（上册）[M]. 北京：化学工业出版社，1997：1-10.

[11] 陈炳章. 油桐栽培技术[M]. 北京：金盾出版社，1996：32.

[12] Rocco Mazzeo, Darinn Cam, Giuseppe Chiavari, et al. Analytical study of traditional decorative materials and techniques used in Ming Dynasty

wooden architecture. The case of the Drum Tower in Xi'an, P.R. of China [J]. *Journal of Cultural Heritage*, 2004 (5): 273-283.

[13] 楼桂艳, 李英民. 新型动物胶粘接剂的研究[J]. 沈阳工业大学学报, 2003, 25 (3): 266-268.

[14] 蔡武峰. 动物胶粘结剂[J]. 粘接, 1991, 12 (3): 14-16.

[15] 李仲谨, 李晓钡. 骨胶改性略谈[J]. 化学与黏合, 2006, 28 (1): 44-46.

[16] 北京市文物工程监督站. 实用古建工程操作技术: 油饰彩画作工艺[M]. 北京: 北京燕山出版社, 2004.

[17] 黄曼, 卞科. 理化因子对大豆蛋白疏水性的影响[J]. 郑州工程学院学报, 2002, 23 (3): 5-9.

[18] 杜敏, 王志杰. 植物胶在造纸工业中的应用[J]. 纸和造纸, 2003 (6): 62-65.

[19] 陶海腾, 齐琳娟, 王步军. 不同省份小麦粉面团流变学特性的分析[J]. 中国粮油学报, 2011, 26 (11): 5-8.

[20] 王潮霞. 天然染料的研究应用进展[J]. 染整技术, 2002, 24 (6): 15-18.

[21] 贾高鹏. 天然植物染色研究[J]. 国际纺织导报, 2005 (4): 56.

[22] 潘丽娜, 贾丽霞. 植物染料的研究现状及趋势[J]. 纺织科技进展, 2008 (3): 36-37.

[23] 杨东洁, 郑光洪. 茜草在天然纤维染色中的应用[J]. 丝绸, 2000 (12): 19-21.

[24] 孙云嵩. 植物染色技术[J]. 丝绸, 2000 (10): 24-29.

[25] 贾呐. 植物染料的红、黄色素提取及应用前景初探[D]. 南京艺术学院硕士学位论文, 2004: 8.

[26] 刘剑, 王业宏, 郭丹华. 传统靛青染料的生产工艺[J]. 丝绸, 2009 (11): 42-43.

[27] Zui C. Koren. HPLC analysis of the natural scale insect, madder and inigoid dyes. *J So Dye Co*, 1994, 110 (8): 273-277.

[28] WARREN N Watson, CHESTER H Penning. Indigo and world's dye trade.

Industrial and Engineering Chemistry, 1926, 18(12):1309-1312.

[29] 邓一民.天然植物染料在真丝绸上的应用[J].四川丝绸, 2003(3): 23-26.

[30] 李惠民.天然植物染料资源多样性及应用研究进展[J].西安工程科技学院学报, 2006, 20(3):378-381.

[31] 张实,陈美林.植物染料的应用与发展[J].山东纺织科技, 2006(1): 50-53.

[32] 孙云嵩.黄色植物染料及染色[J].丝绸, 2003(1):31-33.

[33] 郑巨欣,陆越.古代贝紫染色工艺历史[J].装饰, 2011(4):54-57.

[34] 陆越,郑巨欣,戴茹奕.贝紫在丝绸染色中的应用[J].丝绸, 2013,50(2): 10-13.

[35] 卢艳民,周梅村,郑华,等.醌类色素的特性和研究进展[J].林产化学与工业, 2007, 27(s1):147-148.

[36] 龚德才."相关元素法则"在古代丝织品媒染剂研究中的应用[J].文物世界, 2003(5):36-40.

第二章 色彩光谱学原理及表征

没有光就没有色,光是人们感知色彩的必要条件。色度学是从光学的角度揭示色彩的奥秘。人们通过视觉辨别色彩时,每一个色彩都是由色相、彩度及明度三个要素组合而成。长期以来,人们一直都在研究用各种不同的方法对颜色的感知属性进行分类。自19世纪初德国物理学家赫姆霍兹(Helinholtz)建立三原色理论以来,关于颜色的科学发展十分迅速。如今,颜色作为一门独立的学科已经被广泛地用于艺术创作、工业生产和文献资料保护等多个领域。

2.1 色彩的感知

当不同波长的可见光(300 nm~700 nm 波长)投射到物体上,有一部分波长的光被吸收,一部分波长的光被反射/透射出来刺激人的眼睛,经过视神经传递到大脑,形成对物体的色彩信息,即人的色彩感觉。影响观察到的色彩因素有光源、物体本身和视觉。1665年,牛顿(Newton)进行了著名的色散试验,让太阳光通过窗板的小圆孔照射在玻璃三角棱镜上,光束在棱镜中折射后,扩散为一个连续的彩虹颜色带,牛顿称之为光谱,见图2-1(彩)。牛顿通过色散试验认为太阳光(白光)是由不同光线混合而成,各种光线在玻璃中受到不同程度的折射,产生不同色光。利用第二块棱镜可以将扩散的光再次合成为白光。在合成之前,若屏蔽部分光谱,可以产生各种颜色。德国物理学家赫姆霍兹成功地定量分析了这种现象。混合物中红、绿、蓝比例的变化几乎可以产生任何颜色[1]。

物体可分为不透光和透光两类。不透明物体的颜色是由它所反射的色光决定的。如果一个物体能反射阳光中的所有色光,那么该物体是白色的。如果一个物体能吸收阳光中的所有色光,那么该物体就呈黑色。如果一个物体只反射波长为700nm左右的光,而吸收其它各种波长的光,那么这个物体看上去则是红色的。透明物体的颜色是由它所透过的色光决定的。红色的玻璃之所以呈红色,是因为它只透过红光吸收其它色光的缘故[2]。

2.2 颜色的基本特征

物体颜色的五彩斑斓是由于在光的照射下有选择地吸收或反射的结果。颜色具有三个基本特征:色调、明度和饱和度,它们是区别物体不同颜色的主要标志。图2-2为颜色三维立体图。色调是彩色借以彼此相互区分的特征,它取决于光线的波长,不同波长的光波,给

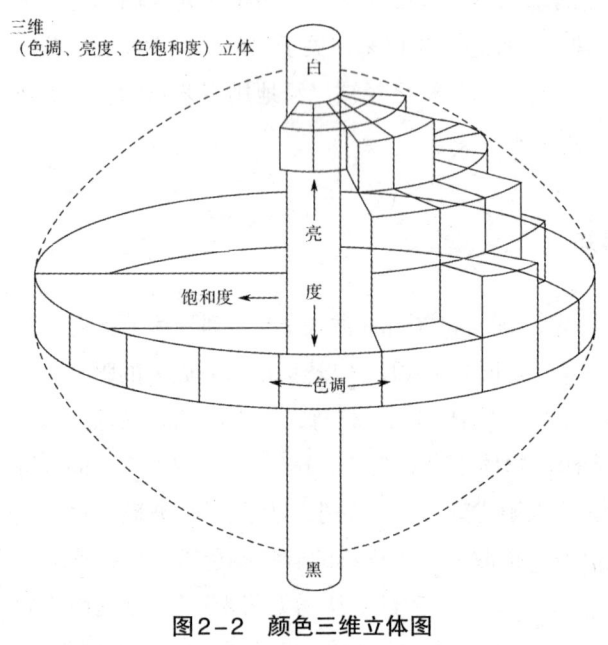

图2-2 颜色三维立体图

人的眼睛以不同的感觉。不同的色调可以用光谱中不同的波长来表示。明度是人的眼睛对色彩的明亮感觉。物体表面光反射率越高,它的明度越高,人眼睛的感觉也就越明亮。相同颜色的物体,由于明亮程度的不同,颜色也会有深浅差别。明度是沿坐标垂直方向而变化的,越往上色

彩越明亮，反之越暗淡。饱和度是指颜色的纯度，颜色中含有的白色成分越多，物体的颜色越不饱和；颜色中含有的彩色成分越多，物体的颜色越饱和。

2.3 色度学系统及颜色空间

对色彩的主观评价常常受到观察光源、观察环境、观察者以及色彩观察模式多种条件的影响和限制，因此，要把人们对色彩的主观感受用客观值定量地表示出来。1905年美国画家A.H.孟塞尔发明了孟塞尔表色系统，即任何颜色可按照它的色调（H）、亮度值（V）和饱和度（C），表示为一个字母数字组合（HV/C），并利用孟塞尔色卡做目视测定。其他数字表示颜色的方法是由国际照明委员会（CIE）研究出来的，最为著名的两种方法为Yxy色空间法和$L^*a^*b^*$色空间法[3]。前者是于1931年根据CIE规定的三刺激值XYZ发明出来的，后者是于1976年发明的，给出了更为均匀的相对于视差的色差。这两种色空间现已在全世界用于色彩交流。

$CIEL^*a^*b^*$表色系统是目前最好用的量化分析颜色的均匀空间（见图2-3）。在这一色空间中，图中$+a^*$为红色方向，$-a^*$为绿色方向，$+b^*$为黄色方向，$-b^*$为蓝色方向。L^*是垂直坐标，是亮度的计量单位。色度变化由下至上变明亮。当L^*值为0时，则物体完全吸收光，呈黑色；当L^*值为100时，则表示物体全部反射光，呈白色。导出值色差变化ΔE表征颜色变化状况，色差ΔE值越大，物质的颜色变化就越明显，数字表达式为$\Delta E=[(\Delta L^*)^2+(\Delta a^*)^2+(\Delta b^*)^2]^{1/2}$。$\Delta E$大小决定了色差程度的大小（通常仪器测量误差$\Delta E \leq 1$），具体见表2-1[4]。

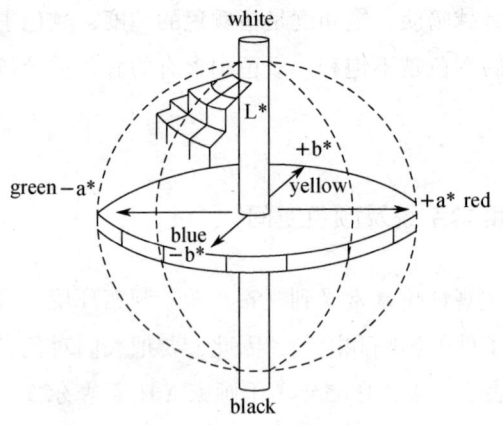

图2-3 CIEL*a*b* 表色系统

表2-1 ΔE与物质颜色变化的关系

物质颜色的变化	ΔE
微量	0~0.5
轻微	0.5~1.5
能感觉到	1.5~3.0
明显	3.0~6.0
很大	6.0~12.0
截然不同	12.0 以上

2.4 色彩量化实例

绘画颜料的颜色变化问题是创作者、装裱师和文物保护工作者关注的问题。运用色度学方法来量化评价绘画作品颜色分布情况，监测颜料的老化状况是文物、档案保护界较为成熟的方法。量化色彩的量具是色差计或分光光度仪。由于色差计测量精度低，因此分光光度仪使用较为普遍。分光光度仪是在稳定的标准光源下，模拟标准观察者的视觉感度对视觉对象对光的分光能量分布值的评价，它不必考虑外界环境变化及周围照度的影响,而且也不受被测物体周围环境的影响,能够迅速准确的进行物体表面颜色测量,可在各种表色系统,如 CIE Yxy、CIE LAB、Hunter LAB、CIE LCH 等进行绝对值和差值测量。

2.4.1 明代《钟馗驾牛图》色彩量化

2.4.1.1 样品简介

明代大幅《钟馗驾牛图》为绢本设色宣和裱挂轴画,作者高淮,文物尺寸为 275 cm × 92 cm,画心尺寸为 166 cm × 71 cm,画心部分见图 2-4(彩)。原画经后人修复过,采用以绢整托原画心的方法,但因后托的绢丝较粗,并且染色偏青黑,补色后造成补洞颜色偏暗。在钟馗的红色绶带与牛腹处有两处补洞颜色空缺,造成画面色彩近看有些不协调,需要全色。画身水污严重,尤其天地水渍污垢较重,天头和地头左半部分有油污;画心已酥脆,左半部边起翘多处,布满破洞且有污渍和白霉。首都博物馆文物保护修复中心书画修复组针对画像的损坏现状,依据文物法所规定的原则对该画进行了除尘、易脱落部分的加固、清洗、整形、缺失处全色、装裱等处理,使该画像重获生机,见图 2-5(彩)。

2.4.1.2 仪器测试条件

文物颜色的测量要求测试过程中文物样品不能被加热、刻划或破损,分光测色仪符合无损测试的要求。仅需要将样品置于仪器测试孔下,通过测量其反射光谱即可得到颜色量化数据。实验仪器为美国 X-Rite 爱色丽 SP64 便携式分光光度仪。仪器测试条件为:光源选用脉冲钨丝灯,钨丝灯能够提供重复稳定的光束,可以满足外观颜色测量对光源的需要;含光方式采用包含镜面反射(SPIN),能够反映物体的真实颜色;标准光源采用的色温为 6504 K 的正常日光(D65),观察角为 10°;最小测量面积:MAV(直径 φ4mm);反射分辨率:0.001%;测量光谱范围:400 nm~740 nm,每隔 10 nm 取一个值。

2.4.1.3 测试结果

本研究采用均匀色空间法考察了画像修复后的全色效果,对污染现状进行评价，对画像主要颜色进行量化记录以及测试了印泥的反射光谱。

（1）全色前后色彩对比

采用1976年 CIEL*a*b*色空间法无损监测画像颜色，统计结果见表2-2。对比红色绶带原全色处和新全色处，见图2-6(彩)测试结果可知，新全色处的颜色比原全色处亮度L*稍微增加，b*值增大，略有泛黄，两处之间的色差△E为3.03，差别较小。牛腹处原全色处和新全色处，见图2-7(彩)的色差△E仅为1.79，差别轻微，新全色处亮度L*稍有增加。根据文物修复可辨识性的原则，远看趋于一致，近看有所区别，这样的全色效果应该是符合要求的。

对比诗堂原色处和污染处测试数据可知，污染后亮度L*明显降低，a*、b*值均有所减小，表明红黄色褪色变浅，色差△E达到了7.89属于很大的差别。由天头绫子的数据可知，褪色处亮度L*明显增加，b*值增大，表明表面泛黄。

对测试点印泥、梅花等进行颜色的无损监测量化记录，例如对比红色印泥、粉色梅花、红色绶带及画心小红果的色彩数据，可知印泥亮度、红黄度最大；粉色梅花亮度次之，红度偏小，相对黄度偏大；红色绶带亮度较小，比粉色梅花稍偏红；画心上小红果亮度最小，较红。这些客观数据与主观人眼观察效果相一致，而且更为准确一些，可用数据具体表征。颜色量化数据可为画像的全色、清洗和复制品的制作提供重要参考，同时可作为一个档案资料保存，以考察画像修复完毕后，在保存过程中颜色的稳定性情况变化。

表2-2 明代钟馗驾牛图色彩统计

测试点	红色绶带		牛腹处		诗堂		天头绫子	
	原全色处	新全色后	原全色处	新全色后	原色处	污染处	原色处	褪色处
L*	38.37	39.89	32.82	34.49	63.42	59.86	56.73	61.01
a*	10.47	10.69	4.19	4.8	7.02	5.11	−5.94	−3.18
b*	16.86	19.47	13.06	12.83	29.96	23.18	4.52	9.26

续表

测试点	红色绶带		牛腹处		诗堂		天头绫子	
	原全色处	新全色后	原全色处	新全色后	原色处	污染处	原色处	褪色处
ΔE	3.03		1.79		7.89		6.96	
测试点	印泥	粉色梅花	红色腰带	蓝色裤	黑色山头	画心	右侧竹叶	下方竹叶
L*	51.73	46.95	36.78	40.15	27.58	36.45	37.01	36.2
a*	19.33	5.22	8.19	0.68	2.36	10.07	4.05	4.46
b*	23.19	18.03	15	11.59	5.76	16.88	16.37	15.69

（2）印泥反射光谱测试

印章在我国具有悠久的历史，按汉制是指某官之章或印，代表官职的高低，后来广泛应用。除日常使用外，又多用于书画题识。印泥为古人封缄用泥，泥上盖印，故称印泥。印泥是印章的专用涂料。旧制印泥多以银朱或朱砂等为主要色素，经历了水印、蜜印、油印三个发展阶段[5]。现代所使用的印泥是仿朱砂印泥，其中并无朱砂成分，而是以红粉和黄粉为颜料混合艾绒、蓖麻油等制成。红粉为色泽鲜艳，着色力和遮盖力强；黄粉在印泥中主要起调色作用，使红粉的颜色泛黄，接近朱砂的颜色，即所谓仿朱砂印泥。

为了验证文献所述，采用分光光度仪在可见光范围内（400nm~740nm）对画像印泥红色颜料进行无损鉴定，图2-8为红色印泥的反射系数－波长反射光谱曲线，反射光谱曲线呈"S"形，通过对图2-8求一阶导数作图（见图2-9）可知在600nm附近出现一个特征反射峰，该特征峰与标准朱砂特征反射峰位置完全吻合，所以推断该印泥中所含红色颜料应为朱砂（HgS）。印泥质量好坏主要决定于朱砂和蓖麻油的质量，其中朱砂是色素成分，有一定毒性，可以防虫蛀，在古代常被作为颜料使用，所谓的"朱笔"蘸的就是朱砂。

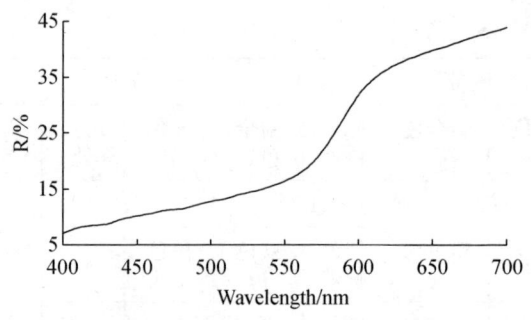

图2-8 红色印泥的反射光谱曲线

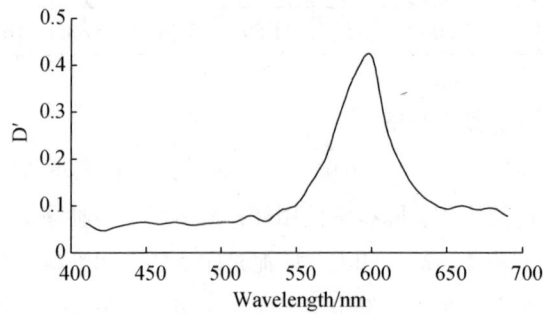

图2-9 红色印泥的一阶导数反射光谱曲线

2.4.2 古建油饰彩画随湿度的色差变化

色彩量化不仅可以初步明确绘画色彩设色及保存状况、绘画材料、评估文物保护修复效果,还可为文物的预防性保护提供参考数据。在本研究中考察了古建油饰彩画在不同湿度环境放置过程中,表面色彩的变化情况,可为筛选适当的湿度保存条件提供参考。实验选取常用的古建油饰彩画传统材料、遵循我国传统制作工艺,制备油饰彩画样板[6]。

2.4.2.1 实验材料

白松木;生桐油;土籽粒(土籽灰);黄丹;生石灰;面粉;猪血;砖灰;麻布(11-12根/厘米);银朱;朱砂;樟丹;石黄;群青;石绿;铅白(以上七种颜料均来自北京金碧斋美术颜料厂);骨胶;纯净水;$MgCl_2 \cdot 6H_2O$(AR,西安化学试剂厂);K_2CO_3(天津市科密欧化学试剂开发中心）；$Na_2Cr_2O_7 \cdot 2H_2O$（AR，天津市耀华化工厂）；$NaNO_2$（河南焦作市化工三厂）；NaCl（天津市化学试剂三厂）；KCl（湖南试剂厂）；K_2SO_4（西安化学试剂厂）。

2.4.2.2 实验方法

室温条件下，放置样板在玻璃箱或干燥器中。平行设计7个不同的湿度体系，采用饱和盐水体系控湿，以饱和盐水溶液控制体系湿度，实验所选择的湿度体系为33%（$MgCl_2 \cdot 6H_2O$）、44%（K_2CO_3）、55%（$Na_2Cr_2O_7 \cdot 2H_2O$）、66%（$NaNO_2$）、75.7%（NaCl）、85%（KCl）、97%（K_2SO_4）。以上从33%的干燥环境至97%的潮湿环境，共设置了7个不同的湿度体系，基本包含了大气湿度的变化范围，并且这些盐溶液的相对湿度随温度变化不大。7组样板均在实验室（温度范围为13℃~32℃）、自然光条件下进行不同湿度的老化实验。定期考察样品色差变化来研究湿度对油饰彩画的影响。

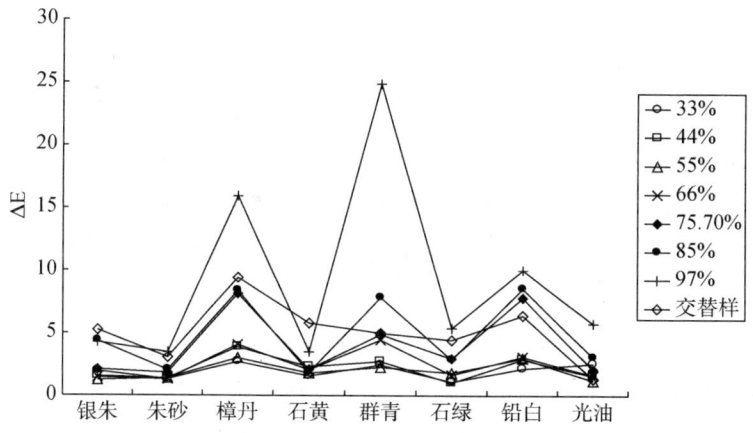

图2-10 不同湿度下老化105d后油饰彩画样板的△E值

2.4.2.3 实验结果

图2-10为干燥条件（33%）、中等湿度条件（55%，66%）、交替老

化及高湿老化（85％）105 d 后油饰彩画样板的△E值。对比不同湿度对样板颜色的影响可知，较高湿度体系（85％湿度）及交替湿度体系，各样板颜色变化较大，而干燥及中等湿度环境（33％~66％湿度）各样板颜色变化较小。由于油饰彩画本身保存也需要在一定的湿度环境中，干燥的环境会导致油饰彩画的粉化、脱落。因此，总的说来，55％~66％的湿度环境最有利于油饰彩画的保存。该研究说明了颜色量化分析在文物预防性保护中的意义。

2.4.3 豆浆水对颜料的呈色效果

2.4.3.1 研究背景

古书画修复是一种抢救、保护古旧残损书画作品的传统技艺。大豆胶作为一种天然植物蛋白质胶结物在20世纪60年代时使用较为普及，中国书画传统修复方法中便有使用豆浆水处理纸张产生半熟纸的做法[7]。徐文娟等探讨了豆浆水在古书画修复中的应用，表明豆浆水处理后在纤维表面可形成胶状物质，单纯的大豆胶与纤维以氢键结合，提高了纸张的抗水性[8]。蔡欣辰认为1％豆浆水涂刷一次可达到全色需要的上胶度，在刚挺度上较胶矾水和烷基烯酮二聚物（AKD）更适合于书画修复[9]。以上研究表明豆浆水可提高纸张的抗水性，但未有文献深入探讨不同熟度豆浆水在书画应用中的差异。豆浆水中的大豆蛋白是由多种L-型氨基酸组成的大分子，含有大量的疏水性氨基酸侧链，形成疏水性区域[10]。同时，豆浆水在书画全色时处理补纸后对颜料的呈色效果也有待研究，该研究可为豆浆水的科学合理使用以及应用机理研究提供参考。

本研究制备了25℃生豆浆水、80℃半熟豆浆水以及胶矾水涂刷于宣纸表面，对比生熟豆浆水及胶矾水对绘画中常用的赭石、朱磦、花青、藤黄国画颜料的呈色效果。

2.4.3.2 实验材料

大豆为市购；明矾购于北京大森国画材料有限公司；明胶购于北京东信文化发展有限公司；墨汁购于北京一得阁墨业有限公司；赭石、朱膘、花青、藤黄颜料分别购于苏州姜思序堂国画颜料有限公司；宣纸（特净皮）购于安徽省泾县汪六吉宣纸有限公司。

2.4.3.3 豆浆水样品制备与测试

配置浓度为7%的25℃生豆浆水、80℃半熟豆浆水以及胶矾水（明胶：明矾=3:1），用排刷均匀涂刷于宣纸表面。待干后，采用朱膘、赭石、花青、藤黄颜料均匀涂色，待晾干后利用分光测色仪考察其对各颜料的呈色效果。采用便携式分光测色仪对采用豆浆水处理后的色样的亮度L^*、饱和度C^*、色调h等进行分析。光源选用脉冲钨丝灯，含光方式采用不包含镜面反射（SPEX），标准光源采用的色温为6504K的正常日光（D65），观察角为10°；最小测量面积：MAV（直径ϕ4mm）；反射分辨率：0.001%；测量光谱范围：400nm~740nm，每隔10nm取一个值。

2.4.3.4 呈色效果

采用分光测色仪对比胶矾水、25℃生豆浆水及80℃半熟豆浆水处理宣纸后，采用绘画颜料朱膘、赭石等涂色后的呈色效果。在L^*C^*h色空间中，L^*代表亮度、C^*为色饱和度、h为色调角。由表2-3可见，胶矾水涂刷纸张后各颜料的亮度L^*值均较生豆浆水和熟豆浆水高，可见明矾可使画面更加明亮鲜艳。对比生豆浆水和半熟豆浆水，生豆浆水涂刷后的宣纸上颜料亮度L^*值较高，色彩饱和度也较好。可见，色彩量化可为修复材料的使用提供参考。

表2-3 不同施胶宣纸上各颜料的呈色效果

样品	色度	朱膘	赭石	花青	藤黄
胶矾水	L^*	72.35	78.07	71.97	81.46
	C^*	28.94	30.27	3.64	71.51
	h	43.21	65.42	175.1	87.36
25℃生豆浆水	L^*	70.92	66.1	61.41	80.2
	C^*	36.61	44.12	6.14	75.42
	h	45.94	55.71	231.4	85.2

续表

样品	色度	朱䏲	赭石	花青	藤黄
80℃半熟豆浆水	L*	66.4	73.59	58.83	77.57
	C*	42.16	28.42	7.79	65.91
	h	41.14	58.96	230.7	82.4

2.4.4 染织品反射光谱曲线的测定

2.4.4.1 研究背景

新疆地处亚洲腹地，为古老的"丝绸之路"的枢纽，秦汉以来该区域便成为东西方商贸往来、文化交流的必经之地。由于大陆性气候影响，这里（尤其是天山以南）干燥少雨，有利于地下有机物的保藏，因此许多历时千百年之久的文物得以留存至今。其中，纺织品更是在这里绽放异彩。近30多年来，新疆地区不断有古代织物出土，其中不仅有丝织品还有大量毛织品。新疆尉犁县营盘遗址清理发掘了一个汉晋时代的大型墓地，所得纺织品既有来自我国中原的丝织品，又有产于中亚、西亚的装饰品[11]。新疆罗布泊地区小河古墓葬群出土了毛织斗篷、腰衣、毡帽及各类毛绳等[12]。扎滚鲁克和山普拉墓地出土了一批西周至东汉时期的毛织物[13]。此外，吐鲁番地区的阿斯塔那墓地、尼雅遗址，新疆楼兰遗址也出土了大量的丝毛织物[14]。所有这一切，都给新疆地区的纺织考古研究带来了丰富的资料。

艾丁湖，又名觉洛浣，位于新疆维吾尔自治区吐鲁番市东南30公里处，为吐鲁番盆地的"盆底儿"。湖面低于黄海海平面154.43米，是我国海拔最低的湖泊。湖盆东西长约40公里，南北宽约8公里。今日的艾丁湖，除西南部还残存很浅的湖水外，大部分是皱褶如波的干涸湖底，触目皆是银白晶莹的盐结晶体和盐壳，当地维吾尔人称之为"月光湖"。2008年考古工作者在艾丁湖畔进行考古调查时，采集到距今有2000多年历史的织物残片，相当于中原的西汉时期。这些残片由绛红、米黄、浅蓝、棕黑四种色调组成，由于该地区气候环境干燥少雨，历经千年，染色织物残片依旧鲜艳如新。本研究应用分光光度仪测得毛染织品的反射光谱曲线，推断染色工艺。

2.4.4.2 样品

文物样品包括三种织物残片，分别以 a、b、c 编号。样品照片见图 2-11（彩）。样品为平纹织锦结构，有绛红、米黄、浅蓝、棕黑四种颜色，色彩保存情况良好。

2.4.4.3 染织品反射光谱曲线的测定

测得毛染织品的反射光谱曲线图见图 2-12（彩）。其中，R1 为样品 A 红色，R2、Y、B、D1 分别为样品 B 红色、黄色、蓝色，D2 为样品 B 棕色。反射曲线 R1、R2 中波长为 600 nm~700 nm 的反射率最大，说明样品反射光中红光最多，应都是红色调的反射体。R1 红色较为鲜亮，R2 呈深红色，因此，较淡的红色测得的反射系数值较大。反射曲线 B 反射率最大值出现在 500 nm~600 nm，反射光呈蓝绿色调。D1、D2 与 Y 形状类似，为上升的斜线，只是 Y 因色浅反射系数值较大。该研究以漫反射光谱量化了染织物染色的色调、亮度等，对于染色工艺研究具有重要意义。

参考文献

[1] 金伟其，王霞，廖宁放，等. 辐射度、光度与色度及其测量[M]. 北京：北京理工大学出版社，2016.

[2] 渡边安人. 色彩学基础与实践[M]. 北京：中国建筑工业出版社，2010.

[3] 卢英，武筠，郭莉珠. 档案保护实验技术[M]. 北京：中国人民大学出版社，1998：7-56.

[4] 汤顺青. 色度学[M]. 北京：北京理工大学出版社，1990：5-36.

[5] 所桂萍. 印泥演变探究[J]. 档案，2001（2）：28-29.

[6] 北京市文物工程监督站. 实用古建工程操作技术：油饰彩画作工艺[M]. 北京：北京燕山出版社，2004.

[7] 丘锦仙. 书画修复过程中豆浆水的使用[N]. 美术报, 2016-10-15 (005).
[8] 徐文娟, 诸品芳. 豆浆水在中国书画修复中应用性能研究[J]. 文物保护与考古科学, 2012, 24 (1): 1-4.
[9] 蔡欣辰. 书画修复用纸全色前上胶之研究[D]. 中国台湾: 台南艺术大学硕士论文, 1997: 45-50.
[10] 黄曼, 卞科. 理化因子对大豆蛋白疏水性的影响[J]. 郑州工程学院学报, 2002, 23 (3): 5-9.
[11] 新疆文物考古研究所. 新疆尉犁县营盘墓地15号墓发掘简报[J]. 文物, 1999 (1): 4-16.
[12] 新疆文物考古研究所. 新疆罗布泊小河墓地2003年发掘简报[J]. 文物, 2007 (10): 5-42.
[13] 贾应逸, 陈元生, 解玉林, 等. 新疆扎滚鲁克、山普拉墓群出土毛织物（西周-东汉）的鉴定[J]. 文物保护与考古科学, 2008, 20 (1): 18-23.
[14] 赵丰, 金琳. 20世纪中国文物考古发现与研究丛书: 纺织考古[M]. 北京: 文物出版社, 2007.

第三章 颜料检测方法

通过现代分析技术探寻绘画的微观形貌、颜料成分、结构以及运动状况对于明确文物本身的保存状况、产地、年代、存在问题以及后续保护方式的提出具有重要的意义。颜料分析检测有助于我们了解绘画者当时所使用的材料、制作技术,考证古代政治、经济、文化、科学技术发展状况。某些具有具体合成年代颜料鉴别结果可为绘画的断代提供直接证据。此外,还可以明确颜料的褪变色情况、风化产物,为修复保护提供有价值的信息。相对于天然有机染料,矿物颜料属于无机物,比较容易保存,而且也不太容易发生化学变化,因而矿物颜料的鉴定相对容易。

3.1 测试方法

3.1.1 形貌分析

3.1.1.1 三维视频显微镜

光学显微镜是文物分析与保护中最常使用的分析工具之一,可通过观察拍照获得文物微观形貌和保存状况等信息。在大多数文博机构都有配置。光学显微镜是利用光学原理,把人眼所不能分辨的微小物体放大成像,以供人们提取物体微观结构信息。三维视频显微镜将传统的显微镜与高分辨率数码CCD摄像系统、显示器或者电脑相结合,达到对被测物体放大观察的目的。在观察物体时能产生正立的三维空间影像,成像清晰和宽阔,又具有长工作距离,并是适用范围非常广泛的常规显微镜。一般的平面观察(2D),有高低差比较大的形貌时,产生了景深,通常视觉焦点同时只能落在一个区域上。而通过景深合成(合焦)方式，可以迅速进行立体观察(3D)，使被观察对象的形貌的细节完全展现。三维视频显微镜可以不接触、远距离无损分析文物状况，如可以对漆器的漆片断面进行显微观察，可揭示的分层结构、色泽，测量各层的厚度，还可显示漆膜中填料的外观特性。这样即可有效地探索不同时期、不同地域的髹漆工艺特点，为研究古代漆器制作技术，辨别漆器的真伪提供可靠的依据。

3.1.1.2 偏光显微镜

偏光显微镜是根据矿物晶体在偏振光透过时具有不同的光学性质来鉴定矿物，最初用于研究矿物与岩石的薄片[1]。在文物保护领域，常用于颜料、织物纤维等文物的分析鉴定。偏光显微镜构造相对于光学显微镜复杂很多。除了物镜、目镜、镜筒、聚光镜、载物台和照明灯以外，还包括偏光镜和勃氏镜和其他附件。测试时，将颜料矿物粒子置于载玻片中央，在表面滴加折光率为1.3~1.4左右的甘油或者封片胶，盖上盖玻片，注意赶走气泡，放置于在显微镜下观察分析。

3.1.1.3 扫描电子显微镜

人们应用光学显微镜来观察被测样品的显微结构，借以分析结构、成份与性能之间的关系，以此来探索微观世界，指导科学研究。但随着科学的发展，人们对显微分析放大倍数及分辨率要求不断提高，扫描电子显微镜的问世使人们对微观世界的认识有了一个巨大的飞跃，其分辨率从光学显微镜的$0.2~\mu m$扩展到纳米级。

扫描电子显微镜的构造是一束高能初级电子束通过磁扫描线圈，在被测物体表面有规则的进行扫描运动。高能初级电子束与文物表面相互作用时，会产生背散射电子流和次级发射电子流，这两者都携带有文物表面微观结构的全部信息。背散射电子是一部分初级电子与表面层原子核电荷发生弹性碰撞后偏离出来的高能初级电子，次级电子是入射电子束中的另一部分初级电子与核外电子电荷发生非弹性碰撞时，高能入射电子丢失部分能量后弹射出来的低能电子，来自文物表面的背射电子可用半导体探头接受后变成电信号，但次级电子必须先让它们通过带正电的金属丝网加速后才能被探头所接收。将探头电信号放大投射于荧光屏。荧屏上便显示出被测文物表面的微观结构的放大影像，最后将此影像拍摄成相片[2]。实际上。扫描电子显微镜主要是利用能量较弱的次级电子流，但当需要获得有关表面层的化学成分信息时，则必须用高能量的背散射电子流。扫描电镜的主要部件必须保存于高真空系统中，扫描电镜能谱分析技术相结合后，使得观察样品表观形态的同时，还能在显微图像中对目标区域样品元素进行定性与半定量分析。扫描电镜上配备的能谱仪的元素检测范围在 C~U 的范围，所以可以用于研究古代颜料微观形貌和颜料剖面的层位分布及各层的主要元素分布[3]。

3.1.2 元素分析

3.1.2.1 X 射线荧光

当某些物质被某种能量较高的光线，例如紫外光照射后，这种物质会立即发射出各种颜色及不同强度的可见光，但是当入射光停止照射时，这种光线也立即消失，这种光线称为荧光。物质发生荧光时，所辐射的能量比入射光所吸收的能量小些。如果以 X 射线作为激发手段来照射样品，样品会立即发射次级 X 射线，这种次级 X 射线叫做 X 荧光射线。

其产生机理与特征 X 射线相同，只是前者采用 X 射线作为激发手段，因此其本质上就是特征 X 射线，因为只有当入射 X 射线的能量稍大于样品原子内层电子的结合能时，才能激出样品原子的内层（如 K 层）电子，此时外层电子（如 L 层电子）落入内层空穴（如 K 层空穴），就有能量 $\Delta E = E_K - E_L$ 释放出来，如果这种能量是以辐射形式释放出来，产生的就是 K_a 射线，即荧光 X 射线。

莫斯莱首先发现，荧光 X 射线的波长与元素的原子序数 Z 有关，随着元素原子序数的增加，荧光 X 射线有规律地向波长变短的方向移动，其数学关系式如下：

$$\lambda = K(Z-S) - 1$$

这就是莫斯莱定律,式中 K 和 S 是常数,随着 K、L 等不同谱线系列而确定。莫斯莱定律指出了荧光 X 射线的波长与元素原子序数之间的关系,并且不同元素的荧光 X 射线具有特定波长值,与试样的化合物状态无关。在分析中,对于定性分析仅要求样品固定好,以防样品在真空中扩散;而对于定量分析,因为 X 射线荧光光谱分析是一种相对分析法,被测量样品必须与标样的条件完全或基本一样,作为一无损检测手段,X 射线荧光在文物保护和考古研究中的应用相当广泛,可应用于陶瓷器、壁画、金属器、书画以及竹木漆器等各类文物。

3.1.2.2 激光诱导击穿光谱(LIBS)

LIBS 是利用高能脉冲激光与样品作用产生的等离子体发射光谱来进行元素分析的新技术[4]。激光诱导击穿光谱是利用激光脉冲烧蚀样品表面,形成局部高温并导致局部样品汽化,烧蚀部位的粒子处于激发状态,因而形成等离子体羽辉。等离子体中处于激发态的粒子在驰豫过程中部分能量以光的形式辐射出来,辐射光中带有元素的特征信息,这就是被激发元素的谱线。因此,只要通过收集激光烧蚀样品表面而产生的等离子激发体谱线就可对样品中所含有的元素进行定性分析以及分析所含元素的浓度,即定量分析。

与传统的分析技术相比,激光诱导击穿光谱技术有非常多的优点。第一,LIBS 是一种很全能的分析技术,它可以进行全元素的分析,也就是说可以测量几乎所有的已知元素;第二,适用于处于不同状态的样品检测;第三,无需对样品进行预处理,这个优势非常明显,因为这可以大大地缩短测试周期;第四,由于激光烧蚀样品表面的面积非常小,因此对样品的破坏非常小,这个特性对于考古人员研究和分析珍贵的化石、文物以及历史遗迹非常重要;第五,LIBS 的测试速度快,且可同时进行多元素分析;第六,利用光纤可进行远程监测,能进行危险、有毒等区域的样品检测;第七,整个测试简单、快速,而且整个测试过程不会产生多余的残余废料[5]。目前,LIBS 已用于油画、铁器、陶器、雕塑、金属、玻璃、彩绘颜料以及石质文物等多个领域[6-8]。

3.1.2.3 电感耦合等离子体质谱（ICP-MS）

电感耦合等离子体质谱（ICP-MS）是将电感耦合等离子体的高温电离特性与质谱仪的灵敏快速扫描的优点相结合而形成一种高灵敏度的分析技术。自20世纪80年代问世至今，尤其是近十年的激光烧蚀等离子体质谱法（LA-ICP-MS）、多接收电感耦合等离子体质谱法（MC-ICP-MS）等新技术的出现，使电感耦合技术ICP-MS得到迅猛的发展[9]。ICP-MS仪器所使用的等离子体除了方位和线圈接地方式外，与发射光谱中使用的基本相同。所使用的质量分析器、离子检测器和数据采集系统又与四极杆GC-MS仪器相类似。质量分析器多采用四极杆质谱计，也有采用具有高分辨的双聚焦扇形磁场质谱计、飞行时间质谱计等。ICP-MS具有高灵敏度、干扰少、超痕量检测限、多元素同时分析等诸多优点[10]。

3.1.3 结构与物相分析

3.1.3.1 拉曼光谱与红外光谱

拉曼光谱与红外光谱一样，都是关于分子内部各种简正振动频率及有关振动能级的情况，从而可以用来鉴定分子中存在的官能团。只是研究分子间作用力的种类不同，红外光谱的产生是入射光子引起分子中成键原子振动能级跃迁产生的光谱。由于吸收光的能量，引起分子中偶极矩改变的振动。拉曼光谱的产生于入射光子与分子振动能级的能量交换，是由于单色光照射后产生光的综合散射效应，引起分子中极化率改变的振动。所以，红外光谱是吸收光谱，拉曼光谱是散射光谱，它们虽然同属于研究分子振动的谱学方法，但各自的侧重点有差异。

在分子结构分析中，拉曼光谱与红外光谱是相互补充的（见表3-1）。例如：电荷分布中心对称的键，如C-C、N=N、S-S等，红外吸收很弱，而拉曼散射却很强[11]，因此，一些在红外光谱仪无法检测的信息在拉曼光谱能很好地表现出来。目前，拉曼光谱在颜料、宝玉石、古书画、陶瓷器等领域应用非常广泛，红外光谱可以和拉曼光谱配合使用，以得到更多的样品信息。

表3-1 拉曼光谱与红外光谱的比较

项目	拉曼光谱	红外光谱
光谱范围	50-4000cm^{-1}	400-4000cm^{-1}
光谱形式	散射光谱	吸收光谱
分子结构测定	适于分子骨架测试	适于分子端基测试
水溶液测试	不受干扰	干扰较大
荧光影响	易受物质荧光信号影响	不受影响
样品制备	无需制样	一般需制样
谱库规模	较少	数量多

3.1.3.2 X射线衍射光谱

对于任何一种结晶物质，其内部质点总是在三维空间成周期性地重复排列，而且其重复的周期与X射线的波长属于同一数量级，因此当X射线通过晶体时，晶体便作为一个三维光栅而产生衍射效应。对于任何一种结晶物质的化学组成及其内部结构，当与其他种类结晶物质比较时，没有任何两种结晶物质的晶胞大小，质点的种类和质点在晶胞中的排列是完全一致的。当X射线通过晶体时，每一种晶体物质都有自己独特的衍射图谱和衍射数据。这些特征以其反射面间距 d 值和反射线相对强度 I/I_0 来表征。其中，d 值与晶胞的形状和大小有关，I/I_0 值与质点的种类及其在晶胞中的位置有关，所以任何一种结晶物质的衍射数据 d 和 I/I_0 是晶体结构的必然反映，可以根据这两组数据鉴别结晶物相。

X射线衍射分析有单晶法和粉晶法两大类，单晶衍射法主要应用于研究单晶体的晶体结构。粉晶衍射法主要用于结晶粉末及其集合体的物相成分，结构状态等，自然界及人工合成的物质大部分（包括各种颜料）呈粉晶或粉晶集合体状态[12]。

常规X射线衍射分析要求的样品量相对较大（约几百毫克），经研磨成200目后，压制在铝制样品框或玻璃板样品槽中。放入衍射仪的测角仪中心的样品架中进行分析。如果文物样品量较少，可以采用一种沿一定晶面切割的单晶硅片样品板，这种样品板在5°~120° 间2θ测角仪扫描范围内没有任何衍射峰而且背景值很低，分析用量少，一般仅需几毫克样品，较适合微量文物样品的分析。分析时，将样品仔细放在单晶硅片的中心部位，并滴上少量无水乙醇，待乙醇挥发净后，样品就吸附在单晶硅片上。然后，将载有文物样品的单晶硅片样品板插入衍射仪样品架中，制样过程即告结束。分析结束后，将单晶硅片样品板取出，用小刀把样品小心刮入载玻片中做长期保存或供以后分析使用。目前，配置有微区测试功能的X射线衍射仪，可以在显微镜下对需要测试的样品点进行微区无损分析，光斑可以达到微米级。X射线衍射分析可广泛应用于研究彩绘及填料物相组成及其劣化状况研究。

3.2 研究实例

3.2.1 未知年代的道教画像颜料鉴别

3.2.1.1 样品及测试条件

（1）样品简介

样品为北京印刷学院印刷史研究室收藏品，见图3-1（彩），画像长27cm，宽16.5cm。画像为手绘作品，据考古专家分析，绘画属于道教风格，作品年代未知。画像整体保存情况较差，纸张虫蛀严重。画像色彩丰富，共有红、绿、蓝、白、黄、黑、肉色七种颜色。画像中人物服饰部分的颜色有"叠压"现象，说明是由里向外逐层绘制而成。

3.2.1.2 仪器测试条件

（1）漫反射光谱

实验仪器为美国X-Rite爱色丽SP64便携式分光光度仪。测试条件为光源：脉冲钨丝灯；含光方式：SPIN（包含镜面反射）；测量方式：反射；主光源：D65，观察角：10°；测量面积：MAV（直径φ4mm）；反射分辨率：0.001%；测量光谱范围：400nm~740nm。

（2）显微激光拉曼光谱

该仪器为法国 J·Y 公司 LabRAM HR 800 型激光共焦拉曼光谱仪。在室温、暗室条件下，共采用两种不同波长的激发光源：$\lambda_0=532\,nm$（YAG 激光器），$\lambda_0=785\,nm$（半导体激光器）；物镜 50 倍长焦，样品表面的激光功率 $2\sim3\,mW$，信号采集时间 $10\sim50\,s$，累加次数 $1\sim2$ 次，光栅 600；狭缝宽度 $100\,\mu m$，仪器分辨率 $2\,cm^{-1}$，光斑尺寸 $1\,\mu m$，采用单晶硅片校准，光谱测试范围 $4000\sim100\,cm^{-1}$。

（3）能量色散 X 射线荧光

仪器为日本堀场 XGT-5000Ⅱ 能量色散型 X 射线荧光分析显微镜。仪器测试条件：端窗铑（Rh）靶 X 射线管，真空光路，光管电压 50KV，电流 1mA，测量时间 300s。

（4）X 射线微区衍射

荷兰 X'Pert-Pro MPD 型 X 射线衍射仪。测定条件阳极为 Cu 靶，管压和管流分别为 40kv 和 40mA，毛细管点光源，高能探测器，扫描范围 2θ 为 $5°\sim70°$，扫描步长 $0.003°$，扫描时间 10h。

3.2.1.3 检测结果与讨论

（1）漫反射光谱分析

测试时，将样品置于仪器测试孔下，通过测量待测物对不同波长光的漫反射光谱曲线，获取有关物质表层信息。此方法可实现文物颜料的完全无损鉴别，是一种便捷安全的文物分析技术。

根据前人对大量彩绘颜料的反射系数-波长（R-λ）光谱的相关研究[13]，颜料的漫反射光谱曲线可分为 3 种类型，即"钟"形、"S"形和"斜线"形。根据反射光谱曲线的形状和特征或一阶导数峰的位置，可实现对彩绘颜料的鉴别。需要指出的是，由于黑、白及介于两者之间的颜色为"斜线"型反射光谱，没有特征或一阶导数峰，故不宜采用此法。本研究对画像中的红、绿、蓝三种颜色进行了漫反射光谱分析。

图 3-2 为红色颜料的反射系数-波长反射光谱曲线，呈"S"形。通过对图 3-2 求一阶导数作图（见图 3-3），发现其在 600nm 附近出现一个

显著的反射峰,该特征峰与朱砂的特征反射峰位置(600nm~610nm)符合。所以,红色颜料应该为朱砂(HgS)。

图3-4为绿色颜料的反射光谱曲线,呈"钟"形,在580nm附近出现特征反射峰。通常,孔雀石 $CuCO_3 \cdot Cu(OH)_2$ 和氯铜矿 $Cu_2(OH)_3Cl$ 的特征峰位分别出现在535nm和560nm左右。因此,初步判断绿色颜料应不属于这两者。

图3-5为蓝色颜料的反射系数-波长反射光谱曲线,曲线在470nm附近出现明显的特征反射峰,在530nm~670nm出现一个反射系数的平台,这和群青的反射光谱曲线极为类似。

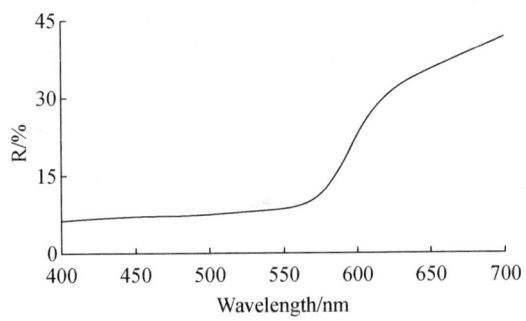

图3-2 红色颜料反射光谱曲线

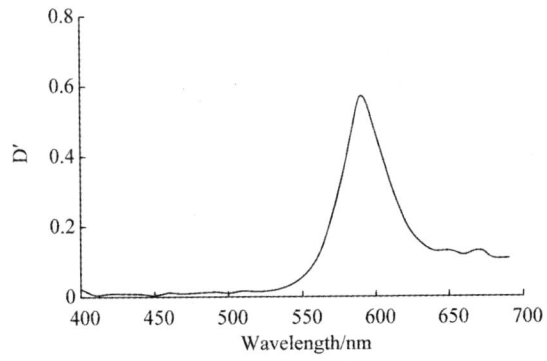

图3-3 红色颜料一阶导数反射光谱曲线

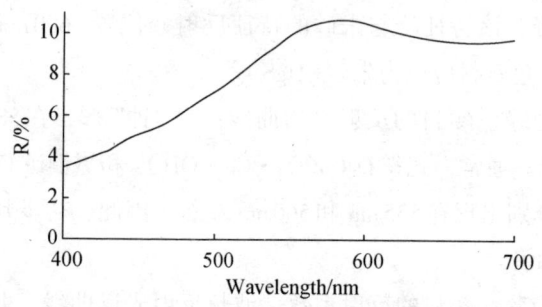

图3-4 绿色颜料反射光谱曲线

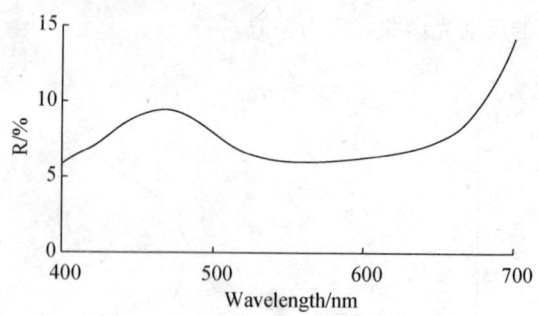

图3-5 蓝色颜料反射光谱曲线

(2)显微激光拉曼光谱分析

对画像中出现的红、黑、黄、蓝、绿、白、肉色七种颜色进行了原位激光拉曼无损分析,除红色采用785nm激发波长外,其余均采用532nm的激发波长。测试结果见图3-6。为便于识别谱图特征峰位,对荧光背景较强的谱图采用基线校正处理。

图3-6红色颜料(The red)的拉曼光谱图中,拉曼峰253、287、343 cm^{-1}与相关文献[14]中朱砂(Cinnabar, α-HgS)的拉曼特征峰值(254vs, 285w, 344s)非常吻合,表明红色颜料确系朱砂。这一结果与漫反射光谱测试结果一致。

黑色颜料(The black)的拉曼光谱图中1321、1580 cm^{-1}出现了很明显的双峰,该双峰位置与上述相关文献中炭黑(Carbon Black, C)的特征峰位(1315 br, 1600 br)吻合,说明黑色颜料应为炭黑。

黄色颜料(The yellow)的拉曼光谱图中拉曼峰 136、153、180、203、291、308、352、383 cm^{-1} 与相关文献[15]中雌黄(Orpiment, As$_2$S$_3$)的拉曼特征峰值(137 w, 155 m, 158 sh, 180 w, 183 w, 193 w, 203 m, 221 w, 294 m, 308 s, 353 vs, 384 w)很接近,说明黄色颜料应为雌黄。

蓝色颜料(The blue)的拉曼光谱图中 264、548、810、1090、1362、1630、2181 cm^{-1} 与相关文献[16]中标准群青(ultramarine blue, Na$_{6-10}$Al$_6$Si$_6$O$_{24}$S$_{2-4}$)的拉曼特征峰值(257 m, 290 sh, 548 vs, 807 m, 1096 s, 1364 m, 1648 m)非常吻合,因此,蓝色颜料应为群青。

绿色颜料(The green)的拉曼光谱图,拉曼峰 137、152、175、217、241、296、323、374、431、488、537、578、683、761、842、950 cm^{-1} 与相关参考文献中巴黎绿[Paris green, Cu(CH$_3$COO)$_2$·3Cu(AsO$_2$)$_2$]的特征拉曼峰位(153 s, 174 s, 216 s, 242 vs, 293 s, 323 s, 371 s, 430 s, 490 s, 538 s, 684 m, 758 m, 843 m, 950 s)非常相符,证实绿色颜料为巴黎绿,而非孔雀石或氯铜矿。

白色(The white)和肉色(The pink)颜料的拉曼光谱图均在 1051 cm^{-1} 出现了拉曼峰信号,通过和相关文献铅白[Lead White, 2PbCO$_3$·Pb(OH)$_2$]的特征峰(680 w, 865 vw, 974 vw, 1051 vs)比对,推断该白色和肉色颜料均应含有铅白。肉色颜料在 253 cm^{-1} 还出现了较强的朱砂信号,可见该颜料可能为铅白与朱砂的混合色。

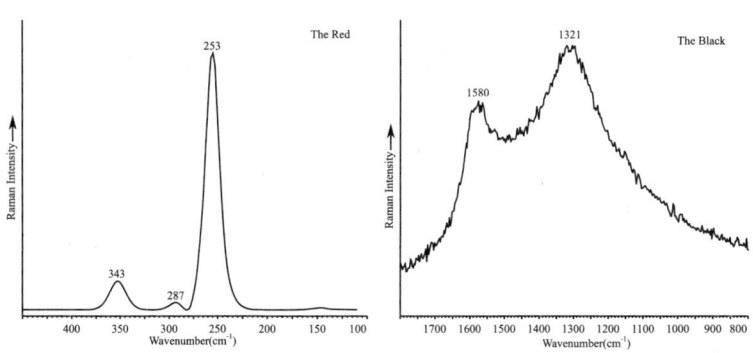

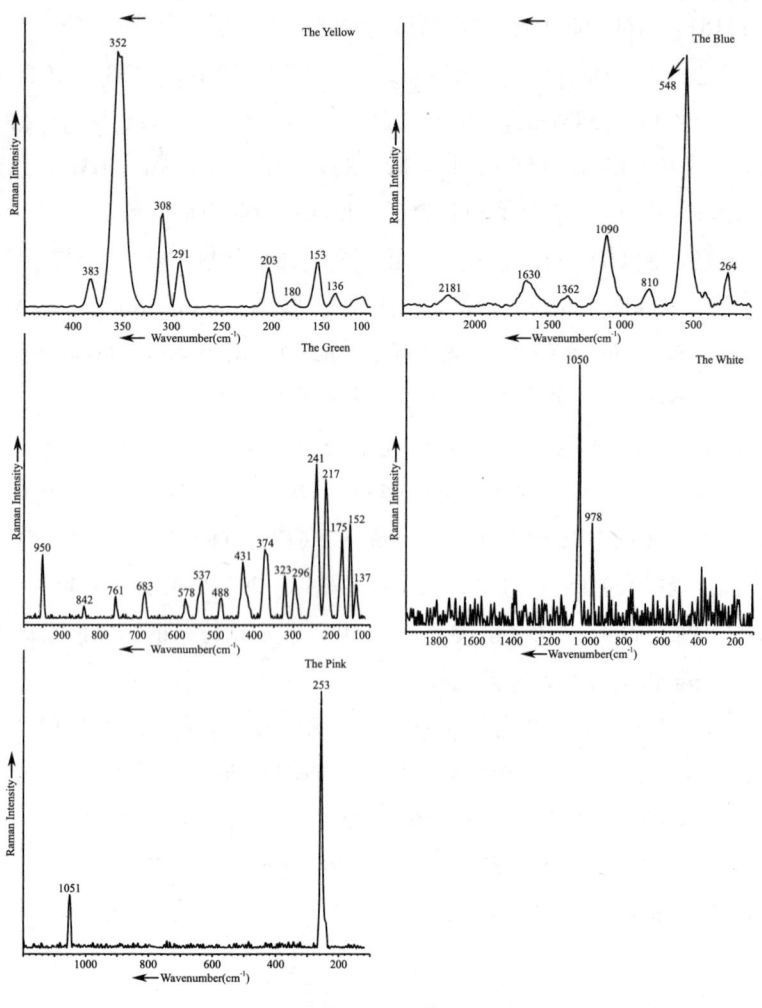

图3-6 画像各颜料拉曼光谱测试结果

(3) X射线荧光分析

对画像部分颜料所含元素进行了X射线荧光测试(光斑直径=100 μm),分析结果见表3-2。

表3-2 画像颜料各元素 XRF 测试结果（wt%）

颜料	Al	Si	K	Ca	Hg	Fe	S	Ti	Mn	Cu	As	Pb	P
红色	2.1	-	0.74	3.53	69.88	0.11	23.65	-	-	-	-	-	-
绿色	10.6	12.29	23.5	8.37	-	0.91	-	0.19	-	21.89	8.3	12.71	0.9
蓝色	20.79	42.53	17.06	4.15	-	3.23	-	0.56	0.18	0.04	-	11.46	-
黄色	8.31	6.81	3.88	54.18	-	2.14	-	-	0.13	-	23.95	-	-
白色	1.12	-	11.57	5.04	3.16	2.85	-	-	-	-	-	76.21	-
肉色	1.03	-	-	3.02	3.96	1.25	-	-	-	0.18	-	90.17	-
衬纸	11.6	21.33	21.07	26.32	-	13.48	-	2.07	1.28	1.16	1.70	-	-

由表3-2可知，各颜料普遍含有 Al 元素和 Ca 元素，有可能来自保存环境中的方解石、伊利石等。

红色颜料中 Hg 元素含量将近70%，S 元素含量近24%，其他杂质含量非常少，结合红色的拉曼光谱图（见图3-6）可知，应为纯度较高的朱砂。由绿色颜料的 XRF 结果可知，其呈色元素为 Cu 和 As。浅绿色是由于混合较多含铅、含钙及含硅铝钾等物质的缘故。蓝色颜料中 Si、Al 含量远超过其它颜料，推测该蓝色颜料的显色物质应该是由 Si、Al 组成的群青。黄色颜料中显色元素 As 的含量达到了23.95%，Ca 元素含量也较多，因此该黄色颜料也应是混合颜料。白色颜料中 Pb 含量最高，达到了76.21%，同样发现在肉色颜料中也有大量 Pb 元素，由于该画像系逐层绘制而成，在显微观察中发现白色与肉色颜料下有红色打底层存在，X 射线荧光检测均含有少量 Hg 元素。根据肉色颜料拉曼测试结果，有明显的铅白信号，所以该颜料应为铅白与朱砂的混合色。

以上分析表明，各颜料 EDXRF 的分析结果与拉曼测试结果有很好的一致性。

（4）画像绘制年代探讨

画像颜料的鉴定结果见表3-3。其中，蓝色颜料（群青）和绿色颜料（巴黎绿）的鉴别结果对于画像年代的判定具有重要意义。现分别讨论如下：

表3-3 画像颜料鉴定结果汇总

颜色	主量元素（wt%>1%）	显色物相	化学式
红	Hg, S, Ca, Al	朱砂	HgS
绿	K, Cu, Pb, Si, Al, Ca, As	巴黎绿	$Cu(CH_3COO)_2 \cdot 3Cu(AsO_2)_2$
蓝	Si, Al, K, Pb, Ca, Fe	群青	$Na_{6-10}Al_6Si_6O_{24}S_{2-4}$
黄	Ca, As, Al, Si, K, Fe	雌黄	As_2S_3
黑	—	炭黑	C
白	Pb, K, Ca, Hg, Fe, Al	铅白	$2PbCO_3 \cdot Pb(OH)_2$
肉	Pb, Hg, Ca, Fe, Al	铅白，朱砂	$2PbCO_3 \cdot Pb(OH)_2$，HgS

①蓝色颜料

群青的颜色鲜明及掩盖力较强，所以古今彩绘艺术品应用较广。群青有天然和合成两种，天然群青是指由青金石矿物加工的颜料，以下均称青金石。青金石（Lazurite）是方钠石族的一种多种矿物的集合体，其共生矿物中常含有云母、透辉石、黄铁矿等。它是一种珍贵的宝玉石，世界上只有阿富汗、俄罗斯等几个国家有此矿藏，且开采不易。关于青金石的化学组成及化学式，国内外书刊有多种写法。按国际矿物协会（IMA）推荐的 M.Fieischer 的著作，青金石的化学式为$(Na,Ca)_{7-8}(Al,Si)_{12}(O,S)_{24}[SO_4,Cl_2(OH)_2]$[17]。人工合成群青（ultramarine blue）是指18世纪30年代（最早1828 A.D.）西方用工业方法生产的群青。群青又称沙青、佛青，佛教绘画常用，为复杂的铝钠的硫硅酸盐。实际化学组成由生产配方决定，色相不同，化学组成亦不同[18]，蓝色中浅色为$Na_6Al_6Si_6O_{24}S_2$；中色为$Na_7Al_6Si_6O_{24}S_3$；深色为$Na_8Al_6Si_6O_{24}S_4$，故其化学式可大约写为$Na_{6-10}Al_6Si_6O_{24}S_{2-4}$。我国清代晚期以前彩画，所运用的颜料绝大部分为国产，并以天然矿物颜料为主。直到清代晚期，外国列强入侵我国，欧洲合成群青也在此时输入到我国，直到1927年我国化学家戴安邦、凌鼎钟等先辈才发起用四川等地国产原料合成群青。

由于青金石和合成群青的颜色及化学组成大体相同，所以，在对古代艺术的分析鉴定时容易混淆。目前，区分青金石和合成群青可通过在偏光显微镜或者高倍放大的扫描电镜下对颜料颗粒的形貌、大小及分布情况进行比对或者利用傅立叶变换红外光谱对两种颜料的分子结构进行比较。王进玉通过X射线衍射对青金石颜料与清代合成群青谱图进行分析，结果表明，合成群青的纯度很高，不含透辉石等其它杂质，证明在敦煌石窟清代壁画、彩塑艺术中都应用了合成群青颜料[19]。I. Osticioli等利用脉冲激光诱导击穿光谱(LIBS)、显微拉曼光谱、偏光显微镜分析了天然和合成群青标准样品，把两者的区别归结于天然群青中方解石的存在，也指出了在实际工作中分析群青样品时，由于灰尘、大气污染物、颜料混合物或者其他的钙污染来源（例如壁画地仗中的石灰和石膏），使分析检测工作变得非常复杂[20]。

为了明确该蓝色颜料是否为人工合成，本试验采用X射线衍射光谱仪对合成群青标准品、画像蓝色颜料进行了物相分析，结果见图3-7，由图可知该蓝色颜料与合成群青标准品有很好的一致性。为了使结果更加清晰，比较了蓝色颜料、合成群青标准品与文献中青金石的衍射角2θ以及晶面间距d值[21]，结果见表3-4，可见蓝色颜料的衍射数据与合成群青标准样品的值基本一致，而与青金石区别较大。因此该颜料应为人工合成群青。

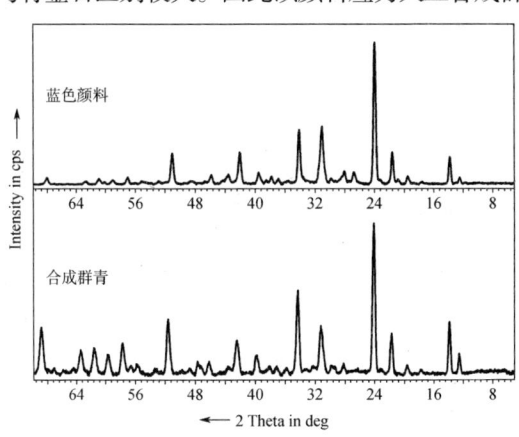

图3-7 蓝色颜料X衍射测试结果

表3-4 蓝色颜料、合成群青与青金石衍射数据比较

2-Theta			d-spacing（Å）		
蓝色颜料	合成群青	青金石	蓝色颜料	合成群青	青金石
11.66			7.58		
12.33	12.49		7.17	7.08	
13.67	13.78	13.75	6.47	6.42	6.43
17.53	17.71		5.05	5.00	
19.42	19.59	19.50	4.57	4.52	4.55
20.74			4.28		
21.63	21.66		4.10	4.10	
23.93	23.98	23.94	3.71	3.70	3.71
	24.07			3.69	
26.71			3.33		
28.01	28.12	27.71	3.18	3.17	3.21
29.81	29.81		2.99	2.99	
30.99	31.33	31.06	2.88	2.85	2.87
33.99			2.63		
34.11	34.41	34.11	2.62	2.60	2.62
35.50	35.84		2.52	2.50	
36.80			2.44		
37.75	37.18	36.94	2.38	2.41	2.43
38.48	38.09		2.33	2.36	
39.51	39.93	39.59	2.28	2.25	2.27
41.99	42.47	42.11	2.15	2.12	2.14
43.46	43.56	42.11	2.08	2.07	2.14
45.75	46.15	46.80	1.98	1.96	1.94
	47.68			1.90	
48.48	48.70		1.87	1.86	

续表

2-Theta			d-spacing（Å）		
蓝色颜料	合成群青	青金石	蓝色颜料	合成群青	青金石
51.01	51.56	51.16	1.79	1.77	1.78
52.84	53.39		1.73	1.71	
55.03	55.80	55.26	1.66	1.64	1.66
56.95	56.54		1.61	1.62	
58.91	57.73	57.24	1.56	1.59	1.60
60.10	59.59	59.17	1.53	1.55	1.56
60.81	61.61	61.06	1.52	1.50	1.51
62.56	63.33	62.93	1.48	1.46	1.47
67.91	68.88	68.34	1.37	1.36	1.37

②绿色颜料

巴黎绿（Paris green）又名翠绿（Emerald green），帝绿（Schweinfurt green），苔绿（Imperial green）。20世纪30年代万希章编《矿物颜料》一书将其称为耶绿，为醋酸铜及砷酸铜之复合，并介绍了该颜料的制作工艺。《化学化工大辞典》中巴黎绿的分子式为 $Cu(CH_3COO)_2 \cdot 3Cu(AsO_2)_2$，学名醋酸铜合亚砷酸铜化合物[22]。马世昌著《化学物质辞典》又将其称之为醋酸亚砷酸铜或醋酸偏亚砷酸铜[23]。

巴黎绿首次发现于19世纪初。1814年，位于德国施韦因富特（Schweinfurt）的 Wilhelm Sattler 公司第一次商业生产了巴黎绿。1822年，Braconnot 和 Liebig 分别撰写文章，公开了巴黎绿的成分和制作方法，此后，巴黎绿得以被广泛生产和使用。因为有剧毒，加之一接触到空气中的硫化氢便很快变黑，巴黎绿最初很少被作为颜料使用。19世纪晚期至20世纪初，巴黎绿才被作为颜料普遍应用于屏风（dressing screens）和墙纸（wallpapers）的装饰，甚至还曾被用于青铜器锈色的修复。20世纪末至21世纪初，巴黎绿在西方国家陆续停止使用[24]。

巴黎绿在我国的应用多发现于重绘的古建彩画中，沈爱国等[25]利用显微拉曼光谱（MRS）以及能量色散X射线荧光（EDX）证实故宫武英殿彩画绿色颜料是巴黎绿，为1869年失火后重绘颜料，该颜料广泛使用于19世纪晚期；成小林等采用能量色散X射线荧光（EDX）及偏光显微分析（PLM）认为故宫贞度门绿色颜料为重修时替代过去绿色颜料的巴黎绿[26]。Rocco Mazzeo等通过热裂解气相色谱（PY-GC-MS）及X射线衍射（XRD）检测到鼓楼的绿色颜料为一种醋酸铜—亚砷酸铜的复合物，为十八世纪修复时引入的[27]。此外，根据对山西云冈石窟第12号窟中清代重绘绿色颜料的X射线衍射、X射线荧光分析显示该绿色颜料为醋酸砷酸铜类化合物。但是否还存在更早的使用实例，目前尚无法预测。

合成群青和巴黎绿首次分别合成于1828 A.D.和1814 A.D.，然而它们引入中国用了较长的时间。清代晚期，外国列强入侵我国，各种化学合成颜料也进入我国市场，这个时期乃至以后的彩画，在仍继续延用部分国产传统颜料的同时，还较大量地运用了从国外进口的各种近代化工颜料。综合以上讨论，推断该画像应该在清代晚期以后绘制。

3.2.1.4 结论

该研究综合采用漫反射光谱、显微激光拉曼光谱、能量色散X射线荧光分析技术，成功地对道教人物画像颜料进行了原位无损检测，推断了画像的绘制年代。检测结果表明该画像主要使用的颜料包括朱砂、巴黎绿、群青、雌黄、碳黑和铅白。采用X射线衍射技术对画像蓝色颜料进行分析，表明该颜料确为合成群青。该画像中群青和巴黎绿均为人工合成颜料，其首次合成时间分别为1828年和1814年，清代晚期以后引入我国，据此判断该画像应在清代晚期以后绘制。这一研究表明上述三项技术联用非常适合于易损和不允许取样的古字画颜料的无损分析鉴定，在纸张类文物分析中具有广阔的应用前景。

3.2.2 老山汉墓出土漆器残片髹漆工艺探究

3.2.2.1 研究背景

老山汉墓位于北京石景山区老山的南坡，东距北京市区约15公里。老山汉墓的发掘是20世纪北京地区的重大考古发现。该墓形制结构为"黄肠题凑，梓宫便房"，是西汉中期燕国某一代王后墓[28]。墓早期虽然曾被盗掘，但仍出土了漆器、陶器、铁器、玉器等重要文物。考古专家在前室发现了两个大漆案面，一块长2.38m，宽1m，厚0.025m；另一块长2.3m，宽0.5m，厚约0.02m；此外还发现了大量漆器残片。西汉时期，漆器在南方地区很流行，北方地区则不多见，非王侯之家难以见到。漆器制作工序复杂，分工精细，制作工艺要求很高。由于漆器制作的复杂，在当时的价钱并不比金银珠宝便宜[29]。所以，漆器成为西汉时期入葬炫富的时尚物品。

为了揭示老山汉墓漆器制作的特点，了解西汉时北京地区髹漆工艺的发展状况，本研究对老山汉墓出土的五块漆器残片进行了分析测试。通过采用显微镜观察（OM）对漆器残片断面结构层次进行研究，然后利用了显微拉曼光谱（Micro-Raman）、X射线荧光光谱法（XRF）、X射线微区衍射（Micro-XRD）、傅立叶变换红外光谱（FTIR）等方法对漆器残片呈色颜料、漆膜及漆灰层进行了分析。

3.2.2.2 样品及测试方法

（1）样品

供分析的漆器残片见图3-8（彩），分别依次以1#-5#编号。五块残片中1#残片为红棕色底漆，以红、黑色线条勾勒出卷云纹和三角纹，纹饰清晰，历经千年漆膜仍然鲜亮如新；其余四块残片为朱红色漆打底，漆膜稍有褶皱，用暗绿、黄色漆液绘制鸟兽类图案后，以黑色线条勾勒轮廓。除1#残片外，其余四块残片背面均有黑色髹漆层。样品具体描述见表3-5。

表3-5　样品描述

样品	厚度/mm	表面描述	主要颜色
1#	0.05~1	红棕色底漆，黑红色笔勾勒卷云纹和三角纹，背部木胎，无髹漆层	棕、红、黑
2#	1~2	红色底漆，暗绿色纹饰，以黑色笔勾勒线条，背部髹黑色漆层	红、绿、黑
3#	1~3	红色底漆，绿色纹饰，以黑色笔勾勒线条，背部髹黑色漆层	红、绿、黑
4#	1~3	红色底漆，黄色纹饰，以黑色笔勾勒线条，背部髹黑色漆层	红、黄、黑
5#	0.5~2	红色底漆，绿色纹饰，背部髹黑色漆层	红、绿、黑

（2）测试方法

①三维视频显微镜

日本 Hirox KH-3000VD 三维视频显微镜，镜头 MX-5040RZ 非接触式平面卡口，放大倍数 100~200 倍。

②拉曼光谱仪

该仪器为法国 J·Y 公司 LabRAM HR 800 型激光显微共焦拉曼光谱仪。在室温、暗室条件下，共采用两种不同波长的激发光源：$\lambda_0=532$ nm（YAG 激光器），$\lambda_0=785$ nm（半导体激光器）；物镜 50 倍长焦，信号采集时间 10~30s，累加次数 1~2 次，光栅 600，狭缝宽度 100 μm，仪器分辨率 $2 cm^{-1}$，光斑尺寸 1 μm，采用单晶硅片校准，光谱测试范围 $4000~100 cm^{-1}$，在显微镜下找准测试点，进行聚焦后测试，样品表面的激光功率 2~3 mW。

③X 射线荧光光谱仪

仪器为日本堀场 XGT-5000Ⅱ能量色散型 X 射线荧光分析显微镜。仪器测试条件：端窗铑（Rh）靶 X 射线管，真空光路，光管电压 50KV，电流 1mA，测量时间 300s。

④X 射线微区衍射

荷兰 X'Pert-Pro MPD 型 X 射线衍射仪。测定条件阳极为 Cu 靶，管压和管流分别为40kv和40mA，毛细管点光源，高能探测器，扫描范围2θ为$5°\sim70°$，扫描步长$0.003°$，扫描时间10h。

⑤红外光谱

日本岛津IRPrestige-21傅立叶变换红外光谱仪。采用KBr压片法，取3mg样品，与300mgKBr混合制样，样品红外干燥箱干燥，检测范围$4000\sim400cm^{-1}$，分辨率$4cm^{-1}$。

3.2.2.3 结果及讨论

（1）漆片断面显微观察

漆片断面显微观察可揭示漆器的分层结构、色泽，测量各层的厚度，还可显示漆膜中填料的外观特性。这样即可有效地探索不同时期、不同地域的髹漆工艺特点，为研究古代漆器制作技术，辨别漆器的真伪提供可靠的依据。对五块残片分别取样，取样部位见表3-6。通过树脂埋封、镶样、采用不同目数的砂纸，由粗到细打磨光滑，制得厚度适宜的载片。将载片置于显微镜下进行观察，并利用其自带测量软件，对断面分层进行厚度测量。各样品断面显微照片见图3-9（彩）。$1^{\#}$样品从断面显微图来看，共分为四层，最下层为约0.2mm~0.3mm的木胎，接着是一层0.3mm~0.4mm漆灰层，然后髹饰0.05mm~0.07mm红棕色底漆，最后施0.02mm~0.08mm红色彩绘层。除$1^{\#}$样品外其余四块样品背部均有黑色髹漆层，结构均为五层，在木胎下是一层薄薄的漆灰层，然后髹黑色漆层，木胎上直接施红色底漆，然后绘制黄色或暗绿色彩绘。各样品相同层的厚度基本一致，木胎均在1.2mm~1.6mm，漆灰层0.2mm~0.6mm，黑色漆层0.02mm~0.05mm，红色底漆0.03mm~0.15mm，黄色或暗绿色彩绘0.02mm~0.1mm。漆膜的彩绘层，绝大部分比底漆层薄，局部与底漆厚度相当。

$1^{\#}$样品漆膜表面十分光滑，颜色鲜亮，好像都经过人为的打磨和抛光处理。而其他四个样品漆膜均不同程度褶皱，有的底漆及彩绘层已从胎体上起翘、脱落。可见这五个样品来源于两类不同的漆器，一类漆器彩绘漆膜先以漆液调和矿物填料在胎体上髹灰地，然后上底漆层，最后利用矿物颜料作为呈色物质绘制彩绘层。另一种却没有髹灰地，直接在木胎上髹底漆层，然后施彩绘层。漆灰层作用可分为三个方面：一是将器表的凹陷和缝隙抹平，使木胎表面变平整；二是增加木胎强度；三是可以使漆层紧紧地附着于胎体上，这或许可以解释同一墓葬出土漆器，有无漆灰层表面底漆及彩绘层保存状况差别较大的现象。

表3-6 样品断面信息

样品编号	样品断面层次结构	厚度/mm	取样部位
1#	红色彩绘	0.02~0.08	红色线条处
	红棕色底漆	0.05~0.07	
	漆灰层	0.3~0.4	
	木胎	0.2~0.3	
2#	暗绿色彩绘	0.02~0.08	暗绿色彩绘
	红色漆底	0.07~0.15	
	木胎	1.3~1.6	
	漆灰层	0.2~0.25	
	黑漆层	0.05	
3#	绿色彩绘	0.03~0.06	绿色鸟兽翅膀
	红色漆底	0.03~0.09	
	木胎	1.2~1.4	
	漆灰层	0.2~0.4	
	黑漆层	0.05	
4#	黄色彩绘	0.05~0.1	黄色彩绘
	红色漆底	0.1~0.2	
	木胎	1.2~1.5	
	漆灰层	0.3~0.6	
	黑漆层	0.04	

续表

样品编号	样品断面层次结构	厚度/mm	取样部位
5#	绿色彩绘	0.05~0.1	绿色彩绘
	红色漆底	0.04~0.1	
	木胎	1.2~1.5	
	漆灰层	0.2~0.4	
	黑漆层	0.02~0.03	

（2）漆膜颜料组成

采用微区拉曼（Micro-Raman）、X射线荧光（XRF）以及微区衍射（Micro-XRD）分析五种样品漆膜色彩构成。图3-10~图3-15为部分样品的拉曼光谱及X射线衍射图谱。表3-7为样品的XRF分析结果。

其中1#样品红色线条的Raman峰（图3-10）253、286、342 cm^{-1}，2#红色底漆层的Raman峰（图3-11）253、284、343 cm^{-1}与朱砂（Cinnabar，HgS）的拉曼散射峰（253vs、284w、343m）非常吻合[30]。通过对1#样品红线进行XRD分析（图3-13），经检索与六方晶系辰砂（PDF卡：00-042-1408）一致。XRF结果表明，1#样品红线Hg含量可达到98.88%，2#红色底漆层Hg含量可达到83.83%，除此之外均含有少量Ca、Fe；因此，可确定该红色线条以及红色底漆中的呈色颜料为朱砂。1#样品红棕色底漆层，拉曼荧光信号太强，未见有效信号。通过XRD分析表明（图3-14），主要含有氧化铁红Fe_2O_3、碳酸钙等。XRF测试表明Fe含量达到了38.28%，Ca含量为35.48%，还含有Si、Ti、Cu、K等元素。2#暗绿色图案拉曼峰位（图3-12）出现在134、151、176、201、209、308、352、357、380 cm^{-1}，与雌黄（Orpiment，As_2S_3）的拉曼特征峰值（137w、155m、158sh、180w、183w、193w、203m、221w、294m、308s、353vs、384w）很接近，说明暗绿色颜料应含有雌黄，呈现暗绿色可能是在雌黄中加入了少量蓝色颜料的原因。通过XRD分析（图3-15）也确定

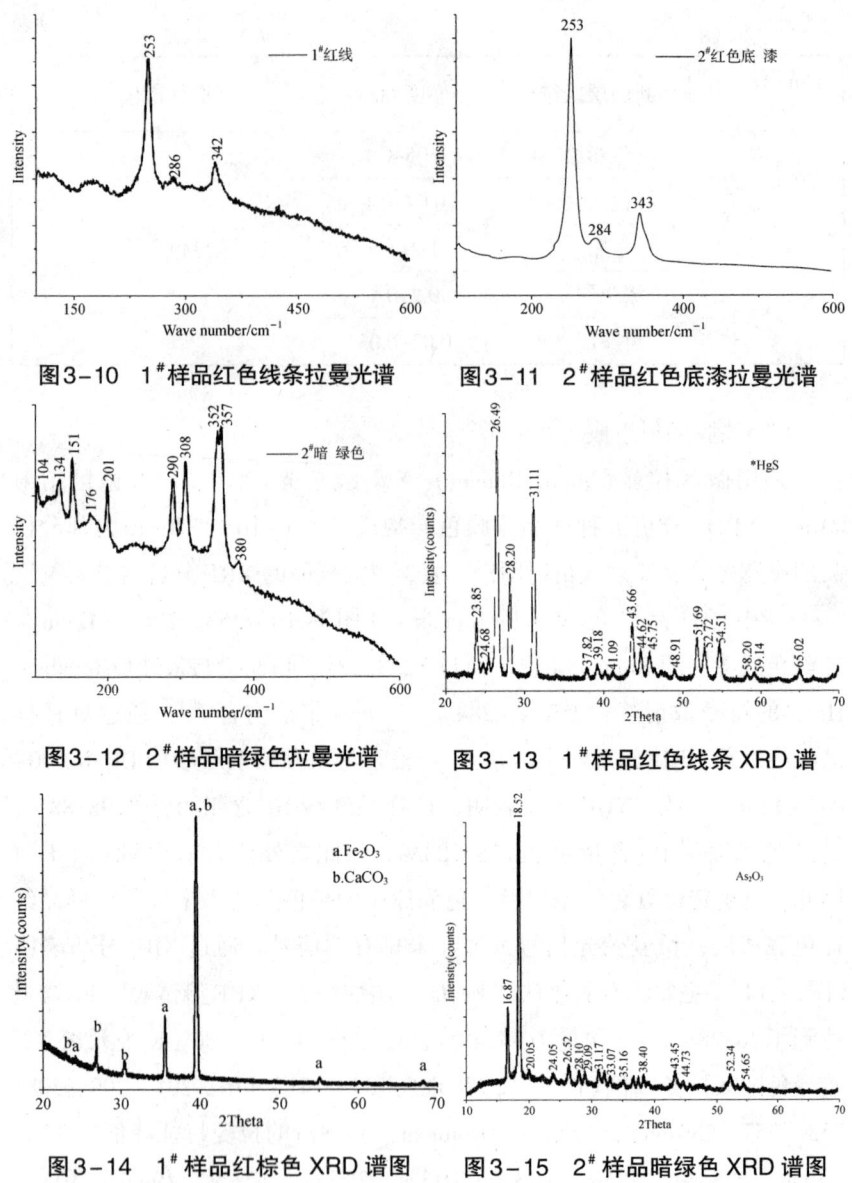

图3-10　1#样品红色线条拉曼光谱　　图3-11　2#样品红色底漆拉曼光谱

图3-12　2#样品暗绿色拉曼光谱　　图3-13　1#样品红色线条XRD谱

图3-14　1#样品红棕色XRD谱图　　图3-15　2#样品暗绿色XRD谱图

存在雌黄，可能与之混合的蓝色颜料为非晶态物质且含量较少，所以未能检出。XRF结果显示，As含量为66.03%，Hg达到了30.70%，还有少量 Ca、Fe。可见暗绿色层绘制于红色底漆上。4#样品黄色为雌黄显色，XRF 显示 As 含量达到了为 72.87%。综合上述分析结果，可以确定漆器中所应用的呈色颜料包括朱砂、氧化铁红和雌黄。

表3-7 样品 XRF 分析结果（wt%）

样品	测试点	Si	K	Ca	Hg	Fe	S	Ti	Mn	Cu	As	Pb	Ba
1#	漆底	13.38	3.40	35.48	–	38.28	–	6.29	–	3.17	–	–	–
	红线	–	–	0.68	98.88	0.44	–	–	–	–	–	–	–
2#	漆底	–	–	1.08	83.83	1.39	13.70	–	–	–	–	–	–
	墨绿	–	0.87	1.42	30.70	0.62	–	–	–	–	66.03	0.37	–
3#	漆底	–	–	1.56	96.63	1.64	–	–	–	–	–	–	–
	绿色	–	–	2.19	35.81	0.87	–	–	–	–	61.10	0.03	–
4#	漆底	–	–	1.09	97.51	1.39	–	–	–	–	–	–	–
	黄色	–	–	0.91	25.75	0.44	–	–	–	–	72.87	0.03	–
5#	底漆	–	–	1.38	96.29	1.46	–	–	–	–	–	–	–
	绿色	–	–	1.04	21.14	0.39	35.86	–	–	–	41.57	–	–

（3）漆膜成膜材料

为确定各色漆膜成膜材料，从样品的相应部位取样，采用溴化钾压片后，进行红外光谱分析，分析结果见图3-16。各样品漆膜（棕、红、绿、黄、黑）的FTIR谱图的峰形近乎一致。其中，在3430，2925，2852，1640，1364，1263，1099和1040 cm^{-1} 出现的吸收峰与漆酚（生漆的主要成分之一）的红外特征吸收峰十分吻合[31]。在3430 cm^{-1} 左右出现了一个宽且大的峰为漆酚苯环中羟基的伸缩振动峰 ν OH，1364 cm^{-1} 的峰是羟基的变形振动 δO_2H，而1263 cm^{-1} 处的峰是苯环上碳2氧键伸缩振动 νC_2O，在1640 cm^{-1} 处的峰为烯烃碳碳双键的伸缩振动吸收峰 ν C=C。另外，红外吸收峰2925 cm^{-1} 和2852 cm^{-1} 分别属于亚甲基（CH_2 –）的不对称伸缩振动峰 ν as 和对称伸缩振动 ν s 峰。在各漆膜红外谱图中1700 cm^{-1} 处的红外吸收峰的强度远弱于1640 cm^{-1}。据此可推测，漆膜在制作过程中未曾添加过干性油桐油。可见，各色漆膜的成膜材料均为生漆。

生漆又称"国漆"或"大漆",是从漆树上采割的乳白色的乳胶状液体,接触空气后氧化聚合,颜色变深。由于颜色不透明,它只能作为底漆使用。为了扩大使用,可把生漆加工成熟漆。即把生漆先去除杂质,在光照情况下经搅拌除去生漆内的水分,便成了半透明的熟漆。熟漆可与熟桐油制成广漆或者添加颜料调成各种色漆[32]。生漆漆膜色泽耐久,不易老化,有些出土的漆器即使木胎已经腐朽,漆膜仍保存下来。中国迄今所知年代最早的漆器是1978年在浙江余姚河姆渡遗址第三文化层中发现一件朱漆木碗,距今大约7000年[33]。我国漆树资源分布较广。漆树原产于我国的湖北、陕西、云南等地,其他如广东、广西、辽宁、北京、山东等省市自治区也有相当资源。老山汉墓漆器上的各色漆膜,是将生漆制成透明的熟漆后,加入朱砂、氧化铁红、雌黄等矿物颜料调和成色漆。而老山汉墓的漆液是否来源于本地,如果来源于本地,则说明在当时北京地区的髹漆业分工明确,已自成体系,这些问题还有待进一步研究探讨。

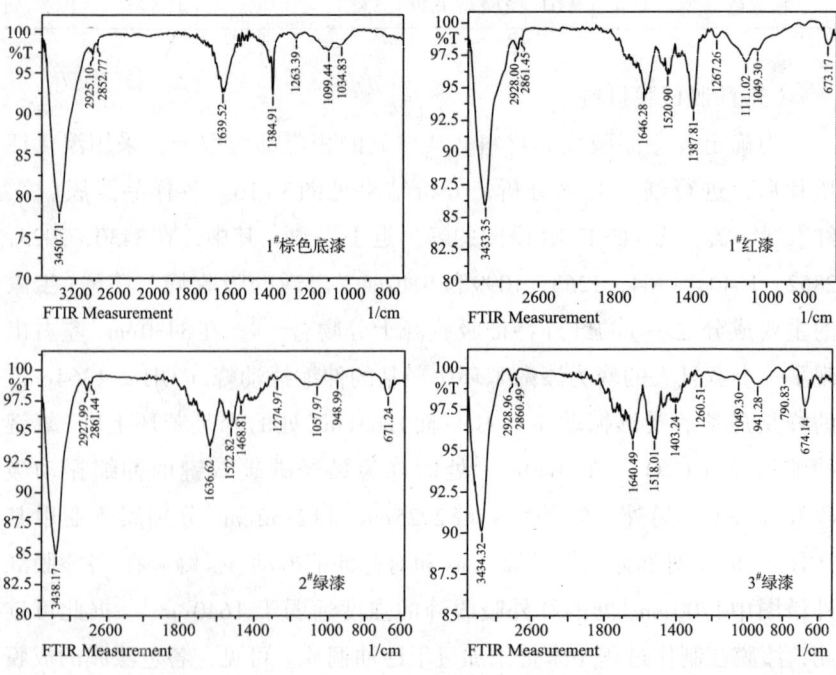

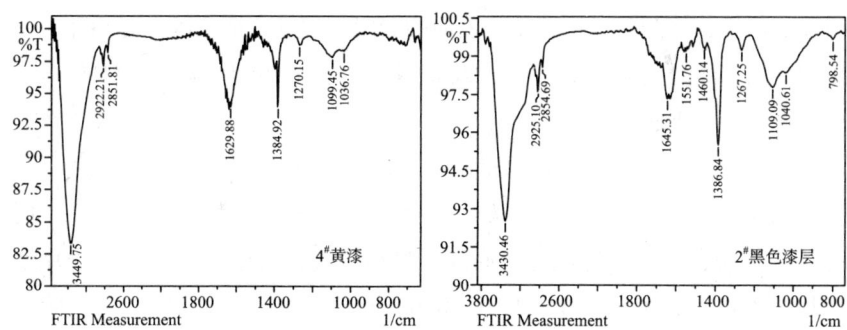

图3-16　各漆膜成膜材料

(4)漆灰层

采用X射线荧光(XRF)方法分析了漆灰层,得到漆灰层内部填料的信息。图3-17显示了3#样品的漆灰层主要元素是Si和Al,其中SiO_2达到了41.16%,Al_2O_3达到了12.47%,还有其他一些含量较高的元素,如Fe、Ca和K等。样品元素组合和含量与一些土壤的特点非常接近,这表明漆灰中的填料很可能是黏土类矿物。这表明在制作漆灰时,当时的工匠选用了以石英、长石为主的矿物,并且通过筛选和研磨等步骤把它们制作成非常细的粉末作为漆灰中的填料物质。漆器的断面切片显示了漆器在制作时,一般会先在胎体上髹灰地,其厚度约在0.2mm~0.6mm之间。漆灰层是非常薄的,其中的填料也是很细的,制作的非常精细。《说文解字》有:"垸,以桼和灰而髹也。"[34]由此可见,"垸漆"工艺,即漆灰工艺。按照现代髹

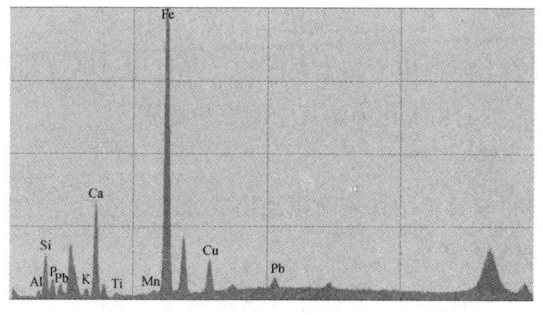

图3-17　3#样品漆灰层XRF谱图

漆业的认识，漆灰可以掩盖胎体表面的洞眼、裂缝、擦痕等，起到补平缺损的作用，同时也能够起到增强漆膜附着力，达到省料、省工的目的。

3.2.2.4 结论

该部分研究通过分析可以得出以下结论：

（1）出土漆器残片分属两类，一类共分为四层，最下层为木胎，接着是漆灰层，然后髹饰红棕色底漆，最后施红色彩绘。而另一类残片结构均为五层，在木胎下是一层薄薄的漆灰层，然后髹黑色漆层，木胎上直接施红色底漆，然后绘制黄色或暗绿色彩绘。漆灰层的作用可分为三个方面：一是使木胎表面变平整；二是增加木胎强度；三是可以使漆层紧紧地附着于胎体上，这或许可以解释同一墓葬出土漆器，有无漆灰层表面底漆及彩绘层保存状况差别较大的现象。

（2）第一类漆器残片红棕色底漆以氧化铁红为呈色物质，红色线条系朱砂所绘；第二类红色底漆采用了朱砂作为呈色颜料，黄色漆彩绘中雌黄为呈色颜料，暗绿色漆彩绘中检测出了雌黄，但并未发现其他颜料，可能因为属于非晶态有机物质，且含量较少而未检出。

（3）老山汉墓漆膜的成膜材料均为未掺加桐油的生漆。各色漆膜是将生漆制成透明的熟漆后，加入朱砂、氧化铁红、雌黄等矿物颜料调和成色漆。而老山汉墓的漆液是否来源于本地，如果来源于本地，则说明北京地区的髹漆业在当时分工明确，已自成体系，这些问题还有待进一步研究探讨。

（4）漆灰层主要元素是 Si 和 Al，其中 SiO_2 达到了 41.16%，Al_2O_3 达到了 12.47%。可见，样品的漆灰层以石英和钠长石为主，这表明在制作漆灰时，当时的工匠选用了黏土类矿物，并且通过筛选和研磨等步骤把它们制作成非常细的粉末作为漆灰中的填料物质。

3.2.3 曹村窑青黄釉陶表面腐蚀物成分及形成机理分析

3.2.3.1 研究背景

曹村窑址位于河北临漳县邺北城东城墙外约500米的漳河河床上，靠近"护堤",遗址中心范围约万余平方米。由于该窑址距离曹村最近,故称之为曹村窑址[35]。王建保先生经对比分析表明曹村窑极有可能是北朝时期陶瓷手工业的中心,具有较高的研究价值,并应把曹村窑址列入磁州窑址群之中[36]。窑址遗物主要有泥质灰陶、釉陶、瓷器以及窑渣、窑具等。釉陶和瓷器标本有酱釉、青釉、青黄釉等。出土文物中发现了类似钵的青黄釉陶瓷器残片,已经破碎成60余片。王建保先生认为青黄釉器物应属陶器,一是器物胎质较疏松,不具备瓷器对胎质的要求[37];其次,在窑址中发现了既黏附酱釉又黏附青黄釉残留痕迹的陶胎支钉,这些支钉不可能耐受烧造瓷器所要求达到的高温条件。经首都博物馆文物保护修复中心分析测试,胎体吸水率约为14.97%,釉中PbO含量最高达到了61%左右,胎中SiO_2平均可达70%,作为助溶剂的Fe_2O_3也很高,为2.11%左右,可见烧成温度较低。综合分析结果表明该器物应属于低温铅釉陶的范畴。

该器物残片釉面薄厚不一,在较薄釉面处可观察到银白色、金黄色以及土褐色的层状腐蚀物,这种腐蚀物在光线照射下呈现瑰丽的色彩,轻触很容易剥落。为了明确该腐蚀物的成分及形成机理,探讨其埋藏环境以便进行后续的修复保护,我们采用了显微观察(OM)、能量色散X射线荧光(EDXRF)、微区X射线衍射(Micro-XRD)、拉曼光谱分析(RAMAN)、傅立叶变换红外光谱(FTIR)等无损与微损结合的方法对该腐蚀物进行了分析测试。

3.2.3.2实验部分

(1)样品

分析测试的样品共计五块,这五块残片来自器物不同部位,分别依次以1#-5#编号(从左至右,从上到下)。样品照片见图3-18(彩),图3-18a(彩)为样品外侧照片,图3-18b(彩)为样品内侧照片。可见各样品均不同程度受到腐蚀物的污染,观察腐蚀物有银白色、金黄色以及土褐色。腐蚀物脱落后露出薄薄的釉面,甚至露出胎体。

(2)仪器

KH-3000VD三维视频显微镜(日本浩视),镜头MX-5040RZ非接触式平面卡口；LabRAM HR 800 型激光显微共焦拉曼光谱仪（法国 J·Y 公司），激发光源 $\lambda_0 = 785\,nm$；XGT-5000II 能量色散型 X 射线荧光分析显微镜（日本堀场），光管电压 50KV，电流 1mA，测量时间 300s；X'Pert-Pro MPD 型 X 射线衍射仪（荷兰帕纳克），管压和管流分别为 40kv 和 40mA，采用毛细管点光源和高能探测器，扫描范围 2θ 为 5°~70°，扫描步长 0.003°，扫描时间 18h；IRPrestige-21 傅立叶变换红外光谱仪（日本岛津），检测范围 4000~400 cm^{-1}，分辨率 4 cm^{-1}。

3.2.3.3 结果与讨论

（1）微观结构观察

将样品置于三维视频显微镜下观察，放大倍数 50~400 倍。图 3-19a（彩）为 1 号样品放大 50 倍的局部显微照片。可以观察到腐蚀物可大致分为三层，最上层的是结构较为疏松的土褐色层，中间是较为致密的金黄色层，最下层的为银白色的鳞片状物质。图 3-19b（彩）是脱落下来的腐蚀物剖面图，放大 300 倍可清晰看到腐蚀物的三层结构，利用显微系统自带测试软件进行测量可知，腐蚀物总厚约 0.213mm，最上层土褐色较厚，平均可达 0.109mm；金黄色层较薄，约为 0.032mm；银白色层厚约 0.072mm。图 3-20（彩）是 3 号样品未腐蚀（a）及腐蚀后（b）的釉面对比。可见未腐蚀釉层较致密，反光强烈，釉面光亮平整。而被腐蚀釉面釉层变得很薄，釉面灰暗。

（2）元素成分及物相分析

分别采用 X 射线荧光、红外光谱、X 射线衍射及拉曼光谱对样品釉面和腐蚀物进行测试。表 3-8 为各样品不同部位 X 射线荧光分析结果。虽然分析结果是半定量的，但样品是在同一条件下测试与计算，可反映样品不同部位的真实情况。从表 3-8 中的数据分析可知，样品不同部位的化学组成存在着一定的差异。其中，除土褐色腐蚀物外，银白色和金黄色腐蚀物中氧化铅的含量均高于未腐蚀釉质；银白色、金黄色、土褐色腐蚀区域内氧化铁的含量依次升高。各色腐蚀物中氧化铅（PbO）及二氧化硅（SiO_2）含量最高，其中 PbO 最高可达 90%，SiO_2 可达 46%，此外还含有氧化铁

(Fe_2O_3)、氧化钙（CaO）、氧化铝（Al_2O_3）等。图3-21为2#样品银白色腐蚀物的红外光谱图，相应的吸收峰1435，871，708 cm^{-1}皆为CO_3^{2-}的特征吸收峰，分别对应C-O反对称伸缩振动，CO_3^{2-}面外变形振动和O-C-O的面内变形振动[38]，结合X射线荧光数据（表3-8）推断该银白色腐蚀物主要为$PbCO_3$。图3-22为银白色腐蚀物X射线衍射光谱。其中衍射峰d值4.42、3.59、3.49、3.07、2.87、2.59、2.49、2.21、2.13、2.08、1.98、1.93、1.86、1.63、1.58、1.55、1.47、1.45 Å经检索与白铅矿（PDF卡：00-047-1734）一致。衍射峰d值3.98、2.75、2.49、1.86、1.47Å与石英（PDF卡：01-089-3606）符合。可见，该腐蚀物应为碳酸铅与二氧化硅的混合物。图3-23是银白色和土褐色腐蚀物拉曼光谱对比。银白色腐蚀物中104m、153w、175w、671vw、1053vs为碳酸铅的拉曼特征峰，土褐色腐蚀物中除了碳酸铅的特征峰外，还含有氧化铁295vw和二氧化硅466s的特征峰[39]。综合以上分析表明，银白色腐蚀物主要由白铅矿和少量石英组成，此外还含有微量氧化铁、氧化钙、氧化铝等。白铅矿属于斜方晶系，一般为片状或柱状，外观呈灰色或白色。二氧化硅又称硅石，在自然界分布很广，如石英、石英砂等，呈现白色或无色，含铁量较高的为淡黄色。金黄色和土褐色腐蚀物与银白色腐蚀物相比的氧化铁含量较高。故金黄色和土褐色腐蚀物之所以呈现有色，是因为含有较多的铁杂质所致。

表3-8 样品不同部位氧化物含量X射线荧光分析结果

样品		氧化物含量（w%）							
		Al_2O_3	SiO_2	K_2O	CaO	TiO_2	MnO_2	Fe_2O_3	PbO
1#	釉面	3.246	33.511	0.653	1.018	0.337	-	0.824	60.411
	土褐	12.950	46.912	1.750	2.660	3.860	0.042	2.532	29.295
2#	金黄	1.086	10.143	-	1.706	0.899	-	1.356	84.809
	银白	-	7.003	-	1.493	0.601	-	0.840	90.062
4#	金黄	3.530	12.312	-	2.065	1.047	-	2.102	78.944
	银白	3.217	21.242	-	1.733	0.922	-	1.288	71.598

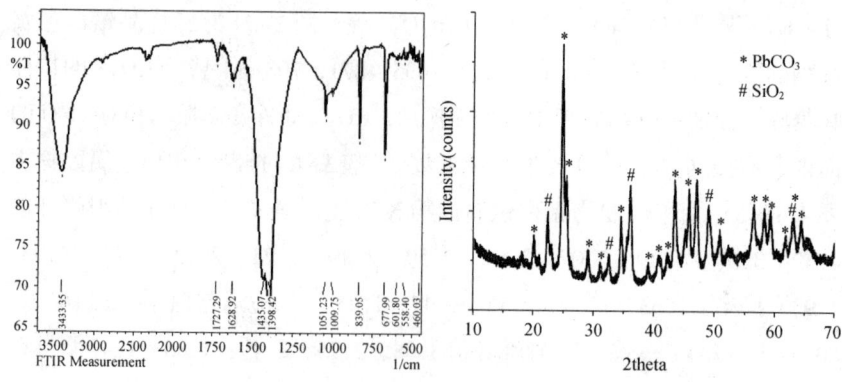

图3-21 银白色腐蚀物红外光谱　　图3-22 银白色腐蚀物X射线衍射光谱

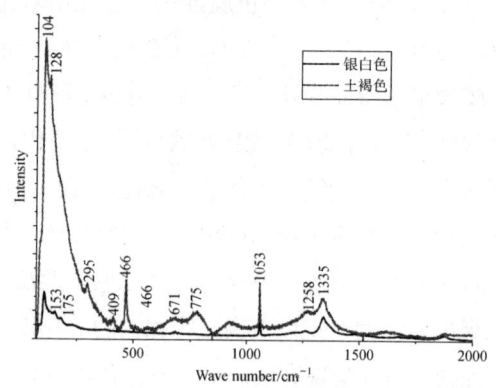

图3-23 银白色和土褐色腐蚀物拉曼光谱对比

(3)腐蚀机理分析

低温青黄釉陶不仅有着翡翠般美丽的绿色,而且由于铅质玻璃釉的折射系数很高,故比其他釉面更清澈透明,光彩照人。但从墓葬出土的铅釉陶器釉面往往失去原有的强烈光泽,釉面出现银白色金属光泽的层状物质,人们常称之为"银釉"[40],可见这层铅釉耐腐蚀性较差。关于铅釉陶表面腐蚀物的研究已有部分研究报道。张福康等指出银釉是一种具有层状结构的非晶态物质,认为"银釉"的形成主要是低温铅绿釉,在潮湿环境中长期受到大气中水和二氧化碳的侵蚀,铅质玻璃釉表层逐渐水化和溶蚀而形成硅酸及可溶性盐,当硅酸及其可溶性盐逐渐溶失后,则遗留下富含氧化铅的沉积物,沉积物的薄层表面则显示出反光性强的氧化铅薄膜的光泽特征,随着溶蚀时间的变长,这层薄层会慢慢沉积而构成类云母结构的结合层[41]。朱铁权等利用扫描电子显微镜能谱、X射线衍射、傅立叶红外光谱、光电子能谱等测试技术,分析了湖北黄冈地区出土宋代绿釉陶表面银釉的成分和结构。结果发现,银釉中富含钙、磷、铅等元素,并有$Pb_{10-x}Ca_x(PO_4)(OH)_2$($x<2.7$)物相存在[42]。结合其出土前(弱酸性的土壤)埋藏环境,推测银釉应为土壤中羟磷灰石及各种磷酸化合物与釉陶表面Pb^{2+}发生化学反应的产物。此外,他还利用X射线衍射、傅立叶变换红外光谱、能量色散X射线荧光、拉曼光谱等方法,对3块不同时代、不同埋藏环境铅釉陶表面腐蚀物的化学组成、物相结构进行了分析测试,结果表明,汉代釉陶表面的腐蚀物主要为白铅矿;宋代绿釉陶表面的腐蚀物主要为磷酸铅钙,锈蚀物中黄色是因为含有氧化铁的缘故;唐三彩表面的腐蚀物中含有磷酸铅钙与白铅矿两种物相结构存在[43]。鲁晓珂等运用电子探针对南汉德陵和康陵出土的釉陶器上的银灰色釉进行分析,结果证实这层"银釉"物质是铅釉陶表面在潮湿的环境中受溶蚀所形成的富含氧化铅的沉积层[44]。

不同的埋藏环境会造成铅釉陶上腐蚀物的不同,形成腐蚀物的腐蚀机理也不尽相同。曹村窑出土的青黄釉陶表面腐蚀物有其特殊的化学组成和形成机理。本研究综合多种仪器分析表明,腐蚀物"银釉"主要成分为白铅矿和石英。其中,金黄色和土褐色腐蚀物与银白色腐蚀物相比的氧化铁含量更高,故呈现有色。腐蚀物的生成与周围埋藏环境息息相关。曹村窑址临近漳河河床,故地下埋藏环境很潮湿。因为铅釉的硬度较低,当处于潮湿环境中,釉面受到轻微溶蚀,釉中的铅离子溶出,溶蚀物连同土壤中的碳酸根等可溶性盐类在一定条件下在釉表面析出。这层沉积物与釉面的接触并不紧密,故水份仍能进入空隙继续溶蚀。这样反复进行,层次就不断增多。达到一定厚度时,由于光线的干涉作用,就产生银白色光泽。银釉病变发展到一定程度,还会导致釉层的局部脱落,使器物釉层薄厚不均，釉层较薄处更易受到侵蚀而毁坏胎体，以致器物的损坏。

（4）对釉面防护建议

光线下色彩斑斓的"银釉"腐蚀层，增加了历史的厚重感。目前，考古中器物上的"银釉"作为一种历史的记录，一般不予去除，其它的如土锈、水锈、土蚀，建议给予清除。铅釉陶如果继续放置于潮湿的环境中，"银釉"的持续发展会损害釉面以及胎体。所以需要将出土后的铅釉陶器物放置于干燥、清洁的环境下，才能防止"银釉"病情的继续蔓延。

3.2.3.4 结语

通过对曹村窑青黄釉陶表面腐蚀物进行分析研究，得出以下结论：

（1）该腐蚀物可分为三层，最上层土褐色层厚度可达 0.109 mm，中间金黄色层约为 0.032 mm，最下层银白色层厚约 0.072 mm。银白色腐蚀物主要成分为白铅矿和石英，此外还含有微量氧化铁、氧化钙、氧化铝等。金黄色和土褐色腐蚀物比银白色腐蚀物的氧化铁含量高。被腐蚀后釉层变得很薄，釉面灰暗。

（2）曹村窑址临近漳河河床，故地下埋藏环境很潮湿。当铅釉处于潮湿环境中，釉面受到轻微溶蚀，釉中的铅离子溶出，溶蚀物连同土壤中的碳酸根等可溶性盐类在一定条件下在釉表面析出。这层沉积物与釉面的接触并不紧密，故水分仍能进入空隙继续溶蚀。这样反复进行，层次就不断增多。达到一定厚度时，由于光线的干涉作用，就产生银白色光泽。银釉病变展到一定程度，还会导致釉层的局部脱落。

（3）"银釉"作为一种历史的记录，一般不予去除。为了防止"银釉"病的发展，在保存中要注意防潮，防污染。

参考文献

[1] 马清林，苏伯民，等.中国文物分析鉴别与科学保护[M].北京：科学出版社，

2001.
[2] 陈世朴, 王永瑞. 金属电子显微分析[M]. 北京: 机械工业出版社, 1980.
[3] 冯松林, 等. 高能所现代核分析技术在科技考古中的应用[C]. 科技考古论丛(第二辑), 合肥: 中国科技大学出版社, 2000.
[4] Boue-Bigne F. Analysis of oxide inclusions in steel by fast laser-induced breakdown spectroscopy scanning: An approach to quantification[J]. *Applied Spectroscopy*, 2007, 61(3): 333-337.
[5] 竺欢焕. 无标样LIBS定量分析研究[J]. 杭州电子科技大学硕士毕业论文, 2013: 1-7.
[6] 闾宏涛, 昌征. 激光诱导击穿光谱分析法及其在文物分析与表征中的应用[J]. 文博, 2009(6): 229-233.
[7] AgrestiJ, MencagliaA, SianoS. Development and application of a portable LIBS system for characterizing copper alloy artifacts[J]. *Anal Bioanal Chem*, 2009(395): 2255-2266.
[8] 王展, 柏柯, 高小超. 文物成分定性分析新技术-激光诱导击穿光谱[C]. 中国文物保护技术协会第七次学术年会论文集[C], 北京: 科学出版社, 2012: 419-423.
[9] 冯先进, 屈太原. 电感耦合等离子体质谱(ICP-MS)最新应用进展[J]. 中国无机分析化学, 2011, 1(1): 46-52.
[10] 祖文川, 汪雨, 李冰宁, 等. ICP-MS相关联用技术在食品元素形态分析中的应用及进展[J]. 质谱学报, 2013, 34(4): 247-254.
[11] 常建华, 董绮功. 波谱原理及解析[M]. 北京: 科学出版社, 2001: 113-118.
[12] 李树棠. 金属X射线衍射与电子显微分析[M]. 北京: 冶金工业出版社, 1980.
[13] 王丽琴, 周文晖, 赵静. 光导纤维光谱技术无损鉴定彩绘文物颜料的研究[J]. 文物保护与考古科学, 2007, (19)4: 1-5.
[14] Perez-Alonso M, Castro K., Martinez-Arkarazo I. et al. Analysis of

bulk and inorganic degradation products of stones, mortars and wall paintings by portable Raman microprobe spectroscopy [J]. *Anal Bioanal Chem*, 2004 (379): 42-50.

[15] Lucia Burgio, Robin J.H. Clark. Library of FT-Raman spectra of pigments, minerals, pigment media and varnishes, and supplement to existing library of Raman spectra of pigments with visible excitation [J]. *Spectrochimica Acta Part A*, 2001 (57): 1491-1521.

[16] Andreia M. Correia, Robin J. H. Clark, Maria I. M. Ribeiro, et al. Pigment study by Raman microscopy of 23 paintings by the Portuguese artist Henrique Pousao (1859-1884) [J]. *J. Raman Spectrosc*, 2007 (38): 1390-1405.

[17] 王进玉. 中国古代彩绘艺术中应用青金石颜料的产地之谜 [C]. 第二届秦俑及彩绘文物保护与研究国际学术研讨会论文集, 2009: 507-517.

[18] 涂料工艺编委会编. 涂料工艺(上册) [M]. 北京: 化学工业出版社, 1997: 1-10.

[19] 王进玉. 敦煌石窟合成群青颜料的研究 [J]. 敦煌研究, 2000 (1): 76-81.

[20] Osticioli I, Mendes N.F.C. Nevin A, et al. Analysis of natural and artificial ultramarine blue pigments using laser induced breakdown and pulsed Raman spectroscopy, statistical analysis and light microscopy [J]. *Spectrochimica Acta Part A*, 2009 (73): 525-531.

[21] Hassan I, Peterson R C, Grundy H D. The structure of lazurite, ideally $Na_6Ca_2(Al_6Si_6O_{24})S_2$, a member of the sodalite group [J]. *Acta Crystallographica C*, 1985 (41): 827-832.

[22]《化学化工大辞典》编委会, 化学工业出版社辞书编辑部编. 化学华工大辞典(上、下册) [M]. 北京: 化学工业出版社, 2003: 56.

[23] 马世昌. 化学物质辞典 [M]. 西安: 陕西科学技术出版社, 1999: 893.

[24] Christina Lombardo. Forever Gothic. Analysis and Interpretation of the Interior of the Great North Bedchamber at Strawberry Hill [J]. *University*

of Pennsylvania, 2006: 90-92.

[25] Shen Ai Guo, Wang Xiao Hua, Xie Wei, Pigment identification of colored drawings from Wuying Hall of the Imperial Palace by micro-Raman spectroscopy and energy dispersive X-ray spectroscopy [J]. *J. Raman Spectrosc*, 2006 (37): 230-234.

[26] Cheng Xiaolin, Xia Yin, Ma Yanru, et al. Three fabricated pigments (Han purple, indigo and emerald green) in ancient Chinese artifacts studied by Raman microscopy, energy-dispersive X-ray spectrometry and polarized light microscopy [J]. *J. Raman Spectrosc*, 2007 (38): 1274-1279.

[27] Rocco Mazzeo, Darinn Cam, Giuseppe Chiavari, et al. Analytical study of traditional decorative materials and techniques used in Ming Dynasty wooden architecture. The case of the Drum Tower in Xi'an, P.R. of China [J]. *J. Cult Herit*, 2004 (5): 273-283.

[28] 王鑫, 程利. 石景山区老山汉墓[C]. 中国考古学年鉴(2001). 北京: 文物出版社, 2002: 104-105.

[29] 何汶. 历史的折射——从老山汉墓的发掘看汉代政治、经济的发展[J]. 地图, 2000(4): 59-60.

[30] Lucia Burgio, Robin J.H. Clark. Library of FT-Raman spectra of pigments, minerals, pigment media and varnishes, and supplement to existing library of Raman spectra of pigments with visible excitation [J]. *Spectrochimica Acta Part A*, 2001 (57): 1491-1521.

[31] 李涛, 杨益民, 王昌燧, 等. 司马金龙墓出土木板漆画屏风残片的初步分析[J]. 文物保护与考古科学, 2009, 21(3): 24-27.

[32] 赵桂芳. 漆和漆器保护概说[J]. 中国文物科学研究, 2007(3): 53-60.

[33] 河姆渡遗址考古队. 浙江河姆渡遗址第二期发掘的主要收获[J]. 文物, 1980.

[34] 臧克和, 王平, 等. 说文解字全文检索[M]. 广州: 南方日报出版社,

2004：495.

[35] 李江. 河北省临漳曹村窑址初探与试掘简报[C]//中国古陶瓷学会编，中国古陶瓷研究（第十六辑）[M]. 北京：紫禁城出版社，2010：43-52.

[36] 李国霞，刘建立，赵学锋，等. 新发现曹村窑三种釉色陶瓷的初步分析[C]//中国古陶瓷学会编，中国古陶瓷研究（第十六辑）[M]. 北京：紫禁城出版社，2010：525-532.

[37] 王建保. 磁州窑窑址考察与初步研究[C]//中国古陶瓷学会编，中国古陶瓷研究（第十六辑）[M]. 北京：紫禁城出版社，2010：7-16.

[38] 彭文世，刘高魁. 矿物红外光谱图集[M]. 北京：科学出版社，1982：112.

[39] Lucia Burgio, Robin J.H. Clark. Library of FT-Raman spectra of pigments, minerals, pigment media and varnishes, and supplement to existing library of Raman spectra of pigments with visible excitation[J]. *Spectrochimica Acta Part A*, 2001（57）：1491-1521.

[40] 张福康，张志刚. 中国历代低温色釉的研究[J]. 硅酸盐学报，1980，8（1）：9.

[41] 张福康. 中国古陶瓷科学[M]. 上海：上海美术出版社，2000：131.

[42] 朱铁权，王昌燧，王洪敏，等. 宋代绿釉陶表面银釉的分析及其形成机理[J]. 应用化学，2007，24（9）：977-980.

[43] 朱铁权，王昌燧，毛振伟，等. 我国古代不同时期铅釉陶表面腐蚀物的分析研究[J]. 光谱学与光谱分析，2010，30（1）：266-269.

[44] 鲁晓珂，李伟东，罗宏杰. 五代南汉国王陵出土陶瓷器的特点和来源探析[J]. 硅酸盐学报，2011，39（5）：818-823.

第四章 染料分析

4.1 植物染料鉴定

我国纺织品染色历史悠久,最早可追溯至新石器时代,在商周时已达到相当高的水平[1][2]。染料是指能溶于水中并能直接或借助助剂上染于纤维而显示色彩的有机物质[3][4]。有机合成染料于19世纪晚期出现[5],古代纺织品上的染料多为天然植物染料。古代纺织品染料的科学测试是中国纺织品科技考古和鉴定工作的重点。明确染色文物染料的种类和基本性能,研究其染色工艺对纺织品修复、复制有着十分重要的作用。由于植物染料的成分基本上都是不太稳定的有机物,容易受到环境的影响而发生变化,尤其是经历数百年甚至上千年的埋藏,极有可能因发生氧化、水解等化学反应而引起褪色、变色等情况。因为发生的是化学组成或分子结构的变化,而且这些染料的成分不只一种,所以要鉴别植物染料的成分有一定的难度。植物染料常用的分析测试方法分为色谱法和光谱法。色谱法中最为常见的是高效液相色谱,常用于染料测定的光谱法有紫外-可见光谱法、三维荧光光谱法和全内部反射激光分光法等。国外有报道对从古代织物上提取的染料进行高效液相色谱、薄层色谱、分子光谱等分析[6-10]。在国内,最早是上海纺织科学研究院在研究马王堆出土织物时对其中的一些染色和印花织物进行了测试,后来,北京纺织科学研究所对定陵出土的黄色织物也曾作过染料测试。

近年来,山东考古研究所的张雪莲和上海博物馆的陈元生、解玉林等也对古代毛织物染料测试做了很多尝试[11-13]。其所用的方法不仅有薄层色谱、红外光谱法，还采用了高效液相色谱、质谱及快原子轰击质谱法等分析方法。此外，北京大学张晓梅等通过薄层色谱和拉曼光谱对唐代丝绸样品蓝色染料进行分析，并比较了这两种方法的利弊[14]。刘剑利用高效液相色谱串联二极管阵列检测器（HPLC-DAD）和高效液相色谱质谱检测器（HPLC-MS）鉴别了魏晋时期新疆营盘出土纺织品的染料种类，推断其中的黄色木犀草染料可能是从西方进口[15]。

以上的研究中，古织物染料的分析鉴定多需要萃取色素，由于出土染织品异常珍贵，可供染料萃取的更为稀少。样品多为从织物脱落的少量丝线，色素成分复杂，含量很低，况且某些色素组分因自然降解而消失，分析鉴定难度较大。

4.1.1 分析步骤及方法

鉴定植物染料的种类一般都采用将古代染色织物染料与已知植物染料标准样品比较的方法。测定染料成分的基本步骤：第一，是根据古代织物的染料色彩和有关资料初步推断所用染料范围；第二，制备染料测试样品，其中包括在初步判断基础上选用或制备天然染料标准品以及古代织物样品上微量染料的提取；第三，采用化学方法或物理方法进行无损或微损分析测试。

4.1.1.1 样品制备

（1）染料对照品制备

在初步推断的基础上制备天然植物染料对照品。目前，也可通过购买标准染料色素作为标样。对于不易买的色素标样，选择合适的色素提取方式是分析测试的重要环节。

溶剂提取方法包括浸渍法、煎煮法、回流提取法等[16]。对湿热均稳定且不易挥发，可以以去离子水为溶剂通过浸渍法或煎煮法提取色素。此外，还有酸性水和碱性水提取方法。例如，红花和石榴皮的染料分子中含有羟基，提取时可加入碱性物质（如碳酸钠、碳酸钾）以提高其溶解度；而杨梅、山桃可加入醋酸溶液进行酸提。天然染料中较为特殊的是靛蓝，靛蓝属于还原染料，制备靛蓝染料可将天然蓝草叶于水中浸泡数天，浸泡过程中加入石灰，浸出液呈黄绿色，利用空气氧化可使靛蓝沉淀析出，此为浆状靛蓝，烘干后即可收藏备用。

对于难溶于水的色素染料，可用甲醇、乙醇、冰醋酸、二甲基甲酰胺和乙酸乙酯等有机溶剂进行分步提取，也可采用混合溶剂、反应溶剂进行提取。

（2）古代纺织品染料提取

古代织物上染料提取是鉴定的关键。溶剂萃取法很适用于古代织物染料的提取。染料的剥色、提取色素需要经过一定试验，应尽可能选取既能提取色素又不破坏染料及织物纤维结构的溶剂。羊毛和丝织品上的染料一般可用二甲基甲酰胺（DMF）、二甲基亚砜（DMSO）、氯苯－醋酸（1:1）、吡啶－水（53:47）或冰醋酸溶液等作为溶剂来萃取。棉织物上的染料一般可使用二甲基甲酰胺（DMF）、二甲基亚砜（DMSO）、吡啶及5%的NaOH进行萃取。根据反复试验表明羊毛以及丝织品上的染料也可用盐酸－甲醇－水（2:1:1）或者甲酸－甲醇（5:95）混合试剂提取，提取效果很好。方法是将小块织物试样用蒸馏水等清洗干净后，置于试管中，加入溶剂（有时需水浴加热或者超声波提取），倒出试管中的溶液即为染料溶液。重复以上步骤，尽可能完全地提取出色素，合并有机相，减压浓缩，即可得到染料的主要成分。

4.1.2 染料鉴定方法

可用于染料测试的方法有化学反应法，色谱法（薄层色谱、高效液相色谱）、光谱法（紫外－可见光谱法、红外光谱法、拉曼光谱法、光纤反射光谱法、三维荧光光谱法等）、质谱、核磁共振法等。

4.1.2.1 化学反应法

利用某些试剂对染料的特殊反应，可以在一定范围内确定染料的种类。如对红色染料，由于红花素在碱性溶液中会褪色，因此，可以在织物试样上滴以少量碱剂如NaOH等进行测试，如果此时红色褪去，则有较大可能会是红花素。红花素与茜素的另一区别在于：茜素在水煮时溶解，冷却后经过滤纸，纸上会留下红色，但滤出液却是无色的；而如果红花素没有被充分洗净的话，滤出液中可能会带有黄色素而变成黄色。

4.1.2.2 色谱法

（1）薄层色谱法（TCL）

薄层色谱法是一种物理分离分析方法，是最普遍、最经济的染料测试方法，最佳样品量0.5~3mg/mL。将未知染料试样和标准染料样品同时在薄层板上点样，比较展开后的斑点形状、颜色和Rf值（试样的移动距离和流动相的移动距离之比），从而判断未知样品的性质。在薄层色谱分析法中，展开剂的选用非常重要，选择合适的展开剂会使最后的效果达到最佳。在上海纺织科学院、上海博物馆和张雪莲等已经进行过的实验来看，他们一般采用苯：硝基苯：丙酮=8：1：1作为靛蓝的展开剂；用甲苯：甲酸乙酯：甲酸=5：4：1作为茜素和苏枋的展开剂；用正丁醇：乙醇：水：冰醋酸=9：1：1：0.1作为栀子色素的展开剂；用正丁醇：水：冰醋酸=5：2：1作为槐米色素的展开剂；用四氢呋喃：苯：丁酮：草酸=4：1：1：0.5作为紫草的展开剂。

在对首都博物馆纺织品修复组在修的清代传世品扇套深蓝色丝线染料鉴定的试验中，采用了市购硅胶GF254薄层板（10cm×20cm），薄层厚度0.20mm~0.25mm。试验条件：基质：硅胶GF254（成品）；温度：27℃；时间：45min；展开剂：苯：三氯甲烷：丙酮（5：4：1）。

将丝线蒸馏水洗净，以吡啶溶液超声萃取样品蓝色染料，大部分染料被剥取，证明应为有机染料。称量参比物靛蓝试剂、含靛蓝的中草药青黛，以吡啶为试剂各配成约为2mg/mL的供试溶液。将样品染料萃取液、标准靛蓝、青黛吡啶溶液以微量注射器各吸取2~5μl，同时以薄层层析法做展开分析，展开结果见表4-1。

从表4-1可以看出，样品蓝色染料提取液与标准靛蓝、青黛二者相应的斑点、颜色一致，而且Rf值非常接近，证明样品染料蓝色素与标准靛蓝、青黛为同一种物质。

表4–1 薄层色谱实验结果

样品	前沿	蓝色色素斑点	Rf值
靛蓝	13.5	10.8	0.8
青黛	13.5	11	0.81
扇套蓝色丝线	13.5	10.7	0.79

（2）高效液相色谱法（HPLC）

高效液相色谱是快速的微量分析工具，现在国际主要的纺织染料测试机构均采用该法，所需样品只要一根1cm长度的丝线即可测出其染料的种类，最低检出限可达$10^{-7} \sim 10^{-12}$g。高效液相色谱仪得到的是样品中不同组分依次从柱尾流出进入检测器时的响应信号时间或流动相流出体积的曲线图。当分析条件一定，任何物质都有确定不变的保留时间，通过比较未知物与已知物的保留时间，即能判别某一色谱峰所代表的组分。

采用德国LUMTECH K–501高效液相色谱仪对首都博物馆藏品河北隆化鸽子洞元代窖藏蓝棉袄蓝色、浅蓝色纤维以及百衲枕顶蓝色纤维样品蓝色染料进行鉴定。将各蓝色染料织物样品，靛蓝素和靛玉红标准品（中国药品生物制品检定所），靛蓝试剂，青黛用冰醋酸分别萃取，将该染料溶液在高效液相色谱上分析，实验结果见图4–1，分析图谱可知靛蓝素标准品的主峰保留时间为6.7min，靛玉红标准品的主峰保留时间为9.4min。靛蓝与青黛所含色素成分一致，皆共有两个主峰，这两个主峰分别代表靛蓝素（indigou）和靛玉红（indirubin）的流出峰。各样品染料的两个主峰保留时间与试剂靛蓝、青黛主峰的保留时间基本一致，可以说明各蓝色染料主要成分都是靛蓝素和靛玉红。靛蓝素和靛玉红为同分异构体，均是蓝草中靛蓝的主要成分，由此可以推断元代鸽子洞丝织品蓝色均系用靛蓝染色。各样品中，除蓝棉袄浅蓝丝线外，靛蓝素相对含量均远高于靛玉红，这样染出来的蓝色色彩明度才会比较大。研究表明，靛蓝染料在高温条件下，会导致靛蓝素相对含量降低。或者在制靛过程中，温度过高、碱性过大也会导致靛玉红生成，靛蓝素相对含量降低。

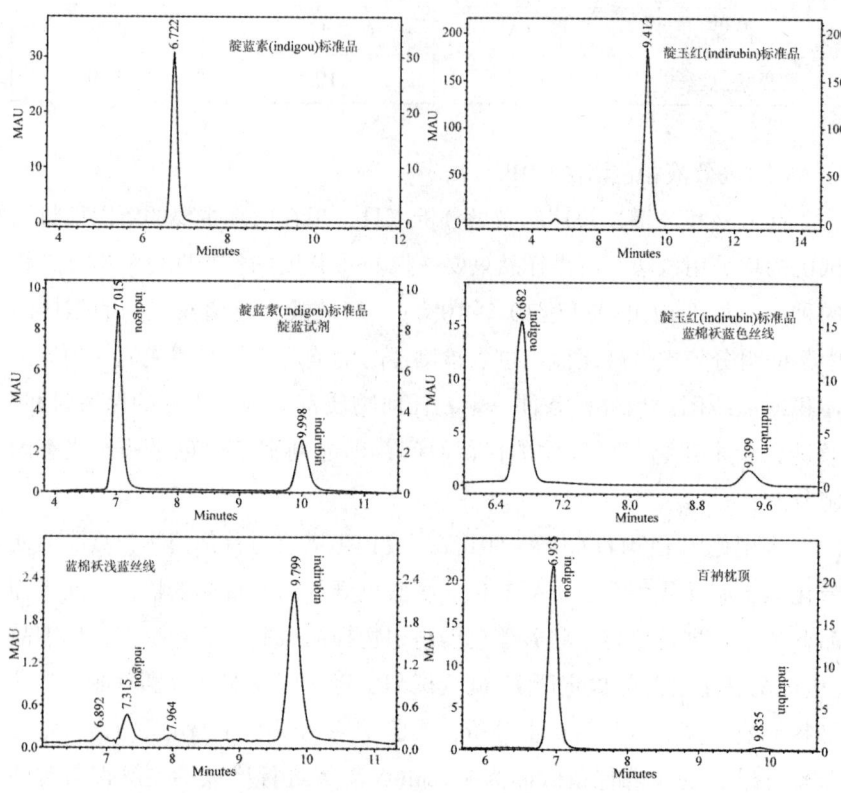

图4-1　各蓝色染料样品高效液相色谱图

4.1.2.3 分子光谱法

当物质分子与电磁辐射作用时，物质内部会发生量子化的能级之间的跃迁，测量由此产生的发射、吸收或散射的波长和强度而进行分析的方法，统称为分子光谱法。由于鉴定染料主要是测定其分子的特征基团或是分子结构，因此，可以广泛采用分子光谱法。常用的有以下几种：

（1）紫外-可见光谱法（UV-vis）

古代植物染料的分子结构中多含有苯环或双键等能够吸收紫外光或可见光而引起电子跃迁的发色基团。在相同条件下比较未知染料和已知标准染料的紫外可见吸光光谱图可以对染料进行定性分析。一般来说，具有相同发色基团的有机物会有相同的吸收峰值，在这种情况下，可以推断两者具有相同的分子结构。该方法检测灵敏度较高，定性分析中，配制100 mL溶液，最少样品量可达10^{-6} g。

采用试剂冰醋酸超声提取元代鸽子洞窖藏蓝棉袄、百衲枕顶蓝色丝线染料1h，有少量蓝色染料被剥落，同样以靛蓝试剂、中草药青黛作为对照样品，配置成的靛蓝、青黛溶液，以冰醋酸作为参比溶液（249 nm以下的紫外区有较强吸收），各测试其紫外可见吸收光谱（见图4-2）。由图4-2可知，样品蓝棉袄、百衲枕顶蓝色染料与靛蓝、青黛类似，均在286、616 nm有特征吸收，显示样品蓝棉袄、百衲枕顶与靛蓝、青黛物质分子中的生色团（助色团）相同，应该带有苯环。可见古织物蓝色染料均为有机物，为蓝草中的提取物靛蓝色素染色。

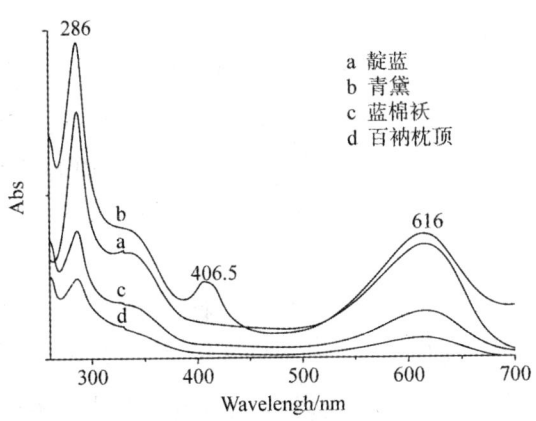

图4-2　冰醋酸提取蓝色染料紫外可见吸收光谱

（2）红外光谱法（FTIR）

傅立叶变换红外光谱仪在近十年来得到广泛的应用。用于红外光谱测试的样品可以是液体，或是固体，但一般情况下需要先进行分离和纯化，尤其是必须干燥。可通过解析红外光谱图中染料的特征官能团的吸收波长来推测分子结构，更多的是采用未知染料与若干标准天然染料红外光谱图进行比较，从而确定未知染料种类。各种附件的出现及发展，拓宽了FTIR的测试范围。这些附件包括压片法的压片模具、衰减全反射法的ATR附件、镜面反射法的镜面反射附件、漫反射法的漫反射附件、光声池、红外显微镜等。使用适宜的附件不但有助于获得良好的红外光谱图，同时还可简化制样过程，甚至无需样品制备。一般检测限都在纳克（ng）级，测量区域可达微米级（10 μm）。在实验中发现无论采用压片法或者显微红外光谱技术，未经染料提取的织物所测红外光谱图中仅能找到纤维的信号。除非纺织品样品量较大的情况下，提取浓缩后分析，才能对染料未知物做准确鉴定，所以红外光谱法对于现实中古织物微量的染料样品来说，难以在实际中应用。

（3）激光拉曼光谱法

激光拉曼光谱分析技术应用于颜料和染料的表征则始于20世纪80年代中期。拉曼光谱技术非常适合于易损和不允许取样的珍贵文物的无损分析。拉曼光谱分析技术在染料研究中常遇到的困难是染料自身或者某些杂质引发的荧光干扰，可以通过转换不同的激发波长测试不同吸收带的样品以减少荧光背景影响或者采用表面信号增强技术克服这一困难。

传统方法均需要用试剂萃取，尝试性使用非接触式无损害拉曼光谱鉴定古代丝织品蓝色染料。仪器为法国J·Y公司LabRAM HR 800型激光显微共焦拉曼光谱仪，在室温、暗室条件下，采用$\lambda_0 = 785$ nm的激发光源（半导体激光器）在显微镜下对样品聚焦后测试。图4-3为标准靛蓝试剂、鸽子洞出土蓝棉袄、百衲枕顶蓝色丝线的拉曼光谱图。由图4-3可见，标准靛蓝的拉曼特征峰位出现在103 w、132 m、

175vw、252m、311vw、544m、599w、675w、756w、1224w、1310w、1362w、1460w、1572vs。鸽子洞出土纺织品蓝色染料与标准靛蓝拉曼光谱相似度很好，说明样品蓝色丝线系靛蓝染色。可见利用激光拉曼光谱在显微镜下找到适合的测试点可以实现对纺织品上蓝色染料的无损测定。

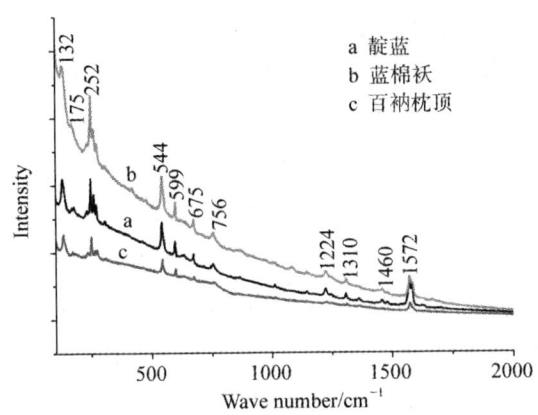

图4-3　鸽子洞出土蓝色染料拉曼光谱图

（4）其他分子光谱法

近年来，其他的分子光谱法如光导纤维反射光谱法也逐渐被借用于天然染料的鉴定工作中。日本学者着力研究了通过三维荧光光谱法来无损测试比较和识别植物染料。

4.1.2.4 质谱法（MS）

质谱法的优点是可以测出物质的分子量，因此，有助于确定化合物的分子结构。通常只需要几微克样品，在最优化条件下甚至只要10^{-12}g样品，所以对于极微量的染料色素样品分析很有效。但质谱法要求纯样品，所以质谱法多与不同的分离方法联用，特别是与气相色谱和液相色谱联用，可成为一种强有力的分离、鉴定复杂染料混合物及分子结构的可靠手段。近些年出现的串联质谱法可减少或消除样品基质中无关物干扰，提供丰富的结构信息，为物质鉴定提供绝对可靠的依据。

4.1.2.5 核磁共振法（NMR）

近50多年来，有机波谱学尤其是核磁共振法（NMR）技术的发展改革了天然产物结构鉴定的方法，是测定有机分子结构的最重要的方法。可测定物质分子中有关氢原子、碳原子及它们存在的化学环境及各自的定量数据。核磁共振氢谱主要用于测定一个分子中的氢所处的环境，碳谱则用于分析有机化合物中碳的骨架。

以上对常用植物染料结构、性质以及常用分析方法的介绍可以初步得出以下结论：古代常用天然植物染料属于复杂的有机物，色素成分多并非只有一种，因而需用几种方法从几个方面同时进行分析鉴定。在查阅文献后，根据色彩推测可能的染料种类，尽可能多的提取古织物染料色素，并以染料标准品或制备对照品作为参照，采用拉曼光谱技术初步判定样品染料组成，利用紫外－可见吸收光谱分析染料的基本构造，用核磁共振氢谱和核磁共振碳谱判定染料的分子结构，用薄层色谱、质谱以及高效液相色谱辅证，则可成功完成古代丝织品文物微量染料的鉴定。

4.2 蓝色植物染料的鉴定

4.2.1 染料蓝草制靛及染色工艺原理

从蓝草中制取的靛蓝是我国古代最为常用的植物染料之一，在传统染织文化中占有重要地位。人类应用靛蓝染色的历史可以追溯到四千多年前[17]。据古文献记载，相传在夏代，我国就开始种植蓝草[18]。马王堆出土的蓝色麻织物便是由靛蓝染成的[19]。目前在我国江浙一带以及西南部一些少数民族地区的乡村，传统的蓝印花布、蜡染和扎染还一直沿用着靛蓝染色工艺。传统的靛蓝染色工艺是我国古代人们智慧的结晶。为了保护这一传统技术，靛蓝染色工艺及设备已列入了《中国禁止出口限制出口技术目录》，规定自2002年1月1日起禁止出口[20]。探讨这一传统工艺的原理，对古代先民制靛染蓝技术史研究、古代纺织品蓝色染料褪变色的复原以及文物复制过程中的染色都有积极的意义。19世纪80~90年代靛蓝化学结构的确定和化学合成的成功，加之近代酶学观点的发展为揭示植物靛蓝染色的传统工艺原理提供了可能。

本书介绍了广泛应用于古代纺织品染色用植物蓝草的种类，制靛工艺及染色方法。对其工艺原理和染料中含有的靛蓝素、靛玉红来源进行了探讨。利用红外光谱以及光谱差减法鉴定出中草药青黛中除了靛蓝以外，还含有碳酸钙，验证了古代制靛过程中确实加入了生石灰，生石灰溶于水中生成氢氧化钙，提供了碱性环境，后与大气中的CO_2反应生成$CaCO_3$。

4.2.1.1 蓝草的种类及色素成分

"青，取之于蓝"，凡可制取靛蓝的植物皆可称蓝或蓝草。它们在我国及印度等地曾广为栽培，其根称为板蓝根、叶称大青叶、加工后的沉淀物称青黛，均可供药用。对于蓝草的种类及名称，历代本草说法各异，现代中药典籍也不尽相同[21][22]。李时珍在《本草纲目》中云："凡蓝五种，各有主治……而作靛则一也。"他依次指出有菘、蓼、马、木、苋五种蓝。《天工开物·彰施》记载："凡蓝五种、皆可为靛。茶蓝……蓼蓝、马蓝、吴蓝等皆撒子生。近又出蓼蓝小叶者，俗名苋蓝，种更佳。"一般认为含靛的蓝草的可归纳为四种（表4-2）。图4-4（彩）为蓝草中的一类——菘蓝。

蓝草本身不含有靛蓝，上述植物的叶和茎部中均含有可以缩合成靛蓝的吲哚酚（吲羟、吲哚醇），以配糖体的形式存于植物组织细胞中（称为靛质）。远在石器时代，人们就懂得了利用蓝草鲜叶来搓染纺织纤维制品[23]。直到秦汉之前的主要染色技术，也只是将蓝草鲜叶中的靛质搓揉浸出，再利用浸液直接染色，或辅以草木灰助染[24]。但是这种方法要求采集新鲜蓝草叶，受限于蓝草收获时节与产地，且对纤维的上染较缓慢、染料利用率低，因此逐渐被靛蓝的还原染色技术所取代。所谓靛蓝的还原染色技术，即是将蓝草先制成不溶性靛蓝，染色时将靛蓝还原成可溶性靛白，上染后再氧化成靛蓝固着在纤维制品上。一般来说，传统的植物靛蓝还原染色工艺主要可分为制靛和染色两个阶段。

表4-2　四种主要的含靛植物

名称	学名	主要产地	主要成分	科别
木蓝（槐蓝）	IndigoferaTinctoria	印度	靛苷	豆科
蓼蓝	Polygonum Tinctoria	热带地区	靛苷	蓼科
菘蓝	Isatis indigotica Fort.	欧亚大陆	菘蓝苷	十字花科
马蓝	Strobilanthescusia	亚热带	靛苷	爵床科

4.2.1.2 制靛及染色工艺

关于从蓝草中制取靛蓝的技术，在北魏贾思勰《齐民要术·种蓝》中记载："刈蓝倒竖于坑中，下水，以木石镇压，令没。热时一宿，冷时再宿。漉去荄，内汁于瓮中。率十石瓮，著石灰一斗五升，急手抨之，一食顷止。澄清，泻去水，别作小坑，贮蓝淀着坑中。候如强粥，还出瓮中盛之，蓝淀成矣。"这种制靛的过程，基本上为后世所沿用，只是水浸时间和石灰用量会有差异。一般来说水浸时间与温度密切相关，而石灰用量的多少则与水质和水浸时间有关。所制得的靛蓝，可直接用来配制染液，也可将其风干备用。

蓝草中的靛质含有靛苷，是吲羟与葡萄糖的缩合物。它在浸泡过程中的转化及整个制靛过程的原理如下[25]：浸泡时，靛质从植物细胞中溶出来。同时，微生物在适宜的温度、pH值等条件下大量繁殖，发酵分泌出的糖化酶使靛苷的苷键发生酶解断裂，如图4-5所示（图中 R 为葡萄糖剩基）。水解出的葡萄糖可进一步分解为乳酸，使糖化酶活力加强，同时催化水解苷键，加速吲羟的游离。加入石灰后，石灰溶于水中生成氢氧化钙使浸液呈碱性。水解出的吲羟可溶于碱性溶液，发生酮式互变异构现象（图4-6）。两分子的吲哚酮在碱性条件下氧化缩合，生成不溶于水的悬浮状靛蓝（图4-7），缓慢下沉。同时，由于水中的氢氧化钙同发酵产生的二氧化碳气体作用可产生碳酸钙沉淀，它能吸附悬浮状的靛蓝，加速其下沉，反应完成之后静置一段时间，就可以得到靛泥，靛泥可晒成干靛蓝，以方便贮藏、运输和买卖。

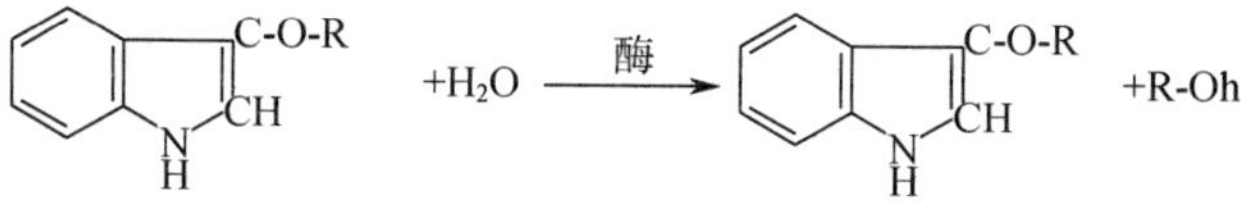

图4-5　靛甙甙键酶解断裂生成吲羟

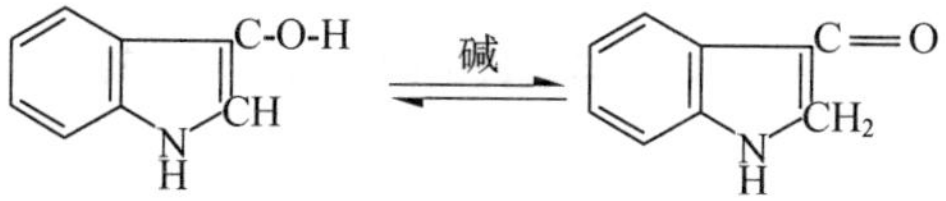

图4-6　吲羟酮式互变异构生成吲哚酮

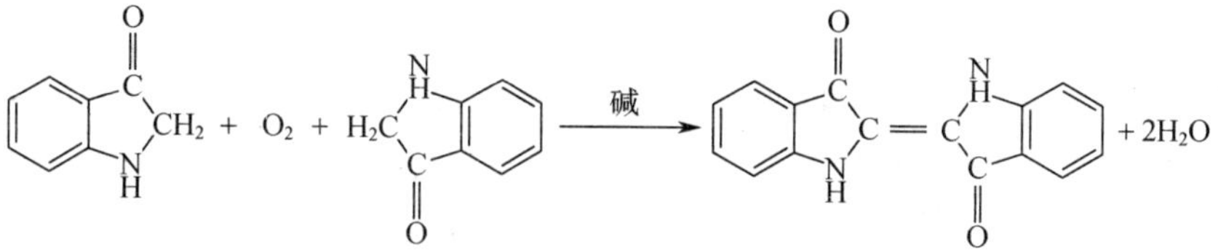

图4-7　吲哚酮缩合生成靛蓝

靛蓝还原染色一般需在靛蓝染液中加入石灰或草木灰、酒糟或泔水等配料，使染液发生发酵还原作用。染布时，将布放入染液中，浸半小时取出，晾干，然后放入染液中再染，每天如此反复染三次，连续染数天即可成蓝布。布颜色的深浅是由染液的还原活化程度及浸染的时间与次数所决定的，而各地沿用的浸染时间与次数一般也会有差异。在染到所需的颜色后，一般还会对布料进行过胶处理，以增加织物强力和提高染色牢度。配制染液时，石灰或草木灰等的加入为染液提供了碱性条件，而发酵所需的养料主要来自植物组织水解出的单糖和多糖成分（近代则是人工添加泔水、酒糟等养料）。在碱性条件下，发酵产生的氢气将不溶性的靛蓝还原成可溶性的隐色体靛白，使之上染纤维制品。将纤维制品浸染后取出透风晾干的过程实质上是使附在纤维上的隐色体靛白氧化再复变为靛蓝的过程。其中靛蓝与靛白的还原和氧化转化见图4-8

所示。

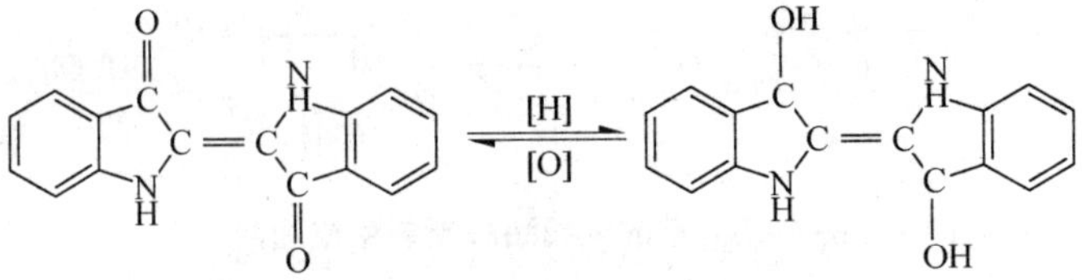

图4-8 靛蓝与靛白之间的氧化还原转化

4.2.1.3 靛蓝素、靛玉红的生成

在制靛过程中，游离出来的吲哚酚在热水或碱性溶液中发生酮式互变异构现象，两分子吲哚酮在碱性条件下发生缩合反应从而氧化为靛蓝（$C_{16}H_{10}N_2O_2$）。吲哚酮氧化缩合时，若温度过高、碱性过强，则会生成一种靛蓝的同分异构体靛玉红。靛蓝素和靛玉红的分子结构式见图4-9。可见靛蓝素分子与靛玉红分子的所有原子均处于同一平面，两个分子都是由碳骨架及环上的氮原子参与的大的共轭体系构成。靛蓝分子中存在的氢键是对称的（顺式靛蓝），而靛玉红则没有对称结构（反式靛蓝），理论上来说，靛玉红分子的稳定性高于靛蓝。靛蓝素和靛玉红可通过色谱进行分离，图4-10显示了这两种同分异构体紫外-可见吸收光谱测试结果的区别。

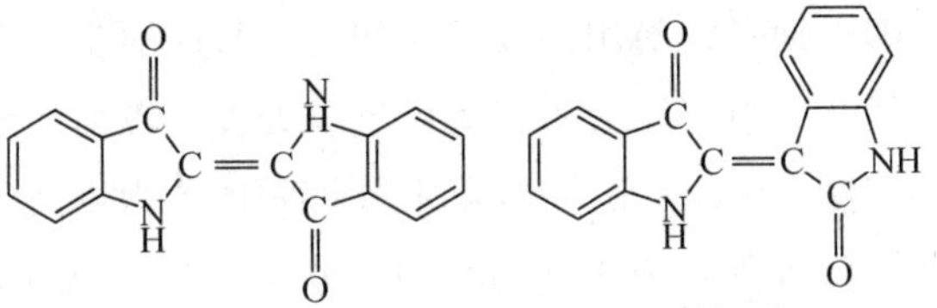

靛蓝　　　　　　靛玉红

图4-9 靛蓝靛玉红分子结构式

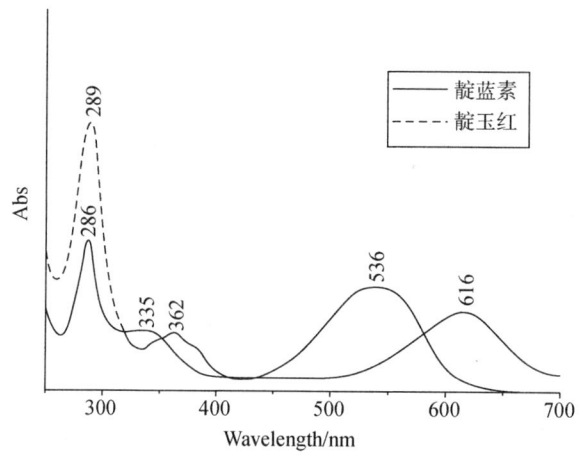

图4-10 靛蓝靛玉红紫外可见光谱图

4.2.1.4 青黛红外光谱分析

青黛为爵床科植物马蓝、蓼科植物蓼蓝或十字花科植物菘蓝的叶或茎叶经加工制得的干燥粉末或团块，可以作为一种染料，同时也是一种应用广泛的中药，具有杀菌消炎、清热解毒的功效[26]。

因目前所购靛蓝标准品多为合成，而中药青黛制法依旧沿袭古代制靛工艺。所以只有对青黛进行分析才能洞悉传统制靛技法。利用红外光谱仪（日本岛津 IRPrestige-21）对市购中草药青黛及碳酸钙（分析纯，广东汕头市西陇化工厂）进行分析。图4-11为青黛与碳酸钙的 KBr 压片红外光谱。从谱图上发现碳酸钙和青黛的 KBr 压片所得谱图有很多相似之处。相应的吸收峰1451，871，708 cm^{-1} 皆为碳酸钙的特征吸收峰，分别对应碳酸钙中 C-O 反对称伸缩振动，CO_3^{2-} 面外变形振动和 O-C-O 的面内变形振动。这说明青黛中含有碳酸钙的成分。为了便于分析，排除碳酸钙对青黛的影响以得到靛蓝的红外吸收光谱，把青黛光谱和碳酸钙光谱进行了光谱差减（图4-12）。从差示结果可以看到青黛中含有靛蓝的红外特征峰，3485 cm^{-1} 处强吸收峰为 N-H 的伸缩振动峰，1639 cm^{-1} 为羧基伸缩振动，苯环的骨架振动出现在1472 cm^{-1}。可见青黛中除了靛蓝以外,还含有碳酸钙,验证了古代制靛过程中确实加入了生石灰,后与发酵过程中中 CO_2 产生化学反应生成 $CaCO_3$。

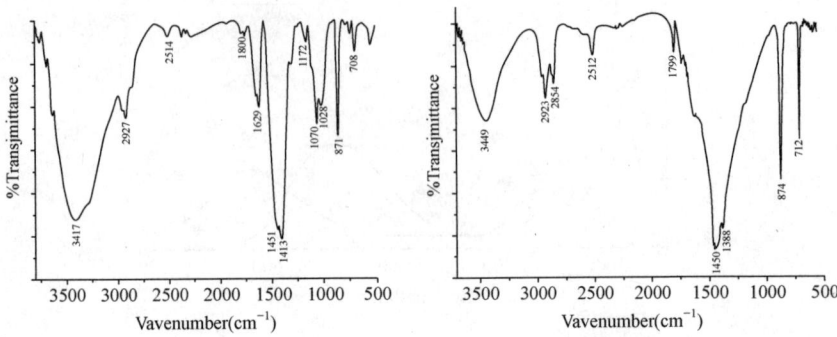

图4-11 青黛(左)与碳酸钙(右)的红外光谱图

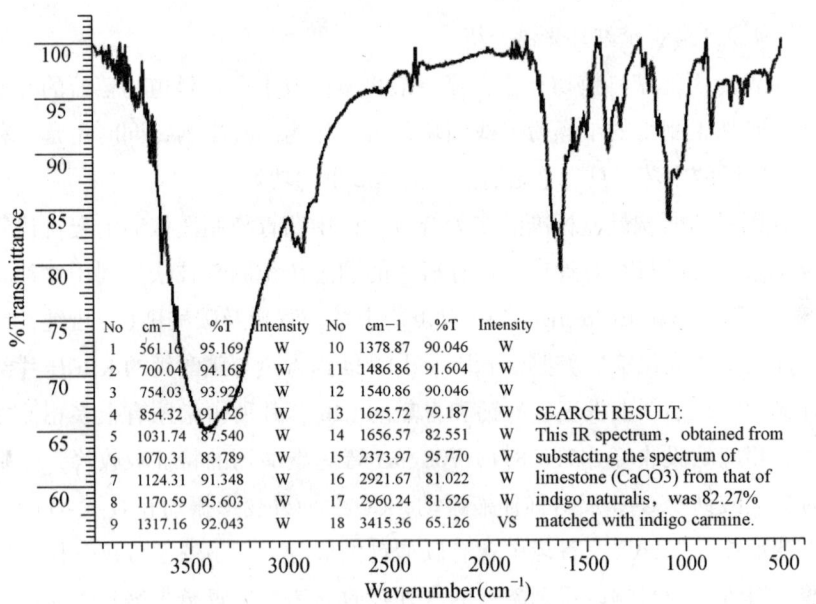

图4-12 青黛与碳酸钙的红外差减光谱图

4.2.1.5 结语

通过红外光谱以及光谱差减法验证了古代制靛过程中确实加入了生石灰，生石灰溶于水中生成氢氧化钙，提供了碱性环境，后与大气中的 CO_2 反应生成 $CaCO_3$。这对研究古代先民制靛染蓝技术史以及探究目前尚存的传统靛蓝染料的生产和染色工艺具有重要意义。

天然染料是纺织类非物质文化遗产的基础，除靛蓝外，诸如茜草、红花、紫草、槐花等的染色工艺也各具特色，因而在保护和继承蓝印花布染色、蜡染和扎染工艺的同时，还需要继续保护和挖掘其他传统染料的生产和染色工艺。

4.2.2 一组古代丝织品上蓝色植物染料的分析鉴定

4.2.2.1 样品

该研究的测试样品共四种，均为首都博物馆纺织品修复组在修复过程中从织物本体脱落的少量丝线（长度最小的约1cm），有蓝色、浅蓝色色调。样品情况详见表4-3。

表4-3 测试样品

样品名称	颜色	编号	质地	年代	取样部位描述	来源
扇套	蓝	B1	丝	清	蓝色扇套本体	传世品
蓝棉袄	蓝	B2	丝	元	右襟边缘镶边处蓝色缝线	河北隆化鸽子洞元代窖藏
	浅蓝	B3	丝		右襟边缘镶边包裹处浅蓝色经线	
百衲枕顶	蓝	B4	丝	元	蓝色料片周边	

4.2.2.2 分析步骤及测试条件

（1）分析步骤

首先使用万能显微镜（德国徕卡DM4000）及扫描电镜（日本日立S-3400N）对样品染料保存状况进行观察，然后用拉曼光谱技术初步判定样品染料组成，采用超声波方式以冰醋酸或吡啶为萃取剂对样品蓝色染料进行提取。对比标准色素和古样品提取色素的紫外－可见吸收光谱、薄层色谱以及高效液相色谱图，鉴定样品染料色素成分。然后对靛蓝试剂进行 UVA 紫外光（主波长 365 nm，距样品 13 cm）、高温（T=50℃，RH=60%）、高湿（室温，RH=85%）老化试验，通过对比相同浓度与测试条件下老化前后靛蓝试剂的高效液相色谱，探讨蓝色染料的降解原因及机理。

（2）测试条件

①显微共焦拉曼光谱

该仪器为法国 J·Y 公司 LabRAM HR 800 型激光显微共焦拉曼光谱仪。在室温、暗室条件下，采用 $\lambda_0=785$ nm 的激发光源（半导体激光器），物镜 50 倍长焦，信号采集时间 10~30 s，累加次数 1~2 次，光栅 600，狭缝宽度 100 μm，仪器分辨率 2 cm^{-1}，光斑尺寸 1 μm，采用单晶硅片校准，光谱测试范围 4000~100 cm^{-1}，在显微镜下找准染料测试点，进行聚焦后测试，样品表面的激光功率 2~3 mW。

②紫外－可见分光光度计

日本岛津 UV-1800 型紫外可见分光光度计。分别以各染料提取试剂作为空白，扫描波长范围 190 nm~800 nm。该仪器检测灵敏度较高，定性分析中，配制 100 mL 溶液，最少样品量可达 10^{-6} g。

③薄层色谱

薄层色谱法是一种物理分离分析方法，当前常用于染料的分析中，最佳样品量 0.5~3 mg/mL。将未知染料试样和标准染料试样同时在薄层板上点样，比较展开后的斑点形状、颜色和 Rf 值，从而判断位置样品的性质。试验采用硅胶 GF254 薄层板（10 cm×20 cm），薄层厚度 0.20 mm~0.25 mm。

④高效液相色谱

高效液相色谱是快速的微量分析工具，最低检出限可达 10^{-7}~10^{-12} g，当分析条件一定，任何物质都有确定不变的保留时间，通过比较未知物与已知物的保留时间，即能判别某一色谱峰所代表的组分。该仪器为德国 LUMTECH K-501 高效液相色谱仪，5500 自动进样器，K-2600 多通道紫外检测器，EastChrom Plus 数据处理工作站。色谱柱：Phenomenex Luna C18（250mm×4.60mm，5μm）；分析方法：流动相：甲醇-水（80：20）；紫外检测器：检测波长 λ=286nm；进样量：20μL；流速1mL/min。

⑤红外光谱

日本岛津 IRPrestige-21 傅立叶变换红外光谱仪。采用 KBr 压片法，取 3mg 样品，与 300mgKBr 混合制样，检测范围 4000~400 cm^{-1}，分辨率 $4cm^{-1}$。

4.2.2.3 结果与讨论

（1）古织物样品染料保存状况观察

对古织物样品纤维取样后，在万能显微镜以及扫描电镜下观察。如图4-13a（彩）为扇套蓝色纤维的放大1000倍的显微镜纵面照片；图4-13b（彩）为其放大2000倍的扫描电镜图片。从两张图片均可看出，纤维中间透明，边界清晰，除一些蓝色染料及尘土小颗粒沾染外，无明显横截纹及纵向沟纹。同样蓝棉袄蓝色、浅蓝色纤维以及百衲枕顶（文章中统称为元代鸽子洞出土文物）蓝色纤维在万能显微镜下放大1000倍【见图4-14（彩）】均具有相同的特征，属于丝纤维，可以看到蓝色染料均降解较为严重。

（2）古织物蓝色组染料鉴定

①拉曼测试

采用非接触式拉曼光谱无损鉴定古代丝织品蓝色染料。图4-15为标准靛蓝试剂（北京市旭东化工厂，化学纯，分子式：$C_{16}H_{10}N_2O_2$），扇套蓝色丝线以及采用吡啶作为色素萃取剂使该丝线脱色后的拉曼光谱图。由图4-15可见，标准靛蓝的拉曼特征峰位出现在103w、132m、175vw、252m、311vw、544m、599w、675w、756w、1224w、1310w、1362w、1460w、1572vs。扇套蓝色丝线拉曼峰位出现在102、133、175、252、310、545、598、675、762、1228、1460、1575 cm^{-1}，与标准靛蓝拉曼光谱相似度较好，而脱色后的丝线完全不具备靛蓝的特征，说明扇套蓝色丝线应系靛蓝染色。图4-16为鸽子洞出土纺织品蓝色染料拉曼光谱与标准靛蓝的比较，可以看到具有很好的吻合度。可见利用激光拉曼光谱在显微镜下找到适合的测试点可以实现对纺织品上蓝色染料的无损测定,不需要繁琐的染料剥离过程。当然由于古织物染料自身、媒染物或其他污染物的影响,染料测试中易出现较强的荧光背景,掩盖了某些拉曼信号。所以显微共焦拉曼在古织物染料鉴定中的应用尚存在一定局限性,需要结合其他分析手段予以确认。

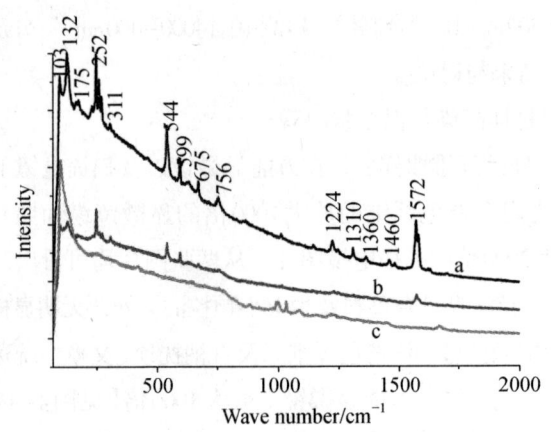

图4-15 扇套深蓝色丝线拉曼光谱图
a. 靛蓝;b. 扇套深蓝色丝线(B1);c. 蓝色丝线脱色后

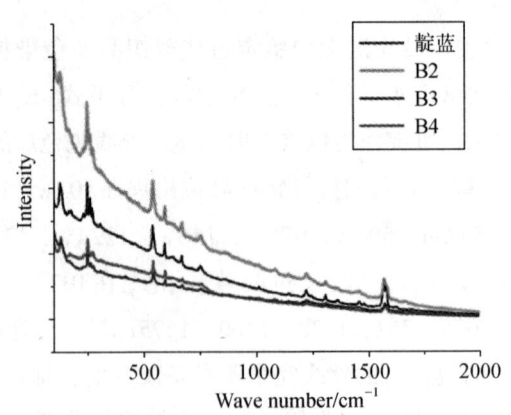

图4-16 鸽子洞出土蓝色染料拉曼光谱图

②紫外-可见吸收光谱

用试剂吡啶超声萃取B1、B3、B4蓝色染料1.5h,有较多的蓝色染料剥落下来。以靛蓝试剂、含靛蓝的中草药青黛作为对照样品,配置成靛蓝、青黛溶液,与以上剥色试样萃取液做紫外-可见吸收光谱测试,以吡啶作为参比溶液(301nm以下的紫外区有强吸收),扫描波长范围190nm~800nm。由图4-17可见,样品B1、B3、B4均在610nm附近有最大吸收峰,与靛蓝、青黛的最大吸收波长位置基本一致,可见均为同一物质靛蓝素染色。

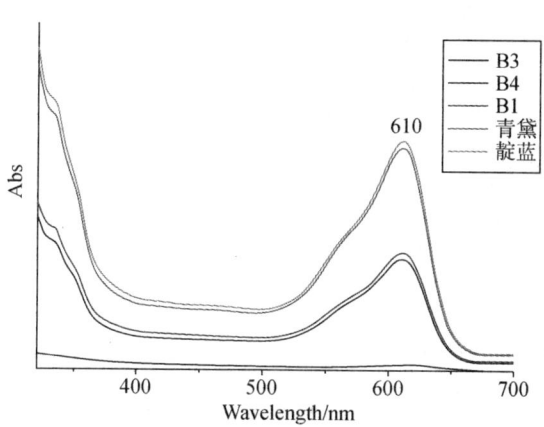

图4-17 吡啶提取蓝色染料 UV-Vis 光谱

采用试剂冰醋酸超声提取B2、B4蓝色染料1h,有少量蓝色染料被剥落,同样以靛蓝试剂、中草药青黛作为对照样品,配置成的靛蓝、青黛溶液,以冰醋酸作为参比溶液(249nm以下的紫外区有较强吸收),各测试其紫外可见吸收光谱(图4-18)。由图4-18可知,样品B2、B4与靛蓝、青黛类似,均在286nm、616nm有特征吸收,显示样品B2、B4与靛蓝、青黛物质分子中的生色团(助色团)相同,应该带有苯环。青黛冰醋酸溶液还在406.5nm处有特征吸收,可见青黛作为一种含有靛蓝的中草药，还具有其他成分。对比以吡啶和冰醋酸提取的蓝色染料 610 nm 附近的特征吸收可知，冰醋酸提取溶液峰位出现红移，这和该溶液的极性较大有关。

可见古织物蓝色染料均为有机物，为蓝草中的提取物靛蓝色素染色。试剂吡啶或者冰醋酸均可作为古织物蓝色染料的萃取剂。因为吡啶在 301 nm 以下的紫外区有强吸收，冰醋酸在 249 nm 以下的紫外区有较强吸收，综合对比来说在紫外-可见吸收光谱测试中，冰醋酸是较为理想的蓝色染料萃取剂。

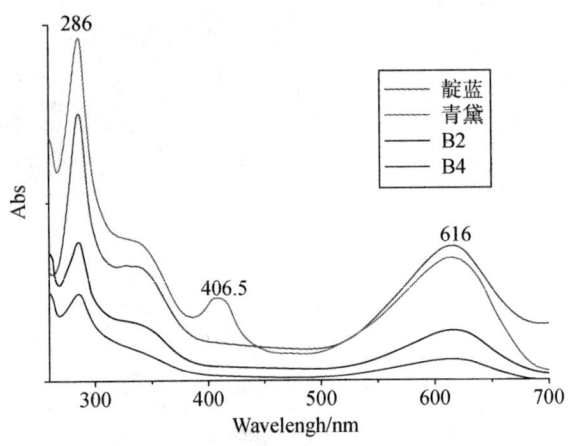

图 4-18　冰醋酸提取蓝色染料 UV-Vis 光谱

③薄层色谱

采用薄层色谱法测试扇套蓝色丝线染料色素，将丝线蒸馏水洗净，以吡啶溶液超声萃取样品蓝色染料，大部分染料被剥取，证明应为有机染料。称量参比物靛蓝试剂 0.0221 g、青黛 0.0203 g，量取吡啶各 10 mL，配成约为 2 mg/mL 的供试溶液。将样品染料萃取液、标准靛蓝、青黛吡啶溶液以微量注射器各吸取 2~5 μL，同时以薄层层析法做展开分析。试验条件：基质：硅胶 GF254（成品）；温度：27℃；时间：45 min；展开剂：

苯:三氯甲烷:丙酮(50:40:10),展开结果见表4-4。

从表4-4可以看出,样品蓝色染料提取液与标准靛蓝、青黛二者相应的斑点、颜色一致,而且Rf值非常接近,证明样品染料蓝色素与标准靛蓝、青黛为同一种物质。

表4-4 薄层色谱实验结果

样品	前沿	蓝色色素斑点	Rf值
靛蓝	13.5	10.8	0.8
青黛	13.5	11	0.81
扇套蓝色丝线	13.5	10.7	0.79

④高效液相色谱

将各蓝色染料织物样品,靛蓝素和靛玉红标准品(中国药品生物制品检定所),靛蓝试剂,青黛用冰醋酸分别萃取,将该染料溶液在高效液相色谱上分析,实验结果见图4-19。分析图谱可知靛蓝素标准品的主峰保留时间为6.7min,靛玉红标准品的主峰保留时间为9.4min。靛蓝与青黛所含色素成分一致,皆共有两个主峰,这两个主峰分别代表靛蓝素(indigo)和靛玉红(indirubin)的流出峰。各文物样品染料的两个主峰保留时间与试剂靛蓝、青黛主峰的保留时间基本一致,可以说明各蓝色染料主要成分都是靛蓝素和靛玉红。靛蓝素和靛玉红为同分异构体,均是蓝草中靛蓝的主要成分,由此可以推断和样品蓝色均系用靛蓝染色。由于各样品染料制靛工艺或者色素老化状况的不同,这几个样品两成分之间比例不同,通过对两个主峰峰面积进行积分,计算这两组份的相对含量(表4-5)。可见靛蓝与青黛标准品中靛蓝素相对含量达72%以上,靛玉红含量相对较低,这样染出来的蓝色色彩明度才会比较大。样品中B2、B4靛蓝素依然为主要色素成分,靛蓝素相对含量可达88%以上;而样品B1、B3,特别是样品B3靛蓝素相对含量仅为3.46%,可能由于降解较为严重或者为了染色色调的需要而调整制靛工艺(温度过高或者pH过大)而得。

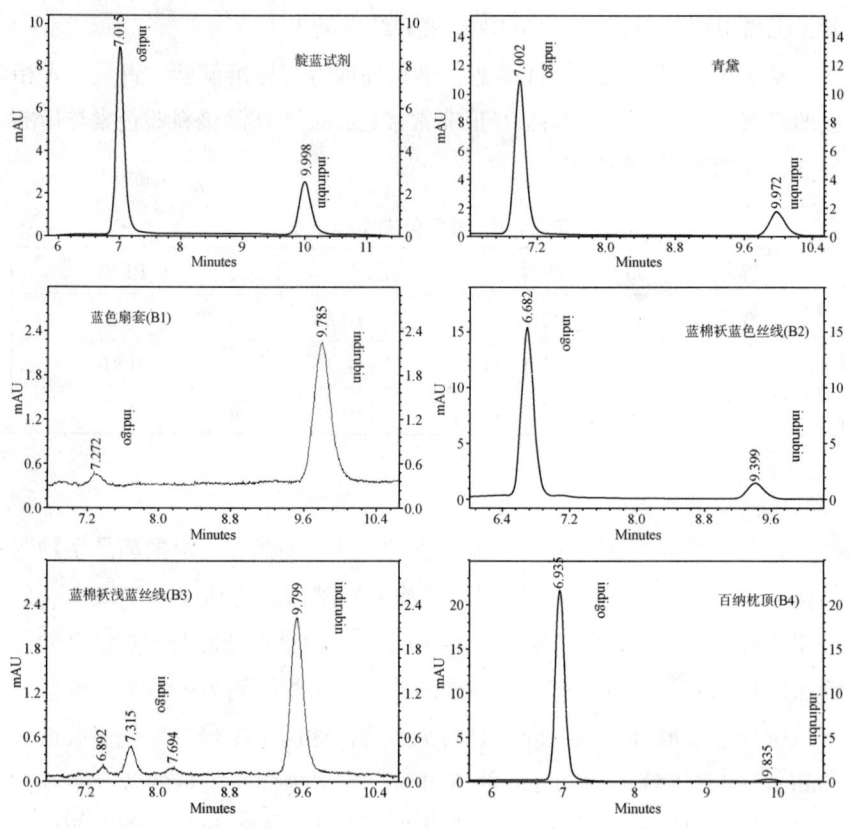

图4-19　各蓝色染料样品HPLC谱图

表4-5　蓝色染料丝线样品的染料分析结果(%)

样品号	靛蓝	青黛	B1	B2	B3	B4
靛蓝素	71.88	82.02	6.11	88.97	3.46	98.13
靛玉红	28.12	17.98	93.89	11.03	96.54	1.87

(3)蓝色染料色素老化试验

将靛蓝试剂分为三组,第一组置于紫外老化箱中老化(T=17.9~20℃,RH=35%),采用UVA灯(主波长365nm),紫外辐照度1153μw/cm²;一组置于恒温恒湿试验箱(T=50℃,RH=60%)进行高

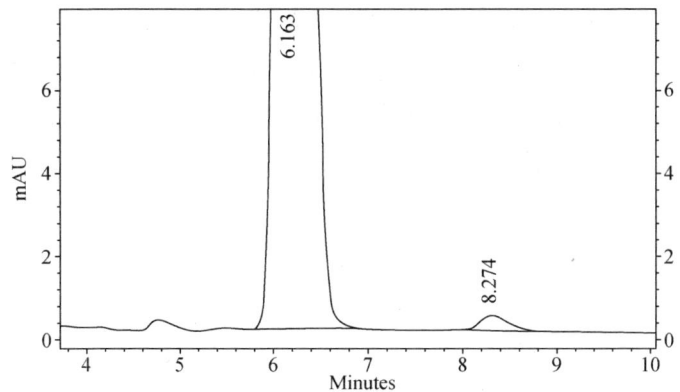

图4-20 靛蓝试剂紫外老化后的HPLC谱图

温老化,另一组置于KCl饱和盐水控制的干燥器内(T=20℃,RH=85%)进行高湿老化。光照老化2个月,高温、高湿老化各6个月后取出进行高效液相色谱(HPLC)测试。图4-20为靛蓝试剂紫外光照射2个月后的HPLC图,通过与图4-19靛蓝试剂未老化前HPLC图对比可知,可能由于老化时间较短,靛蓝素流出信号变化并不显著;而靛玉红流出信号变微弱,相对含量降低较明显。图4-21为高温老化后的HPLC图,靛蓝素、

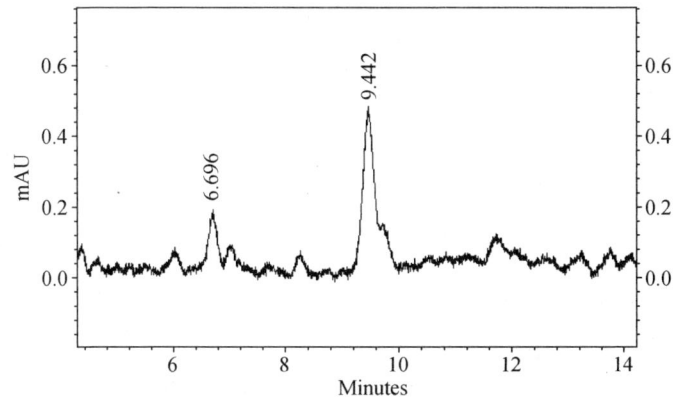

图4-21 靛蓝试剂高温老化后的HPLC谱图

靛玉红流出信号相当微弱,特别是靛蓝素(顺式靛蓝)相对含量降低非常明显,可见较之靛玉红(反式靛蓝),靛蓝素更不耐高温老化。图4-22是靛蓝试剂高湿老化后的HPLC图,靛蓝素、靛玉红流出信号较为微弱,可见高湿环境促使了靛蓝素和靛玉红含量的降低。

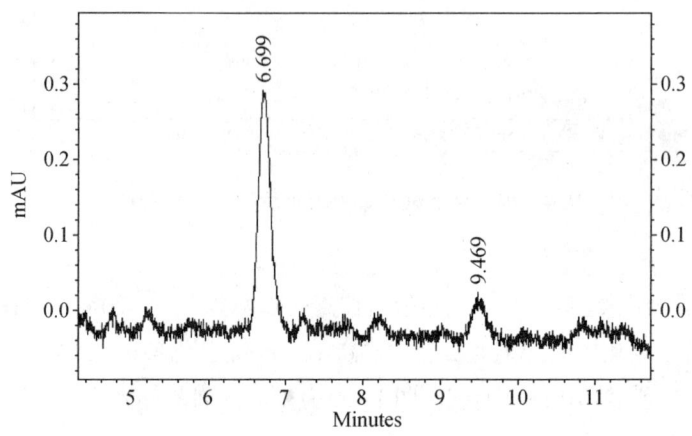

图4-22 靛蓝试剂高湿老化后的HPLC谱图

4.2.2.4 结论

(1)综合采用显微共焦拉曼光谱无损分析技术(Micro-Raman)与薄层色谱(TLC)、紫外-可见吸收光谱(UV-Vis)、高效液相色谱(HPLC)微损分析手段,对微量的丝织品蓝色染料色素鉴定来说显然非常有效。激光拉曼技术不需要繁琐的染料萃取过程,可对织物蓝色染料实现迅速、原位无损测试。但由于古织物染料自身、媒染物或其他污染物的影响,染料测试中易出现较强的荧光背景,掩盖了某些拉曼信号。表面增强拉曼光谱技术虽然可以减少荧光信号,却失去了无损分析的优势。所以拉曼光谱技术在染料鉴定中的应用尚存一定局限性。而薄层色谱、高效液相色谱等其他手段需要微量样品提取,却能实现复杂色素成分分离,可以得到拉曼光谱技术所不能获取的重要信息。

（2）该组样品蓝色染料的主要成分是靛蓝素和靛玉红，在各样品中两成分相对比例均不相同。样品中蓝棉袄、百衲枕顶蓝色丝线靛蓝素依然为主要色素成分，靛蓝素相对含量可达88%以上；而蓝色扇套及蓝棉袄靛蓝素含量相当少，特别是蓝棉袄浅蓝丝线靛蓝素相对含量仅为3.46%。可能由于降解较为严重或者为了染色色调的需要而调整制靛工艺（温度或碱性过高）而得。

（3）光照2个月后，靛玉红相对含量降低较明显。高温、高湿老化6个月后靛蓝素和靛玉红含量的显著降低。特别是在高温环境下靛蓝素相对含量降低幅度相当大，可见较之靛玉红，靛蓝素更不耐高温老化。

4.3 染料的紫外可见吸收光谱分析

本研究比较了已知标准染料在不同溶剂中提取后的紫外可见吸光光谱（UV-vis）图，分析了古代染料样品的紫外可见吸光光谱（UV-vis）图，对比了高温、高湿老化后靛蓝和红花染料吸收峰的变化，研究可为染料色素的提取及鉴定提供参考。

4.3.1 标准染料色素及提取试剂

靛蓝（化学纯，北京市旭东化工厂）；青黛、茜草（中药店）；茜素（97%，百灵威）；紫茜素（百灵威）；苏木精（90%，百灵威）；红花素（东京化成工业株式会社）；胭脂红（东京化成工业株式会社）；紫胶酸（东京化成工业株式会社）；姜黄素（98%，百灵威）；芦丁（97%，CN），盐酸小檗碱（98%，J&KCHENICA），黄栀子（生物提取）；超纯水；乙醇（AR，北京化工厂）

4.3.2 测试条件

日本岛津UV-1800型紫外可见分光光度计。分别以各染料的提取试剂作为空白，液槽为1cm的石英比色皿，扫描波长范围190nm~700nm，基线校正为 System，扫描速度为 100 nm/min。

4.3.3 测试结果

4.3.3.1 标准染料 UV-vis 图

由图 4-23 可见，靛蓝分子结构中大 π 键的 π → π* 跃迁其波长 λ 在 610 nm，结构中的 n → π* 跃迁最大主波长 λ_{max}=287 nm，其中，λ=610 nm 和 λ_{max}=287 nm 吸收峰均为靛蓝的 UV-vis 特征吸收峰。青黛中的靛蓝色素在水里溶解度比有机溶剂乙醇、冰醋酸低，以水为试剂色素不能有效提取，因此分别采用吡啶、乙醇、冰醋酸提取，不同提取液由于溶液极性的区别，特征峰稍有偏移（见图 4-24 至图 4-26）。从

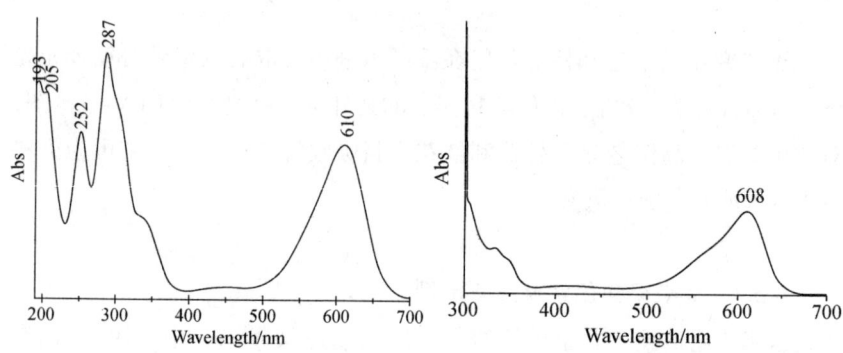

图 4-23 靛蓝色素水溶液 UV-vis 图　　图 4-24 青黛吡啶提取液 UV-vis 图

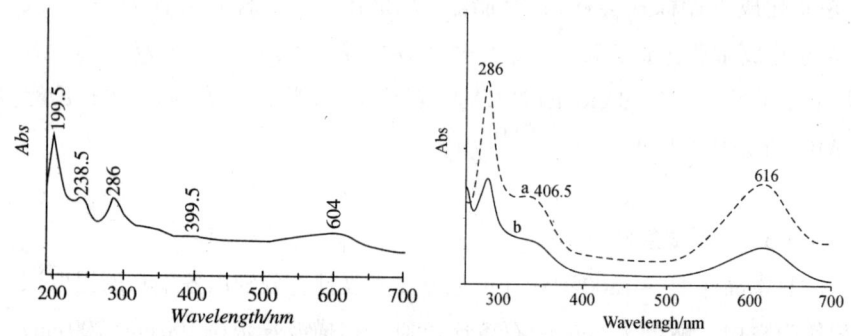

图 4-25 青黛乙醇提取液 UV-vis 图　图 4-26 靛蓝青黛冰醋酸提取液 UV-vis 图

对比茜草及茜素水提液可见,水不能有效提取茜草中的有效色素(见图 4-27、图 4-28)。采用乙醇对植物茜草进行色素提取,茜草色素分子结构中 n→π* 的主波长 λ_{max} 为 249 nm,此吸收峰为其特征吸收峰(见图 4-29)。对比红花素及红花中性水、醋酸及碱溶液提取液的 UV-vis 吸收图,可以看出红花色素在水、碱水里溶解度比醋酸里低,而在醋酸溶液里可以推断出红花分子结构中苯环连接双键的 π→π* 跃迁其 λ_{max} 为 404 nm,此吸收峰为其特征吸收峰(见图 4-30 至图 4-33)。对比姜黄素及姜黄水、乙醇提取液的吸收图,可以看出其在乙醇里溶解度比较好,可以推断出姜黄芸香糖分子结构中的苯环的弱吸收波长 λ 为 267 nm,以及烯酮式的 π→π* 跃迁其 λ_{max} 在 420 nm 左右,其 λ_{max}=420 nm 吸收

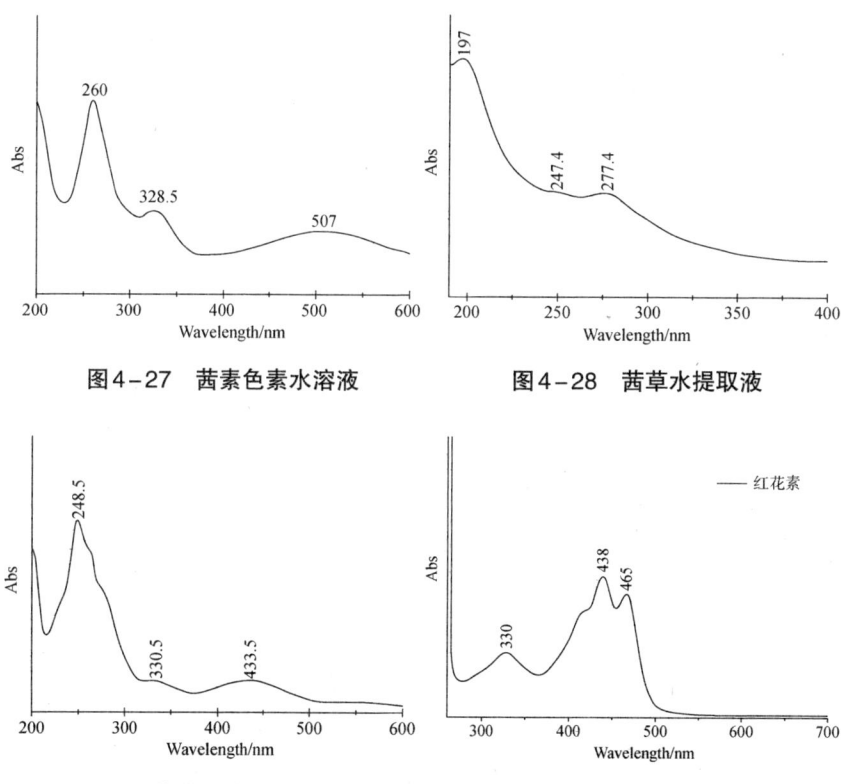

图 4-27　茜素色素水溶液

图 4-28　茜草水提取液

图 4-29　茜草乙醇提取液

图 4-30　红花素水溶液

峰为其特征吸收峰（见图4-34至图4-36）。从苏木素吸收图中可以看出

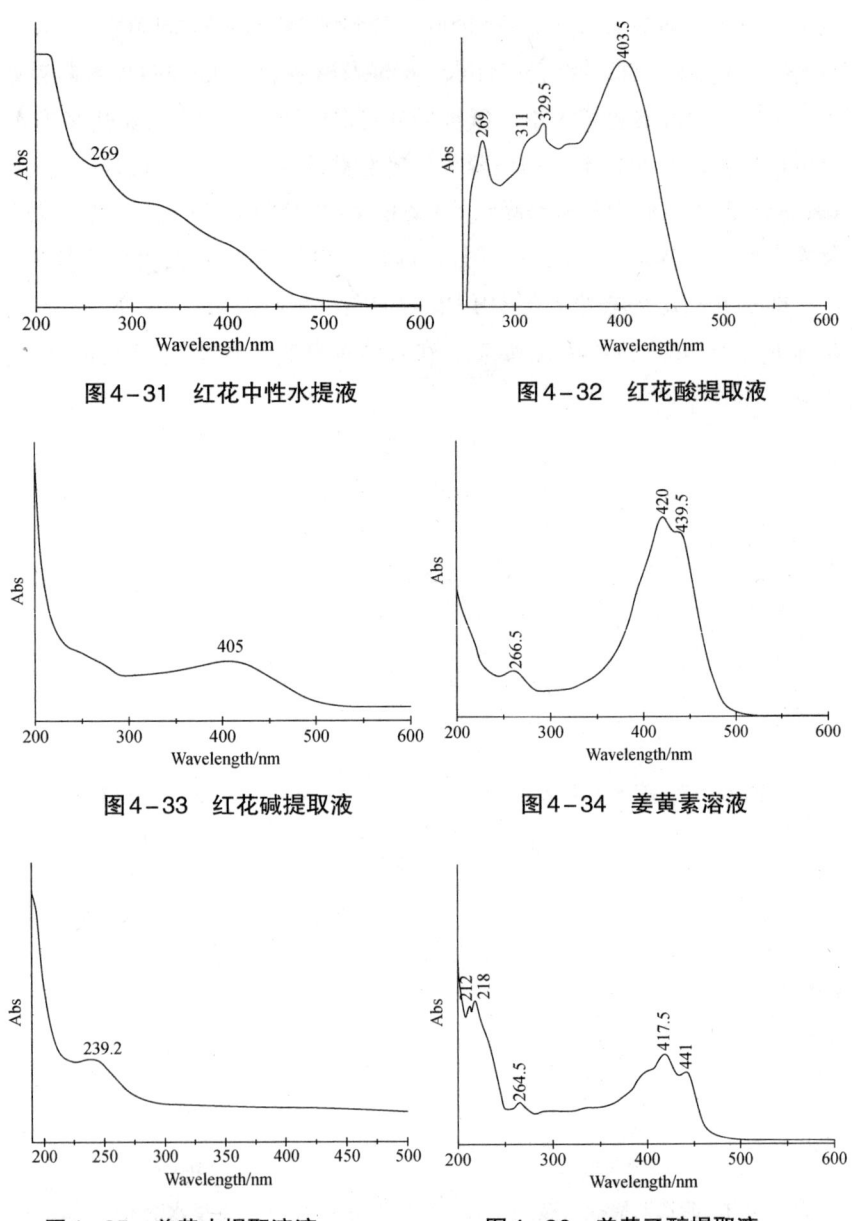

图4-31 红花中性水提液　　图4-32 红花酸提取液

图4-33 红花碱提取液　　图4-34 姜黄素溶液

图4-35 姜黄水提取溶液　　图4-36 姜黄乙醇提取液

其在水里溶解度比较好,因此可以推断出在水溶液里苏木素分子结构中苯环连接羟基的 n → π* 跃迁其 λ_{max} 为 205 nm 及其弱吸收 $\lambda = 284$ nm,其 λ_{max} 吸收峰为其特征吸收峰(见图4-37和图4-38)。

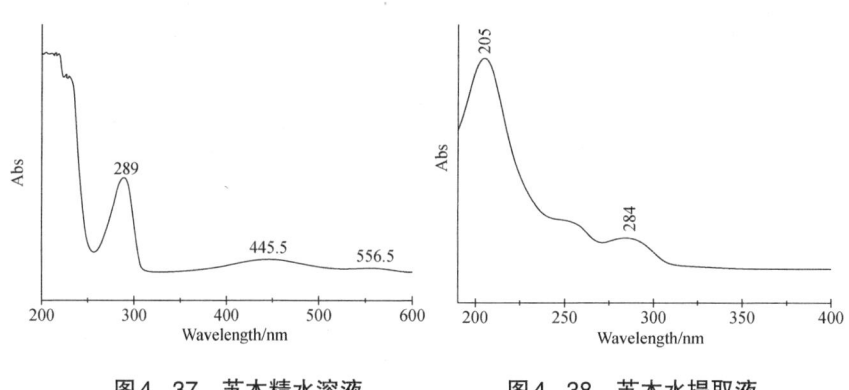

图4-37 苏木精水溶液　　　　图4-38 苏木水提取液

4.3.3.2 文物样品染料 UV-vis 图

图4-39为采用二甲基甲酰胺(DMF)提取清代红色坐垫丝线染料的 UV-vis 图,可见与标准色素茜素吸收峰一致,推断为茜草染色。同样采用 DMF 提取胭脂红纸及清代孔雀挂屏红色线芯可知(见图4-40至图4-42),这两种文物样品中应含有紫茜素,为植物染料茜草染色。

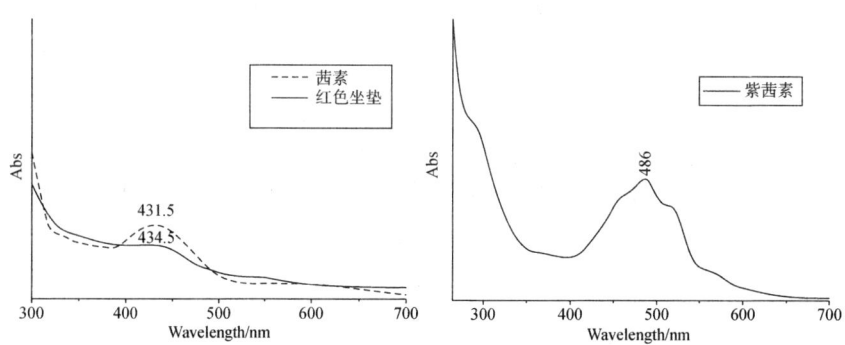

图4-39 清代红色坐垫丝线染料的 UV-vis 图　　图4-40 紫茜素溶液 UV-vis 图

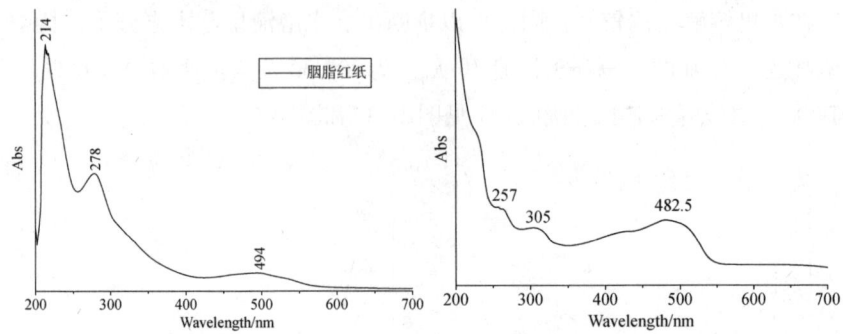

图 4-41 胭脂红纸染料提取液 UV-vis 图　图 4-42 清代孔雀挂屏红色线芯染料提取液 UV-vis 图

4.3.3.3 老化后的谱峰变化

由图 4-43 和图 4-44 可见，在 50℃高温或相对湿度 85% 高湿老化 30 天后，靛蓝和红花色素的特征吸收峰均有所下降。其中，温度对色素的影响大于湿度，会导致色素老化降解。红花较不耐高温老化，老化后特征吸收峰下降显著。

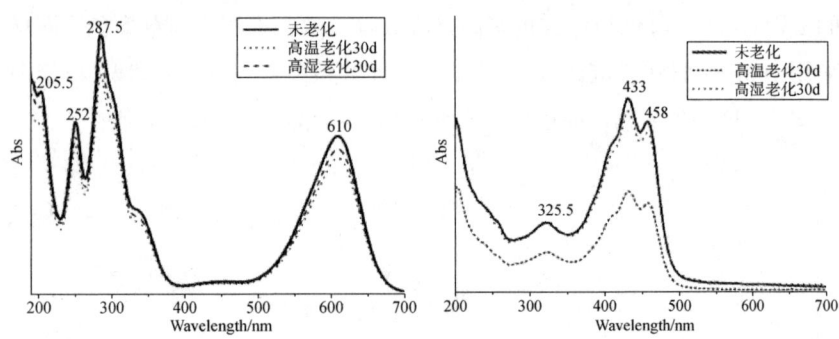

图 4-43 靛蓝色素老化后 UV-vis 吸收峰变化　图 4-44 红花色素老化后 UV-vis 吸收峰变化

4.4 染料的高效液相色谱分析

本研究利用高效液相色谱二极管紫外检测器（HPLC-DAD）测试了茜素、紫茜素、红花素、萘醌、胭脂红、紫胶酸等14种常见纺织品染色常用红黄色染料标准品的液相色谱图，根据标准图推断了两种古代红色染料样品的染料组成。

4.4.1 测试条件

德国LUMTECH K-501高效液相色谱仪，5500自动进样器，K-2600多通道紫外检测器，EastChrom Plus 数据处理工作站。色谱柱：phenomenex Luna C18（250mm×4.60mm，5μm）；分析方法：流动相：甲醇-水（80：20）；可变波长紫外检测器；进样量：20μL；流速1mL/min。

4.4.2 测试结果

图4-45为本研究汇总的14种染料标准样、清代传世品红色坐垫以及孔雀挂屏金线红色线芯的高效液相色谱图。各染料标准样的色谱图染料保留时间可作为未知染料鉴定的标准对比图。在检测过程中，根据各染料的紫外可见吸收特征峰情况，摸索了各染料的最佳紫外检测波长。对比几种标准红色染料可知，清代传世品红色坐垫以及孔雀挂屏金线红色线芯的高效液相色谱图与茜素及紫茜素类似，可以推断为植物染料茜草染色。

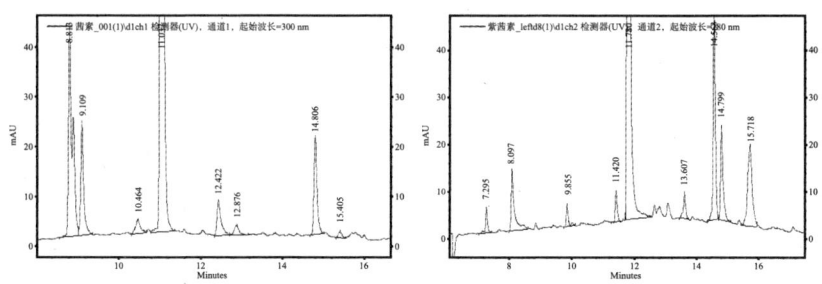

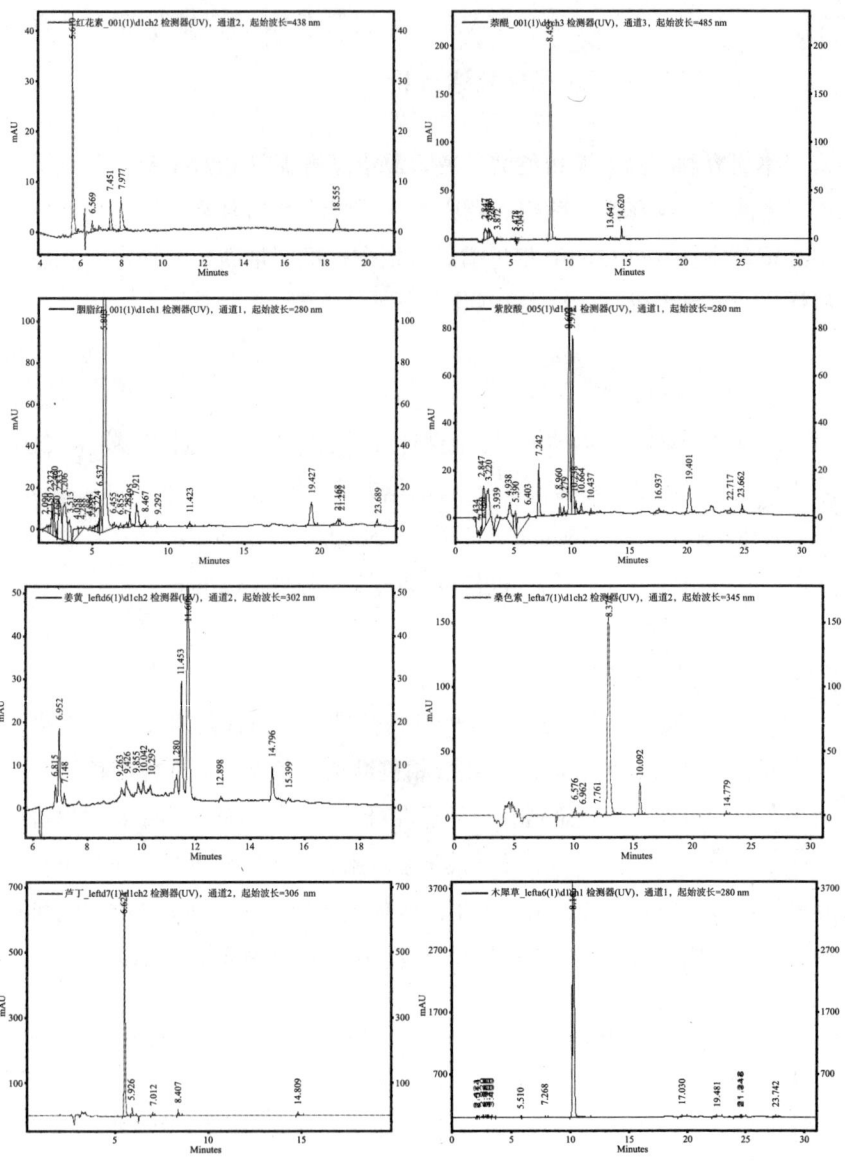

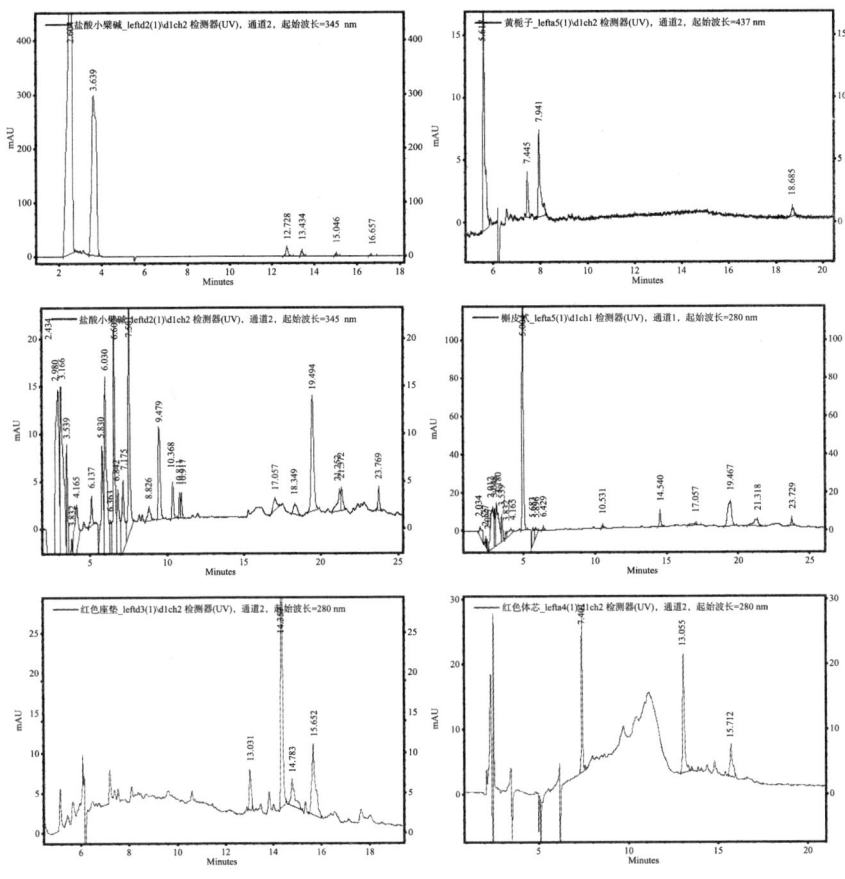

图4-45 各样品高效液相色谱图

4.5 染料拉曼光谱分析

4.5.1 不同激发波长拉曼光谱对古织物植物染料的分析

文物的分析测试需要大量的标准样品进行比对,而我们在染料方面缺少基本的标准谱图数据库。本研究采用不同激发波长拉曼光谱对常用于古织物染色的标准染料色素靛蓝、青黛、茜素、紫茜素、苏木精、红花素、胭脂红、紫胶酸、姜黄素、芦丁、盐酸小檗碱、黄栀子进行分析，研究了不同激发波长对各染料标准品的测试效果。以一组古代纺织品蓝色、红色纤维染料拉曼光谱测试为例，探讨了非接触式无损害拉曼光谱技术在古织物植物染料鉴定中的应用，并讨论了该方法的局限性和应用前景。

4.5.1.1 染料样品

靛蓝（化学纯，北京市旭东化工厂）；青黛（中药店）；茜素（97%，百灵威）；紫茜素（百灵威）；苏木精（90%，百灵威）；红花素（东京化成工业株式会社）；胭脂红（东京化成工业株式会社）；紫胶酸（东京化成工业株式会社）；姜黄素（98%，百灵威）；芦丁（97%，CN），盐酸小檗碱（98%，J&KCHENICA），黄栀子（生物提取）。

4.5.1.2 测试仪器

试验采用仪器为法国 J·Y 公司 LabRAM HR 800 型激光共焦拉曼光谱仪。在室温（24℃）、暗室条件下，分别采用 $\lambda_0=532\,nm$（Nd:YAG 激光器），$\lambda_0=633\,nm$（氦-氖激光器），$\lambda_0=785\,nm$（半导体激光器）的激发光源，物镜 50 倍长焦，光栅 600；狭缝宽度 100 μm，仪器分辨率 2 cm^{-1}，光斑尺寸 1 μm，采用单晶硅片校准，光谱测试范围 4000~100 cm^{-1}。

4.5.1.3 测试结果及讨论

为了比较各染料标准品在不同激发波长的拉曼光谱测试效果，在 50 倍长焦显微镜下找准染料测试点，进行聚焦后测试。各样品具体测试条件及结果见图 4-46 至图 4-57。图 4-46 为不同激发波长下靛蓝的拉曼光谱图。由图可见，$\lambda_0=532\,nm$ 的激发波长完全没有荧光背景的影响，最适合于靛蓝标准品的测试，$\lambda_0=633\,nm$ 及 $\lambda_0=785\,nm$ 的激发波长均不同程度导致了较强的荧光，但可以通过增加采集时间和采集次数来提高测试信号。图 4-47 为不同激发波长下含靛蓝的中草药青黛的拉曼光谱图，可知该样品可能掺杂有其他杂质，导致了在三个激发波长下均有较强荧光，相对来说以 $\lambda_0=532\,nm$ 的激发波长激发后拉曼信号最好，$\lambda_0=633\,nm$ 及 $\lambda_0=785\,nm$ 的激发波长条件下，除了个别拉曼峰外,强的荧光信号几乎掩盖了大多数的拉曼信息。图4-48为不同激发波长下茜素的拉曼光谱图,由图可知 $\lambda_0=532\,nm$ 的激发波长较适合于茜素样品的测试, $\lambda_0=785\,nm$ 特别是 $\lambda_0=633\,nm$ 的激发波长导致了很强的荧光。图4-49为紫茜素的拉曼谱图,可见 $\lambda_0=785\,nm$ 的激发波长较适合于紫茜素样品的测试。图4-50为不同激发波长下苏木精的拉曼光谱

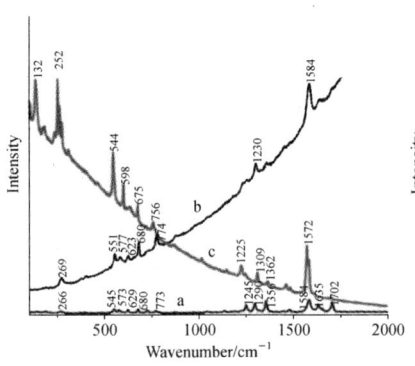

图4-46 不同激发波长下的靛蓝拉曼光谱图(a. $\lambda_0=532\,nm$;b. $\lambda_0=633\,nm$;c. $\lambda_0=785\,nm$)

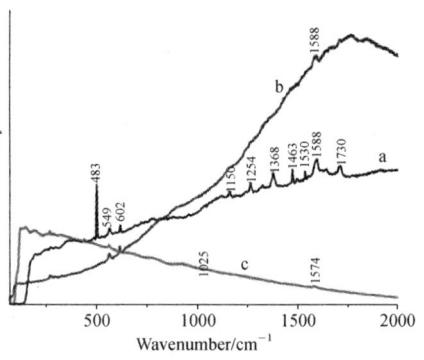

图4-47 不同激发波长下的青黛拉曼光谱图(a. $\lambda_0=532\,nm$;b. $\lambda_0=633\,nm$;c. $\lambda_0=785\,nm$)

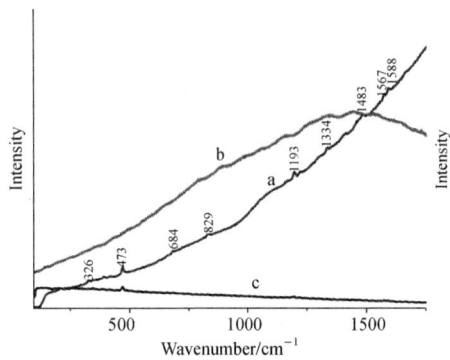

图4-48 不同激发波长下的茜素拉曼光谱图(a. $\lambda_0=532\,nm$;b. $\lambda_0=633\,nm$;c. $\lambda_0=785\,nm$)

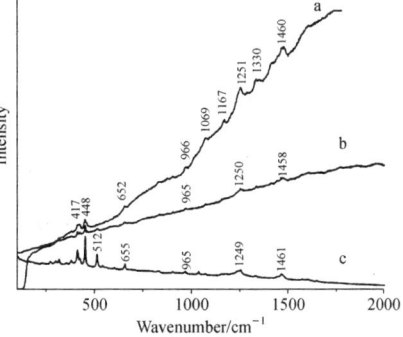

图4-49 不同激发波长下的紫茜素拉曼光谱图(a. $\lambda_0=532\,nm$;b. $\lambda_0=633\,nm$;c. $\lambda_0=785\,nm$)

图，可知 $\lambda_0=785\,\text{nm}$ 的激发波长最适合于苏木精的测试，$\lambda_0=633\,\text{nm}$ 和 $\lambda_0=532\,\text{nm}$ 的激发波长虽然有荧光干扰，还是有较微弱的拉曼信号。图 4-51 为不同激发波长下红花素的拉曼光谱图，由图可知 $\lambda_0=532\,\text{nm}$ 的激发波长最适合于红花素样品的测试，$\lambda_0=633\,\text{nm}$ 及 $\lambda_0=785\,\text{nm}$ 激发波长均导致了很强的荧光，几乎看不到任何拉曼信号。图 4-52 为胭脂

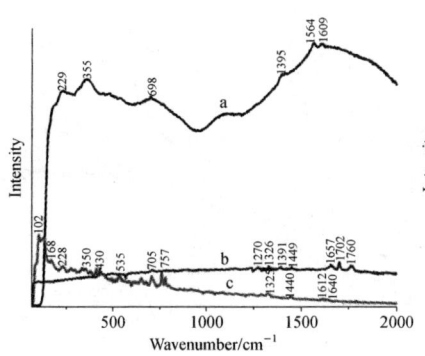

图 4-50 不同激发波长下的苏木精拉曼光谱图（a. $\lambda_0=532\,\text{nm}$；b. $\lambda_0=633\,\text{nm}$；c. $\lambda_0=785\,\text{nm}$）

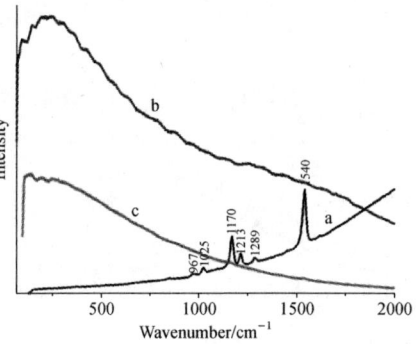

图 4-51 不同激发波长下的红花素拉曼光谱图（a. $\lambda_0=532\,\text{nm}$；b. $\lambda_0=633\,\text{nm}$；c. $\lambda_0=785\,\text{nm}$）

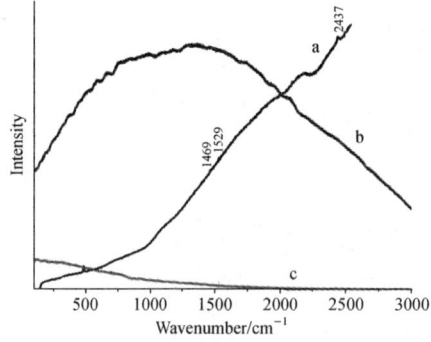

图 4-52 不同激发波长下的胭脂红拉曼光谱图（a. $\lambda_0=532\,\text{nm}$；b. $\lambda_0=633\,\text{nm}$；c. $\lambda_0=785\,\text{nm}$）

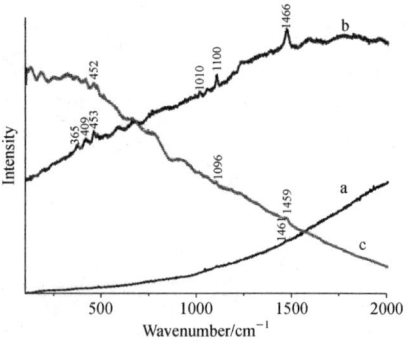

图 4-53 不同激发波长下的紫胶酸拉曼光谱图（a. $\lambda_0=532\,\text{nm}$；b. $\lambda_0=633\,\text{nm}$；c. $\lambda_0=785\,\text{nm}$）

红酸的拉曼谱图,除了 $\lambda_0=532\,nm$ 的激发波长有较微弱的拉曼信号,其余两个激发波长下的拉曼信号完全被强荧光遮盖。紫胶酸的拉曼图谱见图4-53,可知 $\lambda_0=633\,nm$ 的激发波长信号较强。姜黄的拉曼光谱见图4-54,可知 $\lambda_0=633\,nm$ 及 $\lambda_0=785\,nm$ 激发波长适合于姜黄的测试,而 $\lambda_0=532\,nm$ 的激发波长即便将采集时间延长,依然只有很微弱的拉曼信号。图4-55为芦丁拉曼谱图,可见三种激发波长效果均良好。图4-56为盐酸小檗碱的拉曼谱图,可知 $\lambda_0=785\,nm$ 激发波长适合于的测试。图

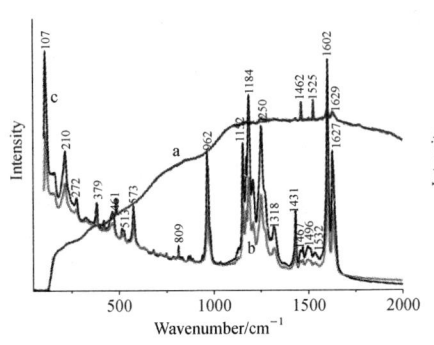

图4-54 不同激发波长下的姜黄素拉曼光谱图(a. $\lambda_0=532\,nm$; b. $\lambda_0=633\,nm$; c. $\lambda_0=785\,nm$)

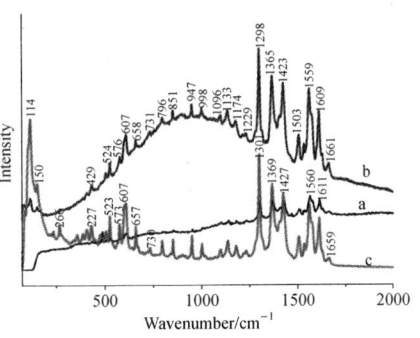

图4-55 不同激发波长下的芦丁拉曼光谱图(a. $\lambda_0=532\,nm$; b. $\lambda_0=633\,nm$; c. $\lambda_0=785\,nm$)

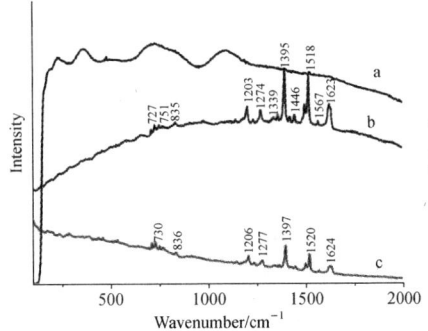

图4-56 不同激发波长下的盐酸小檗碱拉曼光谱图(a. $\lambda_0=532\,nm$; b. $\lambda_0=633\,nm$; c. $\lambda_0=785\,nm$)

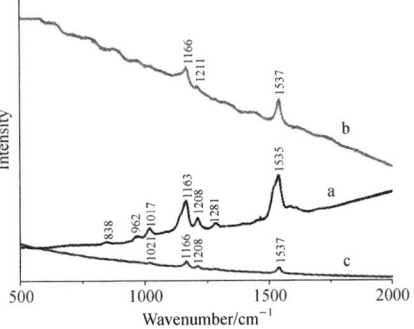

图4-57 不同激发波长下的黄栀子拉曼光谱图(a. $\lambda_0=532\,nm$; b. $\lambda_0=633\,nm$; c. $\lambda_0=785\,nm$)

4-57为黄栀子拉曼光谱，可见三种激发波长效果均有较好的信号。

由以上分析可知，在不同激发波长条件下染料标准品有不同的荧光现象。染料分子的多个发色团羰基、乙烯基等或 π 电子系统内的非键合电子基团，例如氨基、羟基或硫氢基基团会在可见光区吸收光子，这时以蓝或绿光激发会有十分强烈的荧光背景。荧光光谱外观通常比拉曼峰要宽得多，看起来就像拉曼光谱缓慢变化的基线。强的荧光信号会完全将微弱的拉曼散射信号掩盖。

4.5.1.4 拉曼光谱在古织物染料测试中的应用

测试样品为清代传世品蓝色扇套以及孔雀挂屏金线红色线芯，均为从织物修复过程中脱落的少量纤维（长度最少的约1cm）。对古织物样品纤维取样后，在万能显微镜观察以及扫面电镜下观察。可见蓝色扇套纤维为纵向沟纹，属于丝纤维【见图4-58a（彩）和图4-58b（彩）】。金线线芯纤维橙红色染料保存情况较好【（见图4-58c（彩），图4-58d（彩）】中间透明，边界清晰，除一些橙红色染料及尘土小颗粒沾染外，无明显横截纹及纵维纵向呈自然扭曲带状，应为棉纤维。

图4-59为标准靛蓝、扇套深蓝色丝线以及采用吡啶作为色素萃取剂使该丝线脱色后的拉曼光谱图，测试激发波长785nm。由图可见，标准靛蓝色素的拉曼特征峰位出现在103w、132m、175vw、252m、311vw、544m、599w、675w、756w、1224w、1310w、1362w、1460w、1572vs。扇套深蓝色丝线与靛蓝标准色素拉曼光谱相似度很好，而脱色后的丝线完全不具备靛蓝的特征，说明扇套深蓝色丝线系靛蓝染色。图4-60为清代孔雀挂屏金线红色线芯拉曼光谱，可见由于强荧光的影响，拉曼信号几乎被掩盖。荧光背景可能来源于染料分子本身、载体材料（丝线中的蛋白质）或者杂质等。可见利用非接触式拉曼光谱技术（Raman）在显微镜下找到合适的测试点可实现对古代丝织品蓝色染料无损鉴定，对于红色染料的测试尚有一定局限性。

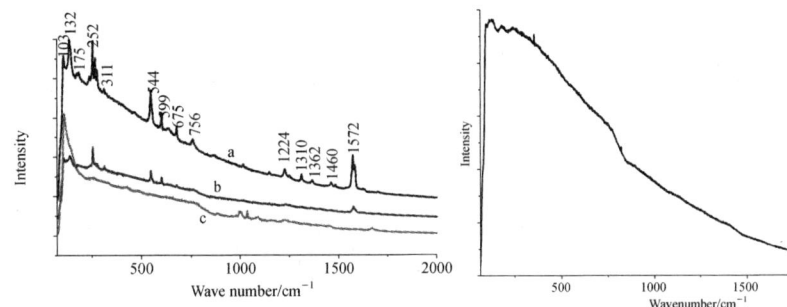

图4-59 扇套蓝色丝线拉曼光谱图
a. 靛蓝；b. 扇套深蓝色丝线；c. 蓝色丝线脱色后

图4-60 金线红色线芯拉曼光谱图

减小或消除荧光背景的方法是可以选择不被荧光材料所吸收，或仅产生拉曼光谱范围以外的荧光，最常用的是近红外或紫外光激发。对某些试样做预处理也是有效的，例如表面增强拉曼光谱技术（SERS）。当样品附着于金属胶粒或粗糙金属（如金、银、铜等）表面，样品的拉曼散射横截面可能增大10^7倍，拉曼信号强度会增加$10^4 \sim 10^7$倍，这种效应称为表面增强拉曼散射。表面增强拉曼光谱有效弥补了拉曼信号灵敏度低的弱点，可以获得常规拉曼光谱难以得到的信息，该技术可以获得痕量分子结构信号，所以该方法在染料分析领域多有使用。SERS技术虽然有着强大的分析功能，但其应用仍然受到诸多限制。该技术要求试样与基衬相接触，这失去了拉曼光谱术非侵入和不接触分析的基本优点。

4.5.1:5 拉曼光谱技术的局限性及其发展前景

结合目前国内外研究成果可见，激光拉曼光谱技术在古织物染料鉴定中的应用越来越广，但还存在一定局限性。第一，古织物因染料自身、媒染物或其他污染物的影响易出现较强的荧光背景及表面散射损失。第二，目前需要测试的染料种类较多但并未统一建立针对科技考古方面的标准Raman数据库。可以通过转换不同的激发波长测试不同吸收带的样品以减少荧光背景影响或者采用表面信号增强技术克服荧光干扰的困难。随着染料标准数据库的建立，可明确我国古织物染料的质地、产地和染色工艺及对我国古代染色文化的影响。

4.5.2 拉曼光谱法鉴定染料的研究进展

4.5.2.1 显微拉曼光谱法（MRS/μ–Raman）

利用拉曼散射光谱特性可以获取物质分子振动、转动能级的相关信息[27]。显微拉曼光谱技术是将拉曼光谱与显微分析技术相结合的一种应用技术，其中激发光的光斑可聚焦至微米量级，实现样品的微区分析，是一种理想的微量、痕量文物染料样品分析技术。以 CCD 为代表的多通道探测器的应用，使拉曼信号积分累加效果显著增强，其检测限达到 mg/L 或 mmol/L 数量级[28]。

Clark 等利用显微拉曼光谱技术对 3 副 16 世纪阿拉伯宇宙和地理学家 Qazwini 的手稿复制品"Wonders of Creation and Oddities of Existence"进行分析时，发现了染料印度黄的存在，由此推断这些手稿来源于印度[29]。Burgio 等利用拉曼光谱、X 射线能谱和偏光显微分析对比现代埃及沙草纸和大英博物馆藏 13 世纪沙草纸显色物质的区别时，发现现代沙草纸主要使用的是 20 世纪早期合成的酞菁蓝、汉萨黄和 β–萘酚红等染料，据此推断这幅作品绘制年代晚于 1939 年[30]。而在 13 世纪沙草纸上只发现了雌黄、埃及蓝等矿物颜料，没有现代合成材料。因此，拉曼光谱技术能够实现艺术品的真伪鉴别。在对现有文献数据[31-34]总结的基础上，课题组利用 MRS 技术系统研究了染料黄栀子、姜黄等的拉曼光谱特性，分类归纳见表 4–6，该研究对染色材料的鉴定具有重要指导意义。

在进行拉曼光谱分析时，常出现来自染料分子本身、载体材料（如丝线中的蛋白质）或杂质等产生的强荧光干扰，可根据被检测样品性质的不同，针对性地选择可见、紫外或近红外激光光源来消除干扰。例如，Asher 等采用 244 nm 紫外激光器进行激发，成功实现了若丹明染料干扰下低浓度芘的分析，而对于这类存在强荧光干扰的染料来说，很难利用可见光激发来进行拉曼光谱鉴别[35]。课题组系统研究了 532 nm、633 nm 和 785 nm 三种波长激发器对古织物常用天然植物染料标准色素紫茜素

(purpurin)、靛蓝(indigo)等的拉曼光谱及其荧光特性,发现在不同激发波长下染料具有不同的荧光现象。以紫茜素为例,染料分子的多个发色团羰基或 π 电子体系内的非键合电子基团在486nm左右产生吸收峰(图4-61),以532nm或633nm激发会出现十分强烈的荧光

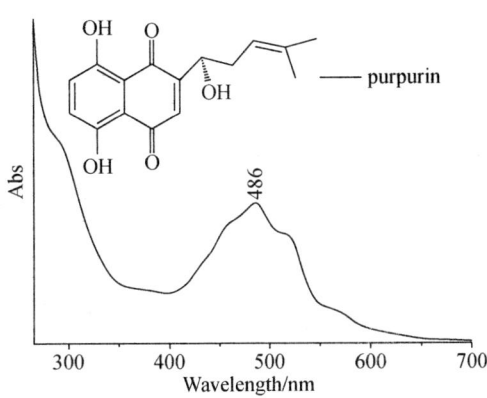

图4-61 紫茜素乙醇溶液紫外可见光谱

背景(分别见图4-49a和图4-49b),而利用785nm近红外光激发避免了荧光干扰(图4-49c)。但需要指出的是,使用近红外光激发时,要避免热效应对染料样品可能带来的伤害[36];使用紫外光激发时,因光子能量高,可能会导致样品的降解而带来错误的信息。

表4-6 常用染料的拉曼特征峰频移及强度

Category	Colorant	Formula	Raman wavenumbers/cm^{-1}	Descriptions	Methods and excitation wavelengths /nm	References
吲哚类	靛蓝 Indigo	$C_{16}H_{10}N_2O_2$	137w, 175vw, 266w, 366w, 397w, 545m, 573w, 625w, 680w, 728w, 773w, 873vw, 966w, 1049w, 1132w, 1245m, 1290m, 1356w, 1449w, 1484w, 1584s, 1635m, 1702m	还原型染料,提取于植物蓝草	μ-Raman, 532	Our work
	泰尔紫 Tyrian purple	$C_{16}H_{10}Br_2N_2O_2$	110m, 126m, 190m, 308m, 386w, 693m, 750m(sh), 760m, 1051m, 1105w, 1212w, 1254m, 1304w(sh), 1312w, 1366w, 1444w, 1565s(sh), 1584s, 1626w, 1702m	还原型染料,15世纪首次提取于贝螺	NIR-FT-Raman	[32]

续表

Category	Colorant	Formula	Raman wavenumbers/cm^{-1}	Descriptions	Methods and excitation wavelengths /nm	References
蒽醌类	茜素 alizarin	$C_{14}H_8O_4$	136w, 199w, 262w, 347vw, 396vw, 472m, 663w, 684m, 829w, 877w, 1145s, 1193m, 1571s, 1588vs, 1664s	媒染型染料，提取于植物茜草的根部	μ-Raman, 785	Our work
	紫茜素 purpurin	$C_{14}H_8O_5$	103w, 161w, 231w, 273w, 299w, 318vw, 358m, 380w, 412, 424m, 451m, 512m, 542w, 602w, 655w, 689w, 758w, 832m, 901w, 965m, 1032w, 1065m, 1150m, 1175w, 1249s, 1329w, 1461vs, 1568w, 1595w, 1644m	媒染型染料，提取于植物茜草的根部	μ-Raman, 785	Our work
	胭脂虫红 carmine	$C_{22}H_{20}O_{13}$	465w, 474w, 1108w, 1257m, 1314w, 1440m, 1489m, 1529m, 1645m	直接型染料，提取于雌性胭脂虫的干燥虫体	NIR-FT-Raman	[32]
	紫胶酸 laccaid acid	—	408w, 452m, 655w, 1059m, 1100m, 1185m(sh), 1232m(sh), 1281s, 1356m, 1386m, 1425m, 1461s, 1518m, 1579s	媒染型染料，由豆科、桑科植物上的雌性紫胶虫所分泌的树胶状物质中提取	SERS, 632.8	[33]
	曙红 Eosin Y	$C_{20}H_6Br_4Na_2O_5$	109w, 203w, 286, w, 343w, 407w, 448vw, 477w, 645m, 710m, 772w, 963w, 1016w, 1090w, 1174w, 1253w, 1280vs, 1314w, 1349w, 1474m, 1501vs, 1570w, 1620m	1871年合成	SERS, 632.8	[33]

续表

Category	Colorant	Formula	Raman wavenumbers/ cm^{-1}	Descriptions	Methods and excitation wavelengths /nm	References
黄酮类	黄栀子 Gardenia	$C_{20}H_{24}O_4$	1021m, 1166s, 1208m, 1280m, 1442w, 1537m, 1611w	直接染色或媒染染料,由黄栀子干果提炼而成	μ-Raman, 532	Our work
黄酮类	木樨草素 Luteolin	$C_{15}H_{10}O_6$	312w, 343m, 399m, 419w, 451m, 476m, 506w, 582w, 663m, 664w, 684w, 720w, 763w, 819w, 903w, 1018w, 1052m, 1162m, 1188m, 1209m, 1275sh, 1288s, 1323s, 1406sh, 1424s, 1451m, 1458m, 1479w, 1508w, 1553m, 1603m, 1628m	提取于天然草本植物	NIR-FT-Raman	[34]
黄酮类	印度黄 India yellow	$MgC_{19}H_{16}O_{11}\cdot5H_2O$	484w, 610w, 631w, 697w, 772vw, 811w, 877vw, 1009w, 1047w, 1097w, 1127s, 1178w, 1218w, 1266vw, 1345s, 1414w, 1476s, 1503w, 1599vs	提取于喂食芒果叶的牛尿液	μ-Raman, 632.8	[31]
双酮类	姜黄素 curcumin	$C_{21}H_{20}O_6$	107s, 154w, 210s, 272m, 319w, 379m, 415w, 461m, 513w, 573m, 626w, 678w, 713w, 764w, 782w, 809m, 873w, 962s, 1031vw, 1151m, 1165m, 1184s, 1205w, 1250m, 1318w, 1431w, 1467vw, 1496vw, 1532vw, 1602vs, 1627s	直接染色或媒染染料,提取于姜科、天南星科中的一些植物的根茎	μ-Raman, 785	Our work
类胡萝卜素类	红花素 Saffron	$C_{20}H_{24}O_4$	1020w, 1166m, 1210w, 1283w, 1537s, 1613w	直接型染料,草本植物红花中提取	NIR-FT-Raman	[32]
二氢吡喃类	苏木 hematoxylin	$C_{16}H_{12}O_5$	431w, 706w, 780w, 899m, 977w, 1054vw, 1153w, 1270s, 1326s, 1390s(br), 1447m, 1560m, 1657m, 1702s, 1760s	媒染型染料,提取于苏木心材	μ-Raman, 632.8	Our work

续表

Category	Colorant	Formula	Raman wavenumbers/ cm^{-1}	Descriptions	Methods and excitation wavelengths /nm	References
生物碱类	小檗碱 berberine	[$C_{20}H_{18}NO_4$]$^+$	537m, 562w, 620w, 640w, 660w, 697w, 713w, 730w, 753w, 769w, 836w, 888m, 912w, 933w, 951w, 999w, 1027w, 1042w, 1101w, 1119w, 1145w, 1206m, 1236w, 1277m, 1342w, 1366w, 1397vs, 1425m, 1447m, 1500s, 1520vs, 1570w, 1624s	直接染色或媒染染料, 提取于黄连、黄檗等	μ-Raman, 785	Our work
三萜类	藤黄 Gambogic	$C_{38}H_{44}O_8/C_{29}H_{36}O_6$	1224w, 1249w, 1281w, 1333w, 1383w, 1437m, 1594s, 1634m	直接型染料, 提取于树胶脂	NIR-FT-Raman	[32]
偶氮类	汉萨黄 Hansa yellow	$C_{16}H_{13}ClN_4O$	70m, 85m (sh), 95m, 118m, 124m, 158m, 177w, 185w, 212w, 284w, 353w, 386w, 394w, 414w, 617w, 626w, 655m, 742m, 761w, 770w, 785w, 823w, 849m, 953m, 1001m, 1068w, 1111w, 1141s, 1181w, 1192w, 1257m, 1306s, 1325m, 1336m, 1360w, 1386m, 1403w, 1451w, 1491s, 1534w, 1561w (sh), 1568m, 1605s, 1619w, 1672w	1910年合成	NIR-FT-Raman	[32]
萘酚类	β萘酚 β-naphthol	$C_{24}H_{16}C_{13}N_3O_2$	75w, 99w, 149m, 247w, 298w, 347w, 386w, 431w, 442w, 454m, 463m, 528w, 619w, 681m, 725w, 731w, 746w, 813w, 968w, 989vs, 1063w, 1099w, 1109w, 1162m, 1205w, 1231s, 1244w, 1261m, 1282m, 1332w, 1359s, 1376m, 1393m, 1449w, 1463w, 1484m, 1552m, 1580s, 1607w	1939年合成	NIR-FT-Raman	[32]

vw: very weak; w: weak; m: medium; s: strong; vs: very strong; sh: shoulder; br: broad

4.5.2.2 近红外傅立叶变换拉曼光谱法(NIR-FT-Raman)

近红外傅立叶变换拉曼光谱法是20世纪八九十年代发展起来的新技术。以1064nm近红外激光照射样品、采用傅立叶变换技术收集信号,提高了测试的信噪比,解决了MRS分析染料时存在的光化学分解、热效应、荧光效应等问题[37]。因此,NIR-FT-Raman在染料样品的非破坏性分析方面显示出了巨大的生命力。

Schulte等通过NIR-FT-Raman分析了用于20世纪艺术作品的有机染料,能快速地鉴定出混杂在干性油和丙烯酸涂料中的汉萨黄、喹吖啶酮紫等染料[38]。Andreev等检测出2世纪~9世纪纺织品上的蓝色染色材料有靛蓝、玛雅蓝和普鲁士蓝(图4-62),且各染料使用的年代带有明显的时代烙印:靛蓝在古埃及就已作为一种还原染料广泛使用;玛雅蓝在公元前1世纪开始使用;普鲁士蓝($KFe[Fe(CN)_6]$)出现的年代最晚,合成于1904年[39]。可见,通过染料鉴定可以判断文物及艺术品的制作时代。Céline等在研究18世纪法国一艺术藏品织梭[图4-62a(彩)]的染色成分时,利用NIR-FT-Raman技术减少了染料本身和其他添加材料的荧光干扰[40]。因而尽管该藏品制作工艺复杂(经过了打底、绘制、装饰和髹漆等多道工序,其剖面结构见图4-63b(彩),使用材料种类多样,但最终鉴定出了茜素、胭脂红等染料的存在,同时发现了MRS难以检测出的胶结材料亚麻籽油(图4-64)。

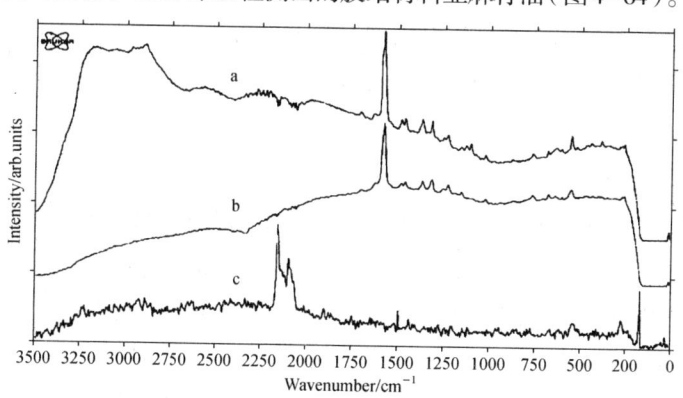

图4-62 蓝色染色材料的拉曼光谱 a.靛蓝 $C_{16}H_{10}N_2O_2$;b.玛雅蓝(硅镁土$(Mg,Al)_2[OHISi_4O_{10}]\cdot 2H_2O$)+靛蓝);c.普鲁士蓝,$KFe[Fe(CN)_6]$

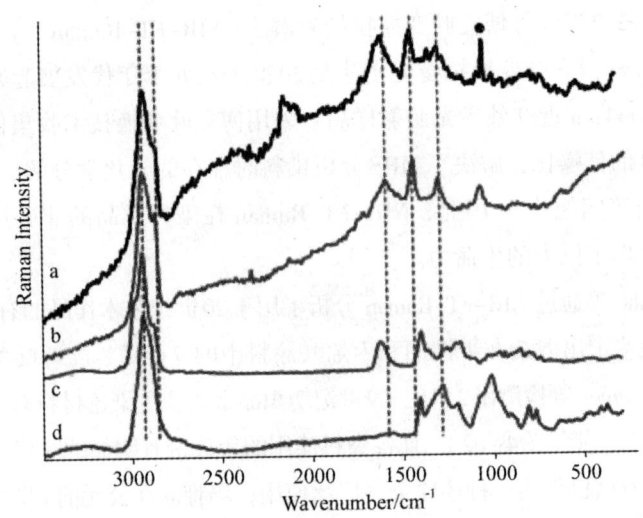

图 4-64 织梭的 NIR-FT-Raman 图

a. 织梭绘画层；b. 亚麻籽油；c. 兔皮胶；d. 阿拉伯胶

4.5.2.3 表面增强拉曼光谱法（SERS）

1974 年 Fleischmann 发现了表面增强拉曼效应[41]，在物理化学界引起了极大的轰动。当痕量分子附着于金、银、铜等金属胶粒或粗糙金属的表面，样品拉曼信号强度会增加 $10^4 \sim 10^7$ 倍，这种效应称为表面增强拉曼散射效应。表面增强拉曼光谱有效地弥补了拉曼信号灵敏度低的弱点，克服了 MRS 分析染料时的强荧光干扰。

目前，SERS 在染料分析中得到了广泛的应用，可成功的鉴定多种天然染料或者合成染料[42][43]。Chen Kui 等利用银纳米颗粒镀膜法产生的表面增强拉曼效应（其原理见图 4-65），无损分析了一幅画像上的蒽醌类染料茜素和胭脂红，指出这种无损技术在文物鉴定方面有着良好的应用前景[44]。SERS 法有着较高的灵敏度，利用 $Ag-Al_2O_3$ 基底检测 17 世纪荷兰挂毯艺术品，所需纤维长度仅 1mm~2mm，最低检出限可达 7×10^{-15} g，所需染料量至少低于 HPLC 法 50 倍[45]，甚至可以检测到具有强荧光效应的鸡蛋胶结材料中磷蛋白的酰胺 I（$\nu_{C=O}$）和酰胺 III（δ_{NH}）[46]。

由于植物染料成分复杂、检测信号相互干扰,一些微量染料组分无法被检出。若将 SERS 法与色谱或电泳等分离技术相结合将会解决该难题。课题组自制了灰绿色银胶颗粒为基底、利用乙醇提取茜草中的色素、经薄层色谱分离后进行原位拉曼光谱测试,结果表明:(1)由于银溶胶微粒的表面增强作用,SERS 光谱(图4-66a)荧光背底明显降低,μ-Raman 测试(图4-66b)未检测到的 1449、1330、1294 cm^{-1} 峰获得增强,对应振动峰位归属见表4-7[47]。可见茜素分子很有可能通过 C=O 中的 O 原子的孤电子对吸附于银微粒表面,类似图4-65所示。(2)茜素在施加银胶前后谱带位置比较接近,相应的频移不超过 15 cm^{-1}(表4-7),其中 246 cm^{-1} 为银颗粒附着于硅胶 GF_{254} 表面等离子激光共振而产生的。

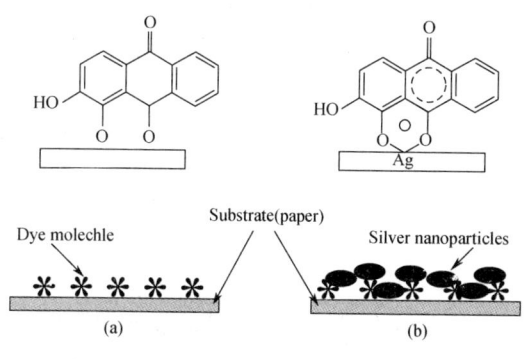

图4-65 SERS 效应原理示意图

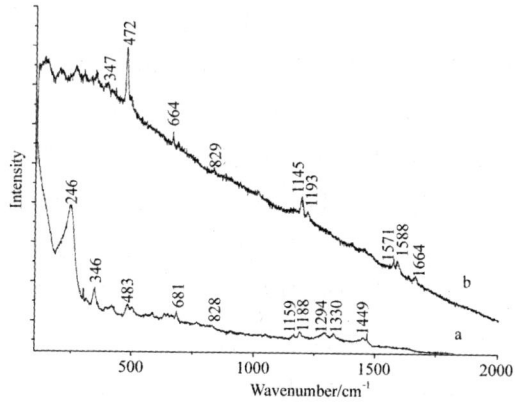

图4-66 茜素的拉曼及表面增强拉曼对比图

然而，SERS方法也有一定的局限性。由于该效应固有的SERS非弹性散射背底的升高及银表面对激光的强烈散射等因素，在低波数区易产生干扰。同时，制备具有增强能力强、稳定性高、重复性好、使用方便的SERS活性基底还时常面临着许多技术难题。

表4-7　茜素的微区拉曼光谱和表面增强拉曼光谱

μ-Raman（cm^{-1}）	SERS（cm^{-1}）	Assignments
-	1449	υ（CO）/δ（COH）/δ（CH）
-	1330	υ（CC）
-	1294	υ（CO）/υ（CC）/δ（CCC）
1193	1188	υ（CC）/δ（CH）/δ（CCC）
1145	1159	υ（CC）/δ（CH）
829	828	γ（C-H）/γ（C-O）
684	681	Skeletal vibration
472	483	Skeletal vibration

υ: stretching; δ: in-plane bending; γ: out-of-plane stretching

4.5.2.4 共振拉曼光谱法（RRS）

实验发现当采用紫外、可见以至红外激发光源激发时，激光频率与待测分子的某个电子吸收峰接近或重合时，则样品的拉曼信号可共振增强 10^4~10^6 倍左右[48]，此特性有助于检测少量至痕量的具有共振拉曼活性生色团的大分子多环芳香化合物。与MRS相比，共振拉曼光谱灵敏度高。结合表面增强技术，其灵敏度甚至可达到单分子检测[45]。

Rosi等首次利用RRS技术无损鉴定出9世纪的圣经和16世纪法国奥弗涅地区的羊皮纸地图残片中的地衣紫（lichen purple），该染料是昂贵的泰尔紫的替代品[49]。地衣紫的最大吸收波长（λ_{max}）范围为500nm~600nm[50]，利用532nm激光激发可显著增强样品信号。另一个RRS技术鉴定染料的例子是小檗碱的检测。小檗碱的 λ_{max} 为342nm（图4-67），Bell等[51][52]利用363.8nm激光器产生的共振增强效应、结合差减转换法成功地消除了荧光干扰，鉴定出大英图书馆藏的中国古代《金刚经》上的黄色染料为小檗碱。

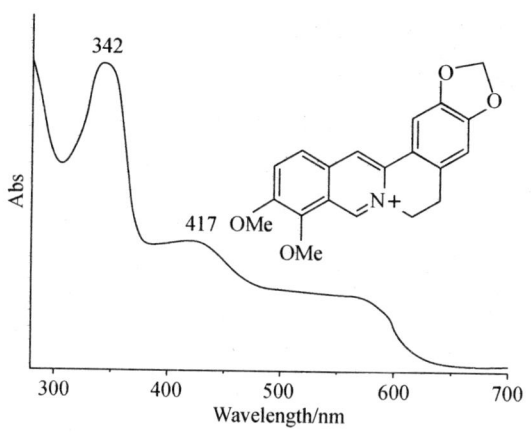

图4-67 小檗碱乙醇溶液紫外可见光谱图

RRS技术的主要缺点是要求所检测的物质是多环芳香类物质，分子必须具有共轭π电子体系。同时，针对不同的电子生色团，要求使用不同的激发光源。因此，对分析仪器限制较大。但随着紫外、可见、红外和近红外激光光源的相继出现，各种高性能拉曼光谱仪器的大力发展，将会使共振拉曼光谱技术逐步得到推广。

4.5.2.5 结语及展望

拉曼光谱作为一种快速、便捷的结构定性测试手段在文物和艺术品染料分析中具有独特的优势，应用前景广阔。激光技术的出现推动了拉曼技术的发展，MRS技术实现了样品的微区分析；NIR-FT-Raman技术克服了激光对样品的热分解和荧光等问题；SERS技术的出现大幅度提高了拉曼光谱的灵敏度、增强了拉曼信号，使其应用范围大大拓宽；RRS技术鉴定含有共轭π电子体系的生色团具有独特的优势。

目前，拉曼光谱技术出现以下发展趋势：(1)多种拉曼光谱技术相结合，以最大程度发挥各自的优势：例如，将FT-Raman与SERS结合起来的 SERS-FT-Raman 技术[53]，不仅可以完全避免红外区的荧光干扰，而且还可以避免可见光区强烈的 SERS 非弹性散射背底的干扰，可在低波数区获得更清晰的拉曼信号。(2)拉曼光谱技术与分离技术相结合，可同时分离并鉴别混合染料中的复杂组分：各类拉曼光谱结构定性测试手段与色谱、毛细管电泳等分离技术联用，应运而生了 TLC-Raman，CE-Raman，TCL-SERRS，TLC-FT-SERS 和 HPLC-SERS 等联合技术[54-56]。(3)拉曼光谱技术与远距离传导技术相结合，实现远距离或大型文物及艺术品的实时、原位无损检测：例如，利用光纤技术将 SERS 材料组装到光纤上所制成的高灵敏检测传感器[57][58]，实现了低浓度(10^{-9} mol/L)物质的分析。

参考文献

[1] 熊樱菲，解玉林. 周—汉毛织品的染色工艺探讨[J]. 文物保护与考古科学，2002，14(1)：34-37.

[2] 龚德才. "相关元素法则"在古代丝织品媒染剂研究中的应用[J]. 文物世界，2003(5)：36-40.

[3] 中国纺织品鉴定保护中心. 纺织品鉴定保护概论[M]. 北京：文物出版社，2002：87.

[4] 杨新玮，罗钰言，李锦簇，等. 化工产品手册-染料及有机颜料[M]. 北京：化学工业出版社，1999.

[5] 王玮. 中国传统草木染历史发展概述[J]. 四川丝绸，2007(3)：52-54.

[6] G. C. H. Derksen and T. A. V. Beek, et al. High-performance liquid chromatographic method for the analysis of anthraquinone glycosides and aglycones in madder root (Rubia tinctorum L.)[J]. *J Chromato A*, 1998, 816(2)：277-281.

[7] Xian zhang, Irene good, Richard laursen. Characterization of dyestuff

in ancient textiles from XinJiang [J]. *J Archaeol Sci*, 2008, 35(4): 1095-1103.

[8] E.V.Karpova, et al. HPLC and molecular spectroscopic investigations of the red dye obtained from an ancient Pazyryk textile [J]. *Dyes and Pigments*, 2006, 71(1): 54-60.

[9] Petra Novotná, Věra Pacáková, Zuzana Bosáková, et al. High-performance liquid chromatographic determination of some anthraquinone and naphthoquinone dyes occurring in historical textiles [J]. *J Chromato A*, 1999, 863(2): 235-241.

[10] Mohamed A Ackacha, Kasia Polec'-Pawlak and Maciej Jaros, Identification of anthraquinone coloring matters in natural red dyestuffs by high performance liquid chromatography with ultraviolet and electro spray mass spectrometric detection[J]. *J.Sep Sci*, 2003(26): 1028-1034.

[11] 张雪莲, 唐静娟, 熊贤礼, 等. 古代织品染料的分析[J]. 文物保护与考古科学, 1996, 8(1): 1-8.

[12] 陈元生, 解玉林, 熊樱菲, 等. 山普拉墓群出土毛织品上蓝色染料的分析研究[J]. 文物保护与考古科学, 2000, 12(1): 15-21.

[13] 解玉林, 熊樱菲, 陈元生, 等. 周-汉毛织品上红色染料主要成分的鉴定[J]. 文物保护与考古科学, 2001, 13(1): 1-7.

[14] 张晓梅, 魏西凝, 雷勇, 等. 古代丝织品及古建彩画蓝色染料的微量及无损分析[J]. 光谱学与光谱分析, 2010, 30(12): 3254-3257.

[15] Jian Liu, Chika Mouri, Richard Laursen, et al. Characterization of dyes in ancient textiles from Yingpan, Xinjiang [J]. *Journal of Archaeological Science*, 2013(40): 4444-4449.

[16] 何瑾馨. 染料化学. 北京: 中国纺织出版社, 2009: 261.

[17] 刘剑, 王业宏, 郭丹华. 传统靛青染料的生产工艺[J]. 丝绸, 2009(11): 42-43.

[18] Zui C. Koren. HPLC analysis of the natural scale insect, madder and indigo dyes[J]. *J So Dye Co*, 1994(110): 273-277.

[19] 吴祺. 拜耳与合成靛蓝[J]. 化学通报, 2001(8): 527.

[20] 杨璧玲. 植物靛蓝染色传统工艺原理及应用现状[J]. 染整技术, 2008, 30(3): 13-15.

[21] 李时珍. 本草纲目[M]. 刘衡如, 刘山水校注. 北京: 华夏出版社, 2013: 748.

[22] 潘吉星. 天工开物校注及研究[M]. 成都: 巴蜀书社, 1989: 343.

[23] 张志伯. 我国古代植物靛蓝染色的探讨[J]. 上海纺织工学院学报, 1979(4): 91-95.

[24] 陈维稷. 中国纺织科学技术史[M]. 北京: 科学出版社, 1984.

[25] 榕嘉. 古代靛蓝染色工艺原理分析[J]. 丝绸, 1991(1): 45-48.

[26] 谌立巍, 廖婉, 杨明, 等. HPLC测定青黛中的靛蓝和靛玉红[J]. 华西药学杂志, 2008, 23(6): 714-715.

[27] Gregory D. Smith, Robin J.H. Clark. Raman microscopy in archaeological science[J]. Journal of Archaeological Science, 2004(31): 1137-1160.

[28] Lenain B.P., Analytical Raman spectroscopy: a new generation of instruments[J]. *Analusis*, 2000(28): 11-14.

[29] Robin J. H. Clark, Peter J. Gibbs. Analysis of 16th century qazwini manuscripts by raman microscopy and remote laser raman microscopy[J]. *Journal of Archaeological Science*, 1998(25): 621-629.

[30] Lucia Burgio, Robin J H Clark. Comparative pigment analysis of six modern Egyptian papyri and an authentic one of the 13th century BC by Raman microscopy and other techniques[J]. *J. Raman Spectrosc.*, 2000(31): 395-401.

[31] Bell I.M., Clark R J H, Gibbs P.J., Raman spectroscopic library of natural and synthetic pigments (pre~1850 A.D.)[J]. *Spectrochimica*

Acta A, 1997 (53): 2159-2179.

[32] Burgio L, Clark R J H. Library of FT-Raman spectra of pigments, minerals, pigment media and varnishes, and supplement to library of Raman spectra of pigments with visible excitation [J]. *Spectrochimica Acta A*, 2001 (57): 1491-1521.

[33] Alyson V. Whitney, Richard P. Van Duyne, Francesca Casadio. An innovative surface-enhanced Raman spectroscopy (SERS) method for the identification of six historical red lakes and dyestuffs [J]. *J. Raman Spectrosc*, 2006 (37): 993-1002.

[34] Leona M, Stenger J, Ferloni E. Application of surface-enhanced Raman scattering techniques to the ultrasensitive identification of natural dyes in works of art [J]. *Journal of Raman Spectroscopy*, 2006 (37): 981-992.

[35] Asher S A, Munro C H, Chi Z. UV lasers revolutionize Raman spectroscopy [J]. *Laser Focus World*, 1997: 99-109.

[36] Harvey S D, Peters T J, Wright BW, et al. Safety considerations for sample analysis using a near-infrared (785 nm) Raman laser source [J]. *Applied Spectroscopy*, 2003 (57): 580-587.

[37] Paris C, Coupry C, Fourier transform Raman spectroscopic study of the first cellulose-based artificial materials in heritage [J]. *J. Raman Spectrosc*, 2005 (36): 77-82.

[38] Franziska Schulte, Klaus-Werner Brzezinka, Karin Lutzenberger, et al. Raman spectroscopy of synthetic organic pigments used in 20th century works of art [J]. *J. Raman Spectrosc*, 2008 (39): 1455-1463.

[39] Andreev G N, Schulz H, Fuchs R, et al. Non-destructive NIR-FT- Raman analyses of plants and history textiles [J]. *Journal of Analytical Chemistry*, 2001 (371): 1009-1017.

[40] Céline Daher, Léa Drieu, Ludovic Bellot-Gurlet, et al. Combined

approach of FT-Raman, SERS and IR micro-ATR spectroscopies to enlighten ancient technologies of painted and varnished works of art[J]. *Journal of Raman Spectroscopy*, 2014 (45): 1207.

[41] Fleischmann M, Hendra PJ, Mcquillan AJ. Raman spectra of pyridine adsorbed at a silver electrode [J]. *Chemical Physics Letters*, 1974, 26 (2): 163-166.

[42] Cañamares MV, Garcia-Ramos JV, Domingo C, et al. In situ detection of flavonoids in weld-dyed wool and silk textiles by surface-enhanced Raman scattering [J]. *Journal of Raman Spectroscopy*, 2008 (39): 1309-1312.

[43] Chen Kui, Vo-Dinh Kim-Chi, Yan Fei, et al. Direct identification of alizarin and lac dye on painting fragments using surface-enhanced Raman scattering [J]. *Analytica Chimica Acta*, 2006 (569): 234-237.

[44] Chen Kui, Leona M, Vo-Dinh Kim-Chi, et al. Surface-enhanced Raman scattering for identification of organic pigments and dyes in works of art and cultural heritage material [J]. *Journal of Raman Spectroscopy*, 2006 (37): 520.

[45] Doherty B, Brunetti B G, Sgamellotti A, et al. A detachable SERS active cellulose film: a minimally invasive approach to the study of painting lakes [J]. *Journal of Raman Spectroscopy*, 2011 (42): 1932-1938.

[46] Cañamares M V, Garcia-Ramos J V, Domingo C, et al. Surface-enhanced Raman scattering study of the adsorption of the anthraquinone pigment alizarin on Ag nanoparticles [J]. *Journal of Raman Spectroscopy*, 2004 (35): 921.

[47] Robert B. Resonance Raman spectroscopy [J]. *Photosynthesis Research*, 2009 (101): 147-155.

[48] Shadi I T, Chowdhry B Z, Snowden M J, et al. Semi-quatitative analysis of alizarin and purpurin by surface-enhanced resonance Raman

spectroscopy (SERRS) using silver colloid [J]. *Journal of Raman Spectroscopy*, 2004 (35): 800-807.

[49] Rosi F, Clementi C, Paolantoni M, et al. Study of Raman Scattering and luminescence properties of orchil dye for its nondestructive identification on artworks [J]. *Journal of Raman Spectroscopy*, 2013 (44): 1451.

[50] Clementi C, Miliani C, Romani A, et al. In situ fluorimetry: a powerful non-invasive diagnostic technique for natural dyes used in artefacts. Part I: Spectral characterization of orcein in solution, on silk and wool laboratory-standards and a fragment of Renaissance tapestry [J]. *Spectrochim. Acta Part A*, 2006 (64): 906-912.

[51] Bell S, Bourguignon E, Grady A, et al. Extracting Raman spectra from highly fluorescent samples with "scissors" (SSRS, Shifted-Substracted Raman spectroscopy) [J]. *Spectroscopy Europe*, 2002, 14 (6): 17-20.

[52] Bell S, Edwards H, Chalmers J, et al. Raman Spectroscopy in Archeology and Art History [J]. *Royal Society for Chemistry, Cambridge*, 2005: 292.

[53] Zaffino C, Bruni S, Guglielmi V. Fourier-transform surface-enhanced Raman spectroscopy (FT-SERS) applied to the identification of natural dyes in textile fibers:an extractionless approach to the analysis [J]. *Journal of Raman Spectroscopy*, 2014 (45): 211-218.

[54] 龚奕, 卢永凯, 林素君, 等. 拉曼光谱技术在色谱分析检测中的应用[J]. 化学通报, 2010 (8): 689-692.

[55] Chen Jing, Abell J, Huang Yao-wen. On-Chip ultra-thin layer chromatography and surface enhanced raman spectroscopy [J]. *Lab on a Chip*, 2012 (12): 3096-3102.

[56] Cañamares M V, Reagan D A, Lombardi J R, et al. TLC-SERS of mauve, the first synthetic dye [J]. *Journal of Raman Spectroscopy*, 2014 (45):

1147.

[57] 徐蔚青, 徐抒平, 胡冰, 等. SERS 活性光纤光谱微探针研究[J]. 高等学校化学学报, 2004, 25 (1): 144-147.

[58] Stokes D L, VoDinh T. Development of an integrated single fiber SERS sensor [J]. *Sensors and Actuators B : Chemical*, 2000, 69 (1): 28-36.

第五章 配色染色技术

5.1 古书画装裱用辅料染色

纸张的出现使颜料从墙壁走下来，出现了各种类型的纸质绘画。中国传统绘画在纸张上得到了极大的发展空间，除了出现无数书画大家以外，这时的中国传统绘画也留给后人无数的珍品。以纸张为载体的中国传统绘画又可简称为中国画，或者国画。

染色技术是古书画装裱修复工序中不可缺少的重要组成部分，在实际工作中有很广泛的应用空间。书画装裱中的镶料、古旧书画的补纸、托纸等裱褙用辅料，常常需要用藤黄、赭石、花青、墨汁等国画颜料染成旧色，以便于装裱时与画心的气韵色彩保持一致[1][2]。同时，当画心颜色缺失，需要补全颜色恢复画面整体性时，需要用朱砂、石青、铅白等常用国画颜料进行配色、补色[3]。

目前，在古书画修复领域，染色依然主要凭借经验配色。在镶料或者补纸上施加某一种或者多种色相颜料使其选择性地吸收可见光中大部分光谱，未被吸收而被反射出来的光谱为我们所需要的颜色，这一过程称为染色[4]。染色是一个非常复杂的过程，受到颜料自身纯度、粒径、附着载体以及操作中涂刷次数、胶浓度、颜料配比等多种因素的影响。即便是这些影响因素微量的调整变化也会对最终的色调带来很大的影响，进而影响到文物保护修复及展览的视觉艺术效果和历史价值。所以在实际的染色实践中存在一个很现实的问题就是染色的重现性差，每次配出来的色彩都不一致。染色人员需要通过多次反复配色才能染出想要的色调，因为不能保证下一次染出相同颜色，所以必须一次配好足够的色水。对于刚从事染色的人员来说，更是很难染出目标色调。因此，需要精确配制各种比例的单色、复色色卡，采用测色软件采集量化色彩数据，并对染色过程中影响色调的相关因素及影响情况进行探讨。

本研究以棉料单宣、净皮单宣、绫、绢四种常用裱褙辅料作为染色基底，通过制备模拟色块，采用分光测色仪记录色样的色彩量化数据，结合X射线荧光光谱、激光粒度仪等方法探讨了颜料纯度、粒径、载体材料、染色次数、颜料配比以及胶含量等因素与最终染色色调的相关性。该研究对于古书画装裱修复过程中配色染色数据化、科学化具有重要的实际意义。实验中在棉料单宣、净皮单宣、绫、绢、无酸卡纸五种载体材料上制备了古书画修复仿古旧色色卡及工笔绘画常用色卡，色卡可作为古书画修复室的染色标准，通过标本库查询所需色彩中对应的颜料配比以及染色工艺信息，进而可迅速地染出目标色。

5.1.1 实验部分

5.1.1.1 实验材料及工具

材料：国画颜料分别购于苏州姜思序堂国画颜料有限公司、上海实业马利画材有限公司、北京金碧斋颜料厂；明胶购于苏州华彩盛源美术用品有限公司；棉料单宣、净皮单宣、白绫、白绢、无酸卡纸均为市购。

工具：各型号毛笔、研钵、研杵、培养皿、玻璃棒。

5.1.1.2 色样准备

选用纯白色的棉料单宣、净皮单宣、绫、绢四种常用裱褙辅料作为染色基底，将四种材料裁成 $10cm \times 10cm$ 的样块。依照传统工艺调配颜料、涂刷染色，依次制备不同颜料纯度、粒径、涂刷载体、涂刷次数、不同颜料配比以及胶用量的色样。其中，在探讨配比影响的实验中，以常用的青、黄、褐三种古旧色气以及工笔画常用的各类复合色为目标色彩。选择雄黄、朱砂、花青、朱磦等常用国画颜料为染色材料，配备单色、双色、三色色样。

5.1.1.3 实验方法

采用 XGT-5000Ⅱ能量色散 X 射线荧光光谱(日本堀场)测试颜料纯度,利用 Mastersizer 2000 型激光粒度仪(英国马尔文)测试颜料粒径,探讨颜料纯度、粒径与色调之间的相关性。探讨用相同浓度的同种颜料对不同载体材料(如纸、绫、绢)染色后色相亮度的区别,通过测试各载体材料的吸水性,阐释色相亮度形成原因。测试同种载体材料不同染色次数引起的色调区别。按胶浓度稀到浓配置4个梯度(1.5%、3%、5%、10%)的颜料,考察胶浓度对色调的影响。采用分光测色仪记录色样的色彩数据,绘制染色材料配比~色相变化趋势曲线,研究颜料配比与色相之间的关系。

5.1.2 结果与讨论

5.1.2.1 不同纯度颜料对色调的影响

利用 X 射线荧光光谱仪对姜思序堂雄黄及朱砂等粉末状国画颜料进行纯度分析,结果见表5-1。可见橙色雄黄比土色的纯度高,砷(As)含量达到了94.42%,硅(Si)、铁(Fe)、铅(Pb)等杂质含量较少。而土色的雄黄砷(As)含量仅为77.17%,杂质含量多,相比橙色雄黄含有钙(Ca),推测可能添加有石灰、石膏或滑石粉等白色填料。称取一定量表5-1中各颜料,与0.1%明胶水在研钵中混合均匀,用毛刷蘸取颜料涂刷在棉料单宣上2cm×2cm大小的方格内。利用分光测色仪测试其反射光谱曲线,并对谱图进行一阶求导,见图5-1、图5-2。由其一阶导数图可知,雄黄颜料砷(As)含量较土黄高,反射率即亮度也较高。土黄由于钙(Ca)填料的加入引起色彩饱和度降低,反射光谱向短波长处位移,颜料的色调变浅。

朱砂粉、真银朱粉和漂净朱膘在我国古代绘画中用途广泛,为不同工艺制作出的硫化汞颜料[5]。朱砂又称辰砂,为天然矿物颜料,属辉闪矿类,色泽红中透黄。朱膘为朱砂经过研细、水飞之后浮在最上一层的橘黄色颜料。银朱粉,又叫紫粉霜,是人工合成的硫化汞,呈现纯正的红色[6]。

由表5-1分析可见，朱砂粉汞（Hg）含量最低，仅为77.47%，钙（Ca）含量达到了11.14%，含有少量矿物杂质；真银朱粉和漂净朱膘的汞（Hg）含量分别为86.47%和90.2%，漂净朱膘最为纯净。对比其反射光谱曲线一阶导数图可知，亮度由大到小排序为：漂净朱膘＞真银朱粉＞朱砂粉，色调由深到浅排序为朱砂粉＞真银朱粉＞漂净朱膘，朱砂粉中含钙（Ca）填料的加入引起了亮度及色彩饱和度的降低，同时色调也发生了改变。

表5-1 姜思序堂部分国画颜料的XRF测试结果（wt%）

颜料	Si	Ca	Hg	Fe	S	As	Pb
雄黄/橙色	5.45	–	–	0.09	–	94.42	0.04
雄黄/土色	17.95	4.36	–	0.48	–	77.17	0.40
朱砂粉	–	11.14	77.47	–	11.38	–	–
真银朱粉	–	0.10	86.47	–	13.43	–	–
漂净朱膘	–	–	90.2	–	9.8	–	–

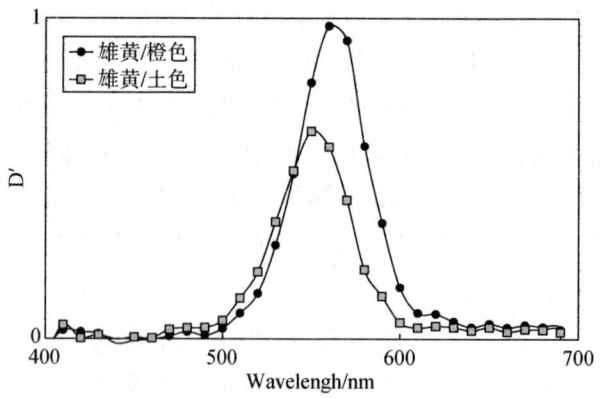

图5-1 不同纯度雄黄颜料的一阶导数反射光谱曲线

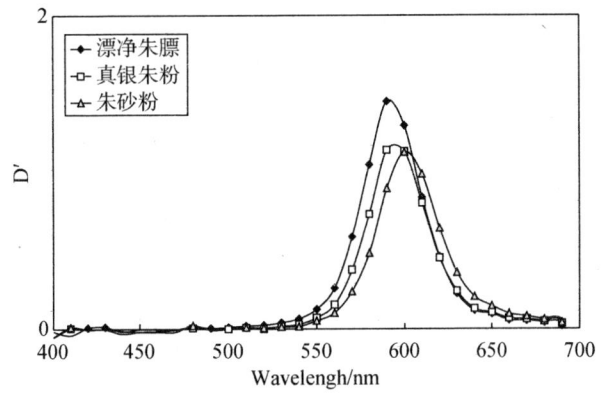

图5-2 不同纯度硫化汞颜料的一阶导数反射光谱曲线

5.1.2.2 颜料粒径大小对色调的影响

颜料的色彩饱和度、亮度等光学性能以及着色力等与其粒径大小密切相关。粒径常用的检测方法有显微镜法、粒度分布法、比表面积法、刮板细度仪法[7]。本研究采用激光粒度分析仪对姜思序堂顶上石绿、石青粉体颜料颗粒的粒径等参数进行了测试。利用分光测色仪及QZP黑白格板法(GB1726-79)对不同粒径颜料的色相及遮盖力进行分析,结果见表5-2。由表可见,石绿颜料从头绿到四绿,粒径逐渐减小,颜料比表面积及遮盖力增大。随着粒径的逐渐减小,颜料亮度L^*及饱和度C^*均逐渐降低,色调$h°$也发生了改变。可以看到,不同粒径的石青颜料也呈现相同的规律。在无酸卡纸及辅料宣纸的染色过程中还发现,粒径较大的头绿、头青等颜料上色较难均匀,着色力较差;粒径较小的四绿、四青上色较容易,着色力较好。

表5-2 石绿、石青粉体颜料粒径与色相及遮盖力的关系

样品名称	体积平均粒径(μm)	一致性	比表面积(m²/g)	遮盖力	L^*	C^*	$h°$
顶上头绿	13.273	0.613	0.697	168	67.29	30.68	156.51
顶上二绿	11.486	0.648	0.826	176	70.88	28.88	158.29

续表

样品名称	体积平均粒径（μm）	一致性	比表面积（m²/g）	遮盖力	L^*	C^*	$h°$
顶上三绿	12.427	0.803	0.908	176	70.95	28.84	158.34
顶上四绿	10.398	0.809	1.04	184	73.8	24.97	159.55
顶上头青	29.299	0.346	0.28	164	41.14	34.36	265.41
顶上二青	26.372	0.472	0.684	180	44.54	32.93	260.48
顶上三青	15.325	0.635	0.661	184	48.11	32.72	257.67
顶上四青	13.021	0.665	0.787	212	53.8	30.22	249.02

5.1.2.3 不同载体材料对色相的影响

将白绫、白绢、棉料单宣、净皮单宣四种载体材料分别浸泡进马利牌国画颜料藤黄、花青、胭脂、朱膘各类颜料配制好的同浓度色水中，浸泡5min后取出，用吸水纸吸掉表面多余的水分。对比各载体材料吸色水前后的重量变化，吸水率A%的计算公式为：$A\% = \frac{m_2 - m_1}{m_1} \times 100\%$，其中$m_1$为吸水前的重量，$m_2$为吸水后的重量，A%的值越大吸水性越强。

利用分光测色仪测各载体材料样品表面亮度L^*，不同颜料染色后各载体材料的吸水率与最终色相亮度的相关性见表5-3。由表可见，各载体材料吸水性由大到小排序依次为：棉料单宣＞白绢＞白绫＞净皮单宣。不同书画载体材料（辅料）的吸水性将会影响色料的吸附性能，进而影响到染色色相的亮度。对比亮度值L^*可见吸水性越强的载体材料，染色后其色相亮度相对较小。

表5-3 各载体材料的吸水率与色相亮度的相关性

载体材料	花青		藤黄		胭脂		朱膘	
	A%	L^*	A%	L^*	A%	L^*	A%	L^*
绫	186	83.37	192	82.62	198	72.52	188	78.57
绢	200	81.43	208	80.35	200	71.45	198	79.88
棉料单宣	257	80.02	260	76	262	70.07	226	77.49
净皮单宣	182	85.42	163	85.11	190	73.12	178	80.95

5.1.2.4 涂刷次数对色调的影响

在辅料染色中，涂刷次数也是影响最终色相的一个重要因素。本实验探讨了姜思序堂粉状颜料朱磦和翠绿在相同胶含量的情况下用毛笔在棉料单宣上染色时，依次涂刷一到四遍时涂刷次数的影响。图5-3和图5-4分别为朱磦和翠绿颜料不同涂刷次数时的反射光谱曲线。由图可知，涂刷次数不影响反射光谱曲线的形状，对色调没有影响。但随着涂刷次数的增加，朱磦和翠绿颜料的反射光谱曲线逐渐降低，可见多次涂刷会导致染色亮度下降。同时，多次涂刷会使色卡色彩成分增加，色彩饱和度增加。

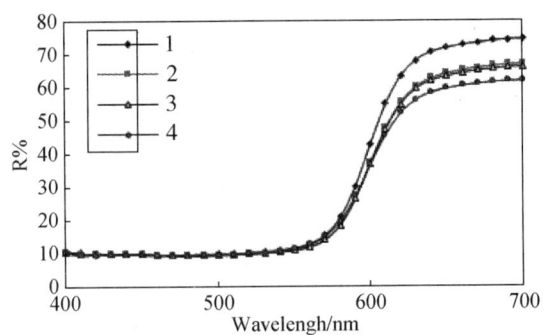

图5-3 朱磦颜料不同涂刷次数时的反射光谱曲线

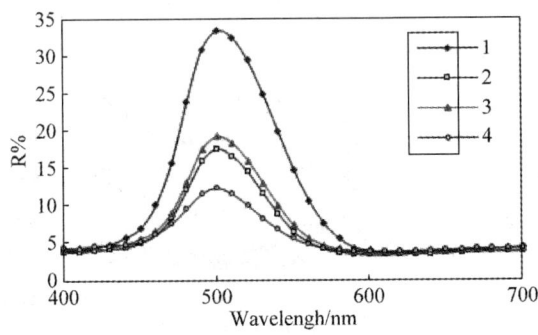

图5-4 翠绿颜料不同涂刷次数时的反射光谱曲线

5.1.2.5 颜料配比的影响及配色机理

在书画装裱中对绫绢等辅料染色时同样采用了色度学中加法混合原则，即将彩色光叠加起来形成新的色彩[8]，见图5-5。常采用藤黄加少量赭石形成米黄，藤黄加少量花青形成汁绿等，通过加水或者墨可调配颜色的深浅，从而影响到色彩饱和度。图5-6为不同比例的花青与藤黄染色绢料的漫反射光谱图，可见当花青比例逐渐提高时，主峰向短波长处位移，同时色彩反射率降低；当藤黄比例逐渐增加时，主峰向长波长处位移，色彩反射率提高。可见，颜料之间配比的细微变化，便会影响最终形成的色调。

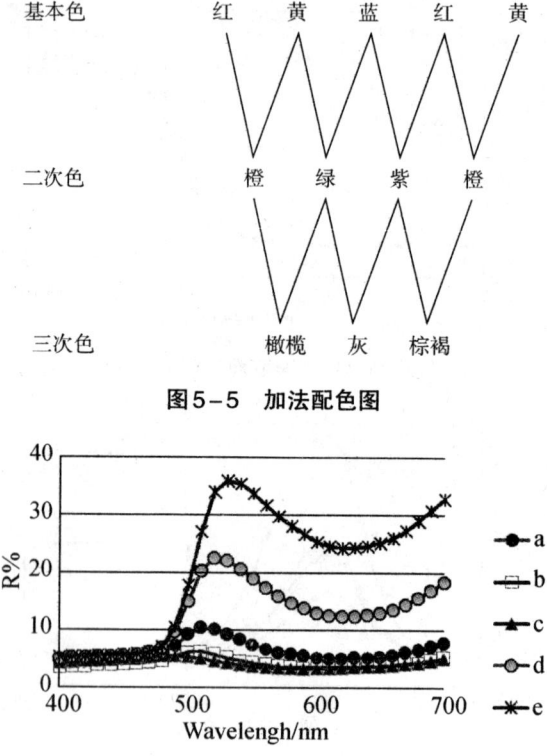

图5-5 加法配色图

图5-6 不同比例的花青与藤黄染色绢料反射光谱图
（a.1∶1；b.2∶1；c.5∶1；d.1∶5；e.1∶10）

5.1.2.6 胶用量对色调的影响

分别配制胶含量为1.5%、3%、5%、10%的花青及朱砂颜料涂刷于绢料表面。利用分光测色仪进行表面测色,探讨胶含量对染色色相的影响。图5-7及图5-8分别为花青及朱砂颜料不同胶含量的反射光谱曲线。由图可知,随着胶用量的增加,花青及朱砂颜料的亮度值L^*均降低,但是花青b^*值增加,变得更蓝;朱砂a^*值也增加,可见胶含量较高时,色彩饱和度增加。

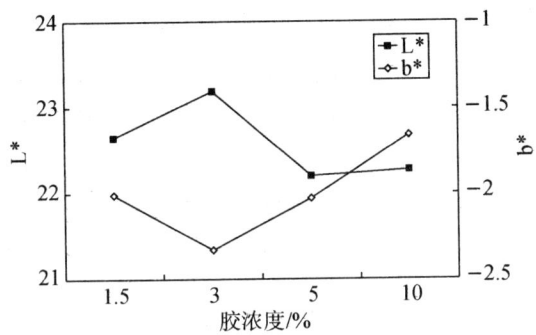

图5-7 花青颜料不同胶含量的色相变化

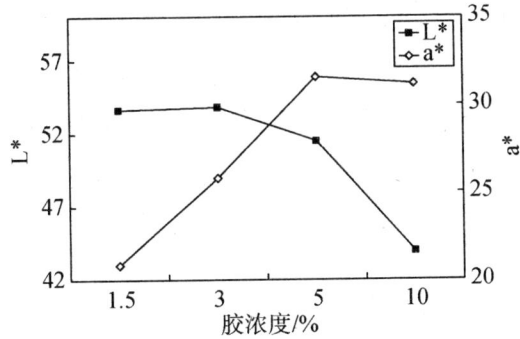

图5-8 朱砂颜料不同胶含量的色相变化

5.1.2.7 染色色卡

图 5-9（彩）列举了采用姜思序堂的膏状国画颜料模拟古书画修复配色，考察不同颜料配比、加水量等的变化引起的米黄、淡青、汁绿、橙色色调直观的色彩变化。可见，配色过程中的每一种要素，对于最终的色彩形成具有重要的影响。

5.1.3 结语

本研究通过模拟实验得出以下结论：

（1）颜料中石灰、石膏或滑石粉等白色填料的加入会引起色彩亮度及饱和度降低，反射光谱向短波长处位移。颜料的比表面积及遮盖力随着粒径逐渐减小而逐渐增大，色彩亮度及饱和度均逐渐降低，色调也发生了改变。各书画装裱载体材料吸水性由大到小排序依次为：棉料单宣＞白绢＞白绫＞净皮单宣。对比亮度值 L^* 可见吸水性越强的载体材料，涂色后其亮度相对较小。染色时涂刷次数的增加会导致染色亮度下降以及色彩饱和度增加，对色调影响不大。

（2）在书画装裱中对绫绢等辅料染色时同样采用了色度学中加法混合原则，颜料之间配比的轻微变化也会影响最终形成的色调。当在配色时提高胶含量时，色彩饱和度增加。

（3）配色过程中的每一种要素，对于最终的色彩形成具有重要的影响。制作的古书画修复用标准色卡可作为古书画修复室的染色标准，通过标本库查询所需色彩中对应的颜料配比以及染色工艺信息，进而迅速的染出目标色。

5.2 仿古玉染色

5.2.1 研究背景

古玉是中华民族文化遗产的重要组成部分，其纹饰精美、沁色古朴。

早在2000多年前，我国的玉器制造就采用了染色工艺[9]。人工着色的最初目的是为了掩盖玉器上原有的瑕疵。自宋代开始，玉器的人工染色成为制作假古玉沁色的重要手段。清代著名学者陈性在《玉纪》中提到："宋宣和、郑和间，玉贾赝造，将新玉琢成器皿，以虹光草汁淹之，其色深透，红似鸡血色，时人谓之得古法，鉴赏家偶失于辨，或因之获重价焉"[10]。目前，市场上真伪古玉鱼龙混杂，真伪难辨，给古玉的鉴定及征集带来了困扰。古玉的鉴定可通过纹饰、造型、琢工、颜色、硬度、密度、折射率等鉴别。其中，玉料的沁色对于玉器鉴别、评估具有重要意义。

现代市场仿古玉仿沁手法与传统方式有所不同，多综合利用各种物理、化学方法，人工模拟各个时代玉器在自然条件下形成的各种"沁色"。现代常用的古玉作伪方法主要有热处理法和酸、碱腐蚀法等[11]。热处理法是通过高温加热使玉料晶系发生变化，产生颜色的改变。如果在加热后拿出后用冷水激一下，就会产出所谓的牛毛纹。还可以通过强酸快速腐蚀后，在玉器的表面、晶粒间或裂隙处加染染色材料以达到改变颜色的目的。

仿古玉的制作有上千年的历史，现代市场在仿古玉制作中融入了物理和化学等方法，这些都给古玉的鉴定和收藏带来了严峻的挑战。因此，模拟古玉器沁色做旧手法，从而总结出古玉与仿古玉之间的区别，不仅具有重要的现实意义，对于规范玉器市场的发展等具有实用价值。本研究为北京市科委课题"基于无损检测技术的中国古玉鉴定研究"的资助内容之一，通过模仿市场古玉沁色仿制方法对蛇纹石玉、闪石玉高温加热或强酸快速腐蚀后，采用三氯化铁、高锰酸钾、重铬酸钾、碱性橙等染色，人工仿制鸡骨白、铁锈黄、铁锈红、黑漆古等沁色，并进行玻璃光做旧处理。利用显微镜反射光拍照、X射线荧光元素分析和拉曼光谱化学结构测试方法研究现代人工染色方法与古玉自然沁色的区别，揭示仿品制作的规律及特点，以形成一套有效的仿古玉科技鉴别方法。

5.2.2 实验方法

5.2.2.1 反复加热冷却后染色

将蛇纹石玉和闪石玉样品在马弗炉中300℃下加热，然后淬水冷却，反复进行几个循环，待有类似牛毛纹的裂纹出现时，放入重铬酸钾、高锰酸钾、碱性橙、三氯化铁、铁黑、墨以及朱砂各类染液中分别浸泡，48h后取出。

5.2.2.2 酸腐蚀后染色

经过强酸处理的玉石切片，会变成一种多孔的白色切片。微孔均匀地分布在整个玉石切片中。大量微孔的存在，使得这时的玉石切片具有很强的吸附能力，这为人工上色创造了很好的条件。利用30%的硝酸分别浸泡蛇纹石玉2h、闪石玉24h后取出，用清水清洗干净后晾干。用12%氢氟酸浸泡蛇纹石玉、透闪石玉料2h。然后，分别用碱性橙、三氯化铁、重铬酸钾、墨配成溶液浸泡经酸腐蚀后的玉料，72h后取出。

5.2.2.3 玻璃光做旧

采用水晶透明漆对经加热或酸蚀白化染色后的玉料进行玻璃光做旧实验，考察做旧前后表面微观形貌变化。

5.2.3 染色实验结果

5.2.3.1 高温加热后染色

将蛇纹石玉和闪石玉料样块高温加热后淬水，反复三次，取出晾干。此时，蛇纹石玉和闪石玉样品表面分布有不同程度的"牛毛纹"样裂隙。将玉料样品分别浸泡入配好的重铬酸钾、高锰酸钾、碱性橙、三氯化铁、铁黑、墨以及朱砂染液中，浸泡48h后取出，用自来水清洗掉表面的浮色，自然晾干后拍照。表5-4（彩）为玉料染色后放大20倍的显微图片。由显微镜观察可见，"牛毛纹"裂纹均匀分散在玉料表面，深浅大小较为类似，颜料沉淀物附着在裂隙或浮于表面，透光观察时看不到从里到外的逐渐过渡变化现象。蛇纹石玉比透闪石玉料易于上色。重铬酸钾及三氯化铁染色后可形成铁锈黄；高锰酸钾和碱性橙染色可呈现铁锈红，碱性橙相对染色较鲜艳；铁黑及墨可形成黑色沁；朱砂颜料颗粒较大，染色后浮于玉料表面，轻擦易于掉色。

5.2.3.2 酸腐蚀后染色

(1) 硝酸腐蚀后染色

将蛇纹石玉样品浸泡在30%的硝酸溶液中腐蚀24h后，用清水清洗干净后晾干。分别用重铬酸钾、高锰酸钾、三氯化铁、碱性橙和朱砂染液浸泡48h后取出，洗去浮色。蛇纹石玉样品经硝酸腐蚀后染色原图及放大20倍、40倍的照片见表5-5（彩）。在腐蚀过程中破坏玉料的脆弱部分，由拉曼光谱分析知酸液可分解蛇纹石玉中的伴生矿物方解石等，形成孔洞。因此，染液可顺着酸蚀形成的孔洞均匀、密集分布。呈现出外深内浅，没有渐进过渡，颜色浮于表面，染色光泽较暗淡。碱性橙、朱砂等染料染色后易于掉色。

(2) 氢氟酸腐蚀后染色

将蛇纹石玉、闪石玉样品浸泡在10%的氢氟酸溶液中腐蚀1h后，用5%氢氧化钠溶液清洗中和余酸，再用自来水清洗，自然晾干后各自浸泡在重铬酸钾、三氯化铁、碱性橙和墨中24h后取出，擦掉浮色，染色效果见表5-6（彩）。以蛇纹石玉染色为例，利用无机颜料三氯化铁染色后，颜料堆积在绺裂处，有机染料碱性橙染色均匀、明艳，墨染色后浮于玉料表面。

5.2.3.3 玻璃光做旧处理

战国、汉代生坑出土的古玉常见到柔和的玻璃光泽。受沁的古玉在出土时，表层的钙化膜或玉髓膜，在瞬时与空气接触后会失水氧化为一层具有玻璃光泽的薄膜，呈现温润晶莹的质感。在安徽蚌埠的仿古玉市场，常使用环氧树脂加上邻苯二甲酸二丁酯乙二胺涂满玉器，再用中温烘干后打磨；或用"水晶透明漆"将器物涂好后打磨。上述方法可使玉器在打磨后表现出玻璃光，更具有古代器物的感觉[12]。上了胶的玉器看上去有一层光亮，好看且有温润感，有一种沁色已浸入到玉器内部的假象[13]。

用毛刷将市购多乐士水晶清漆均匀涂刷于染色后的蛇纹石玉及透闪石

样块两面，用刮板刮平后自然晾干。表5-7（彩）为蛇纹石玉玉料玻璃光做旧前后比较。放大30倍显微镜观察可看到：蛇纹石玉玉料采用透明清漆玻璃光处理后，表面亮度提高，色彩鲜艳。仔细观察玻璃光发现与古玉料玻璃光不同，为树脂光泽；由于在用清漆涂料涂抹时难免厚薄不均，会存在流纹状效应，而这些流纹浮于表面，不与玉料晶体交接；与玉料晶粒间存在色差，且清漆涂料由于硬度较低，轻轻用指甲刻划即会留下划痕。

5.2.4 古玉与仿古玉沁色的区别

古玉的受沁与玉质以及埋藏环境有着密切的关系。玉料属于非均质结晶体，有些部位致密、硬度高，染色物质难以沁入；有些部位分子颗粒较粗，相对疏松，硬度低，染色物质易于沁入。受沁是一个缓慢渐进的过程，需要上百年的时间。因此，自然形成的沁色，人类难以模仿得惟妙惟肖，沁色便成为鉴别古玉与仿古玉的一大要点。因此，通过科技手段采集古玉器、仿古玉器文物所包含的沁色信息，对比两者之间的差异可为古玉器的科学鉴定提供判断依据。

5.2.4.1 显微图像对比

利用体视显微镜拍照后，对比高锰酸钾、重铬酸钾染色玉料，北京昌平十三陵出土玉簪及玉执壶以及市购仿古玉沁色的区别，放大倍数为5~20倍，见图5-10（彩）。古玉上自然形成的沁色较为柔和，有较好的层次感，多是从玉器有绺裂或结构松软的地方开始沁入，慢慢浸入玉器内部。一般用来做仿古玉的玉料都不同程度的棉或者僵，这些地方较为疏松，局部密度低，便于染料沁入。在仿古玉的制作中常通过强酸强碱快速浸泡玉料，在浸泡中破坏疏松部分的结构，酸腐蚀后的孔洞分布均匀、密集、一致，然后再进行染色。由图可以看到玉料在酸蚀后，采用高锰酸钾和重铬酸钾染色后，在酸蚀孔洞处颜料呈现不均匀堆积，颜色鲜艳。当采用透射光观察时会发现染色光泽较为暗淡，颜色过渡不明显。

观察仿古玉的沁色总会找到人工仿沁色的证据。显微镜下观察部分市购仿古玉样品的沁色形态。由图可以看到，仿制的玉杯（e）只在表面有沁色，沟槽中并未做旧，与表面沁色反差大；仿制的商周玉璧（f）沁色部位与无沁色部位界限太过分明；仿良渚玉璧（g）存在没有散开的非常刻意沁色点；仿良渚玉器（h）人工仿沁后有染色材料流淌痕迹；仿商周玉璧（i）仿土沁浮于表面；仿玉蚕（j）表面的树脂未涂抹均匀。

5.2.4.2 化学组成变化

（1）X射线荧光分析

天然沁色在自然条件下形成，成分组成会较为复杂，可能存在黏土、氧化铁、有机碳类物质等。一般来说，古玉沁色颜色丰富，成分复杂；而仿古玉沁色颜色单一，成分也较为单纯。

采用德国布鲁克公司ArtTax便携式X荧光能谱仪分析齐家文化玉璧黄褐色沁色部位与本体的差异，三氯化铁染色形成的铁锈黄及市购仿良渚玉器沁色的元素组成区别。测试条件为：测试条件：电压：50KV，电流：600μA，检测时间：200S，阳极靶：Mo，X射线光斑：70μm。

图5-11（彩）为古玉与仿古玉黄褐色沁色元素成分比较。可以看到，齐家文化玉璧黄褐色沁色部位的Fe元素含量明显高于本体部分，且他元素含量多，色彩成分复杂。而三氯化铁染色蛇纹石玉的仿沁色部分仅检测到了含量较高的Fe元素和Cl元素，色彩成分单一。

图5-12为市购仿良渚玉器沁色与未沁色处X射线荧光光谱图。在其沁色最为鲜艳的部位用XRF检测，仅存在含量很高的Fe元素。在没有沁色部位检测，除了Fe元素外，还存在Ca、Si等玉器本体的元素，据此可以判断该处可能利用三氯化铁溶液染色。

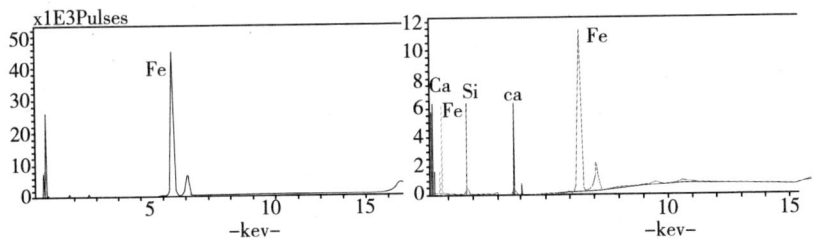

图5-12 仿良渚玉器沁色（左）与未沁色部位（右）XRF比较图

（2）拉曼光谱测试

采用显微共焦拉曼光谱仪测试蛇纹石玉玉料与经过碱性橙染色后的蛇纹石玉样品的化学组成变化，测试结果见图5-13及图5-14，可见未经染色的蛇纹石玉玉料拉曼特征峰位出现在231、378、684、1048 cm^{-1}。而经过碱性橙染色的玉料不仅有蛇纹石玉的拉曼特征峰，还出现了碱性橙染料的拉曼特征峰。碱性橙为目前的染玉作坊中常用的合成染料之一。碱性橙为一种偶氮类碱性工业染料，俗称块子金等，该染料的着色力强，但易于掉色，长期放置时也容易褪变色。

在拉曼光谱测试中，有时不仅能测到玉料及染色材料的信号，也有可能测试到在酸碱浸泡的过程中残留的浸泡物质成分。可以以此用来区分经过人工染色的玉料。

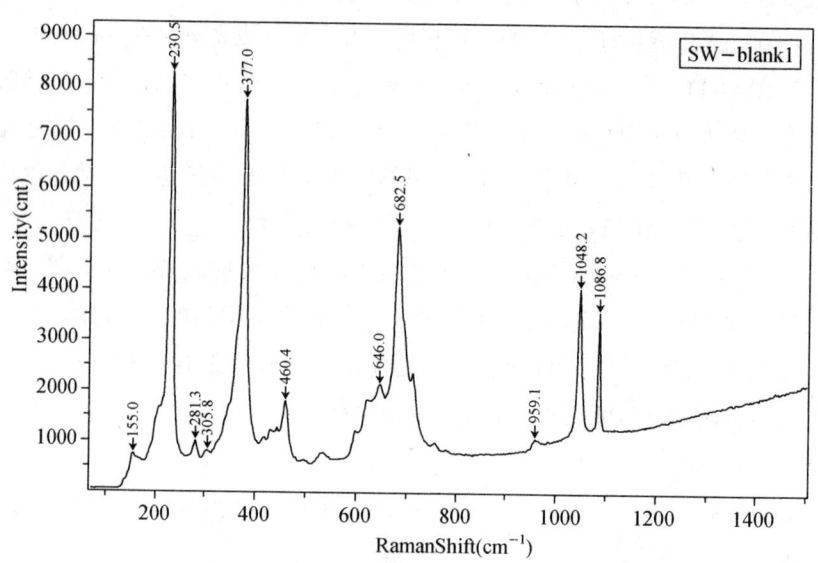

图5-13　未经染色的蛇纹石玉玉料拉曼谱图

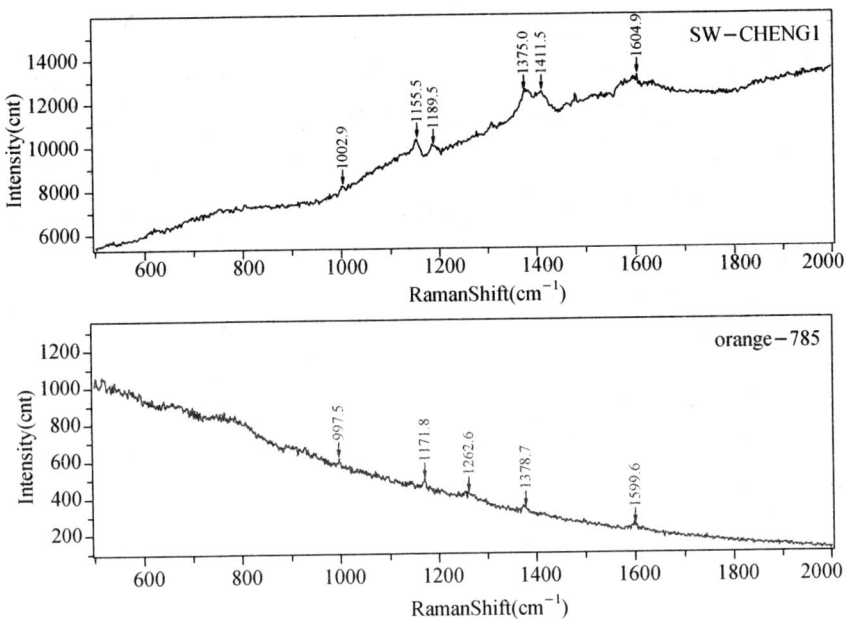

图5-14 碱性橙染色后的蛇纹石玉拉曼光谱与碱性橙染料的对比图

5.2.5 结论

本研究通过大量的人工沁色模拟实验表明仿古玉的沁色具有一定的规律性,无论是高温加热、酸碱腐蚀、人工染色、玻璃光做旧,其形成的沁色仍然与出土古玉的自然沁色存在较明显的区别。不同的仿沁色手段会造成不同状态的沁色。通过显微镜反射光拍照观察,显微镜透射光观察以及X射线荧光元素分析和拉曼光谱化学结构测试方法综合分析,不仅可判断出真伪古玉,还可以分析出玉料所采用的腐蚀手段及染色用材料。

本研究总结出的仿古玉人工沁色鉴别特征如下:

(1)人工染色玉器

高温加热后染色:玉料加热淬水后会产生像牛毛、血管一样的细小裂纹、裂隙。在一定浓度的染液浸泡处理后,由显微镜观察可见,"牛毛纹"裂纹均匀分散在玉料表面，深浅大小较为类似，颜料沉淀物堆积、附着在裂隙或浮于表面，透光观察时看不到从里到外的逐渐过渡变化现象。

酸腐蚀后染色：染液可顺着酸蚀形成的孔洞均匀、分布密集。呈现出外深内浅，没有渐进过渡，颜色浮于表面，染色光泽较暗淡。以蛇纹石玉染色为例，利用无机颜料三氯化铁染色后，颜料堆积在绺裂处，有机染料碱性橙染色均匀、明艳，墨染色后浮于玉料表面。

染色特征：铁锈黄可能为重铬酸钾及三氯化铁染色形成；铁锈红由高锰酸钾、朱砂或碱性橙染色，碱性橙相对染色较鲜艳，朱砂颜料颗粒较大，染色后浮于玉料表面，轻擦易于掉色；黑色沁由铁黑及墨等形成。

检测特征：古玉沁色颜色丰富，成分复杂；而仿古玉沁色颜色单一，成分也较为单纯。有时不仅能测到玉料及染色材料的信号，也有可能测试到在酸碱浸泡的过程中残留的浸泡物质成分。

（2）"玻璃光"

显微镜观察可看到：仔细观察玻璃光发现与古玉料玻璃光不同，为树脂光泽；由于在用清漆涂料涂抹时难免厚薄不均，会存在流纹状效应，而这些流纹浮于表面，不与玉料晶体交接；与玉料晶粒间存在色差，由于清漆涂料硬度较低，轻轻用指甲刻划即会留下划痕。

参考文献

[1] 诸品芳.略述中国古旧绢本书画的修复[J].文物保护与考古科学,2007(2):51-54.

[2] 李玉霞.论镶料配色在中国书画装裱工艺中的运用[J].作家,2011(11):279-280.

[3] 杨志新.浅谈古书画修复的全色方法与技巧[J].中国文物科学研究,2007(1):77-79.

[4] 金兰群.浅谈纸张的调色[J].上海造纸,2001(3):19-20.

[5] 王进玉, 王进聪. 中国古代朱砂的应用之调查[J]. 文物保护与考古科学, 1999(1): 40-44.

[6] 赵芳. 中国画颜料浅析[J]. 玉溪师范学院学报, 2005(9): 53-57.

[7] 王永华, 么玉娟. 有机颜料的粒径控制[J]. 染料与染色, 2007(6): 15-16.

[8] 李青山. 着色配色技术手册[M]. 北京: 中国纺织出版社, 2016.

[9] 王涛. 小议出土古玉之沁[J]. 文物鉴定与鉴赏, 2011(11): 82.

[10] 杨伯达. 传世古玉辨伪综论[J]. 故宫博物院院刊, 1997(4): 17-30.

[11] 张广文, 古方. 现代仿古玉作伪的特点和方法[J]. 艺术市场, 2005(3): 102-103.

[12] 孙华楚. 蚌埠市仿古玉器市场及生产特点的调查[A] // 杨伯达. 传世古玉辨伪与鉴考[M]. 北京: 紫禁城出版社, 1998: 253.

[13] 匡永红, 周树礼. 古玉器沁色种类和成因与仿古玉仿沁方法的探讨[J]. 超硬材料工程, 2006(1): 60.

第六章　环境因素对古建油饰彩画色彩的影响

6.1　古建油饰彩画的主要病害成因初步分析

由于制作材料、工艺的局限及外界环境因素的影响，古建油饰彩画一般只能保持50年左右的时间。本章以古建油饰彩画为例，研究环境因素对色彩的影响。根据在西安碑林、鼓楼和西门城楼等地方的调查以及资料搜集可知古建油饰彩画主要存在褪变色、粉化、龟裂、起甲、脱落、烟熏、降尘等病害[1][2]。古建油饰彩画本身的化学组成、内部与表面结构和外部环境因素是导致其风化的原因。

6.1.1　褪色与变色

中国古建油饰彩画中最常见的风化形态就是褪色与变色，油饰层表现为光泽黯淡、泛白、发灰，甚至露出地仗底色。颜料层中银朱、铅白、铅丹等颜色发暗、变黑，群青和石绿等颜色变浅。褪色到一定程度油饰彩画表面色泽均匀度会逐渐降低，变色使油饰彩画失去原有色彩，严重影响油饰彩画整体的视觉美感。分析其原因可能包括以下几个方面：①油饰彩画层中桐油、动物胶等有机胶结材料老化，颜料等发生化学反应。②基底材料有碱性，侵害了抗碱性弱的颜料或桐油，发生化学变化。③环境恶劣、短波光辐射氧化作用、大气降尘中相应化学成分及有害气体（SO_2等）、湿度、温度、微生物与水等单一因素或共同协合作用结果。④油饰彩画组成材料质量差。桐油有掺假行为，蜡质含量高、杂质多、等级降低;油饰彩画颜料未采用耐老化性较好的无机矿物质颜料,大量采用人工合成颜料,如巴黎绿、孔雀蓝等代替。金箔中库金及赤金质量降低,易于氧化变色。

6.1.2 粉化

粉化主要针对于油饰彩画表面而言,长期的强烈日光照射和环境气候变化(温湿度交替等)引起的化学物理作用等因素会使油饰彩画表面光泽度降低。主要是光油中桐油等油质成分及彩画中的胶结物质老化丧失,表面光反射特征发生变化,镜面反射程度降低,均匀漫反射程度提高,视觉效果变得暗涩,失去光亮辉煌之感。

6.1.3 油饰彩画的龟裂、起甲、空臌和剥落

油饰彩画层的龟裂、起甲、空臌和脱落并不是孤立发展的现象,是一系列相互关联的过程。随着龟裂、起甲的发生,演变为空臌,最终导致整个油饰彩画层的剥落。

(1)油饰彩画的龟裂

龟裂会产生龟裂纹,又称激炸纹、鸡爪纹,指油饰彩画表面呈现出的裂纹。由于长时间光照的长波热辐射循环作用以及环境中的温湿度交替变化等因素共同作用,会使油饰彩画胶结物中有机成分(桐油、动物胶、血料等)老化失效,并且油饰彩画层、地仗层和木质基层由于组成材料各异,热膨胀系数不同,产生温度应力不同,久而久之,表面就会出现开裂纹。

(2)油饰彩画的起甲

油饰彩画层从地仗层上以小片(类似鱼鳞)状翘起称起甲或起泡。油饰的翘起多是由于基层含水量过高,水分向外挥发时引起起泡,彩画的起甲原因是颜料中加胶过多或颜料层中的胶老化失效,或地仗层坚硬光滑,而使彩画层翘起。突然的大气降水极易造成油饰彩画表面的含水量增高,而降水一旦停止,表面的水分在短时间内就可降低到初始水平,

这样频繁的干湿循环，使油饰彩画层的老化加剧，这是造成起甲以至脱落的外部因素。

（3）油饰彩画的空臌

空臌是指地仗层与支撑体及支撑体与油饰彩画层间由于黏结性能丧失或减弱，导致的分离。有以下几种情况：一种指油饰彩画层空臌，即以小疱状鼓起；另一种是地仗层空臌，即油饰彩画层连同地仗层一起与木构件剥离；第三种是地仗灰层之间的空臌，即各灰层之间出现剥离。前两种空臌可能由于环境交替变化引起不同的收缩膨胀应力引起，地仗灰层之间的空臌多是由于上层胶结物质加入过多，使上层劲大，将下层牵起。

（4）油饰彩画的脱落

油饰彩画从地仗层上或油饰彩画连同地仗层从木基层上脱落下来，露出地仗层甚至木骨外露，称为油饰彩画的脱落。由于油饰彩画层龟裂、起甲，进一步恶化就会产生剥落，先是小片状四周起翘脱离地仗层，最后逐渐蔓延至小片状中心，直至脱落。

6.1.4 裂缝

油饰彩画层的裂缝一般由木基层或地仗层产生的开裂引起。古建中所选大木构件难免有裂隙，木基材含水率过高时水分会沿着木材薄弱处（裂隙处）向外挥发，即便已经用捉缝灰嵌补裂隙，由于外界环境突变而使木材内水分往复挥发凝聚，木基层与所嵌补的地仗灰层产生不同的干缩应力，地仗灰层的干缩应力小于木材而在反复的干湿变化中将油灰挤出产生裂缝。

地仗层是油饰彩画中必不可少的，其中一麻五灰地仗最为典型。多用在柱子、垫、枋等处，而在门窗装修上多用单披灰，盈联匾额上则多用一麻一布六灰等。由于长期的风吹日晒等环境因素的影响，使暴露于阳光之下的油饰彩画的地仗层中的胶结物质慢慢老化丧失，久而久之，产生裂缝。地仗层的裂缝最终会引起表层油饰彩画产生裂缝。

6.1.5 烟熏、油污和降尘

我国一些寺院、殿堂的彩画，大多是具有宗教色彩的，而信徒们多在寺院、殿堂内燃放大量香火、蜡纸之类的物质，有时还在寺院、殿堂内生火做饭。在对西安鼓楼的调查中发现，靠近回民街的北面油饰彩画烟熏、油污污染非常严重。燃料中未充分燃烧的炭粒、油质颗粒飘落到油饰彩画表面，与颜料层紧紧黏在一起，使油饰彩画受到污染。烟熏轻者依稀可见彩画形象；重者漆黑一片，看不到一点彩画。随着年代的增加，彩画上的油污也易于吸附并沉积一层厚厚的灰尘。由于长时间的作用，灰尘进入颜料层与颜料结合在一起，让油饰彩画很难清理干净。如此一来，会使油饰彩画失去光泽及原有颜色，变得暗淡、混浊。

6.1.6 霉变

引起霉变的内因是油饰彩画的制作材料，外因是炎热空气、潮湿及降尘等的影响。霉菌以彩画颜料中的有机黏合剂（猪血、动物胶等）为其生长的营养基，在适宜温湿度条件下迅速繁衍生长，大量斑斑点点的霉菌死体附着在彩画上，严重污染油饰彩画。霉菌除在直接侵蚀彩画之外，也可产生各种代谢产物，间接地危害彩画，如曲霉属中的黄曲霉、黑曲霉能产生柠檬酸、草酸、葡萄糖酸等多种有机酸；白曲霉则有很强的蛋白质分解能力；葡萄状穗霉含有很强的纤维素酶；枝孢霉和交链孢霉则是典型的腐霉。分解蛋白质的白曲霉也有可能分解颜料层的动物胶，纤维素酶分解地仗中的麻纤维。这些因素都易造成彩画颜料层的起甲、脱落、褪变色。

6.1.7 生物对油饰彩画的危害

6.1.7.1 鸟粪对油饰彩画的污染

鸟类常在古建筑的梁、枋等处停歇，粪便会落于古建筑的油饰彩画之上，严重影响油饰彩画的观赏性。在西安鼓楼四周，燕子非常多，其粪便严重污染了油饰彩画。

6.1.7.2 昆虫对油饰彩画的危害

油饰彩画的地仗层一般由麻、血料、油料等构成，而它们及其水解产物是昆虫的食料。同时一般的古建具有冬暖夏凉的特点，温差变化小，这为昆虫的生长发育提供了适宜场所。除了直接的取食对油饰彩画产生危害外，昆虫的活动同样会对油饰彩画产生危害。成虫飞行时碰撞磨擦彩画，使得本来就很脆弱的彩画地仗及起甲严重的彩画颜料层脱落。其次成虫的鳞粉及排泄物撒落在彩画表面，蒙上一层污垢，影响彩画的清晰度，排泄物中的水分、有机物与彩画地仗成分、颜料等起化学反应，引起局部彩画褪变色，甚至导致颜料层起甲、脱落。

6.1.7.3 人为破坏

具有油饰彩画的古建筑多为旅游景点，古建景点常接收日以万计的游客。经调查，西安碑林在旺季一天可以接待一千位以上游客，在五一、十一黄金周，每天可以接待三四千位游客。游客中个别人则有意无意地会去刻画油饰彩画，或者刻上"某某到此一游"等字样。除了这些不文明的行为会损坏油饰彩画，保护管理的不严格更可能导致整个古建筑完全毁灭。

6.2 光照对色彩的影响

古建彩画的颜色是因其对光的选择吸收而呈现的，但光也不可逆地改变着颜料色泽、分子结构，破坏其稳定性，使颜料颜色改变。而且光对油饰彩画中的粘结材料，如桐油、骨胶、猪血等的老化均有着十分重大的影响[3-6]。300 nm~400 nm 波长范围的光与材料老化有直接关系。光对物质的损伤程度与其波长、曝光总量、材料本身质量及其他环境因素的协同作用有关[7][8]。在光（尤其是紫外光）的照射环境下，油饰彩画材料会发生不同程度的光老化，其主要表现为失光、变色、开裂、起翘等。研究光的损害机理，减少其破坏作用，才能最大限度延长古建油饰彩画的寿命。

6.2.1 实验材料及仪器

6.2.1.1 实验材料

白松木；生桐油；土籽粒（土籽灰）；黄丹；生石灰；面粉；猪血；砖灰；麻布（11-12根/厘米）；银朱；朱砂；樟丹；石黄；群青；石绿；铅白（以上七种颜料均来自北京金碧斋美术颜料厂）；骨胶；纯净水；$MgCl_2 \cdot 6H_2O$（AR，西安化学试剂厂）；$Na_2Cr_2O_7 \cdot 2H_2O$（AR，天津市耀华化工厂）；KCl（AR，湖南试剂厂）。

6.2.1.2 实验仪器

ST-80数字照度计（北京师范大学光电仪器厂）；UV-B紫外辐照计（北京师范大学光电仪器厂）；AB-140N电子天平（METTLER-TOLEDO仪器有限公司）；CM-2600D分光光度仪（MINOLTA，日本）；SL200D润湿角仪（长春市第五光学仪器有限公司）；Ⅱ-1型定时电动搅拌器（江苏金坛国华仪器厂）改制的粘接强度仪；JKGZ-1便携式光泽度仪（天津市精科材料实验机厂）；U-2001型紫外-可见分光光度计（日本日立公司）；PW1840型X射线衍射仪（荷兰飞利浦分析仪器部）；HITACHI S-570扫描电镜（日本日立公司）。

6.2.2 油饰彩画样板制备

6.2.2.1 油饰层制作

在一麻五灰地仗层基础上施细腻子及垫光油制作油饰层。光油，即熟桐油，棕黄色油质体，以桐油为主要原料，配以土籽粒和黄丹（樟丹）等辅料经高温熬炼聚合而成的纯植物油料，其配方见表6-1。

表6-1 光油配比表

季节	生桐油	土籽粒	黄丹（樟丹）	备注
春、秋	100	4	2.5	重量比
夏	100	5	2.5	
冬	100	3	2.5	

按春秋时节光油配比（生桐油：土籽粒：黄丹＝100∶4∶2.5）熬制。称取300g生桐油、12g土籽粒、7.5g黄丹。将生桐油倒入锅中，将电子调温电热套调到温度最高档上高温熬油，用铁勺不停的搅拌扬烟，24min后油温升到170-180℃时，用铁勺将土籽粒倒入油中浸炸，油泡很大，说明油温合适。用勺子搅拌扬烟，让油沫慢慢消失。待土籽粒炸透（不再冒泡），此时土籽作用已完，将土籽捞出锅外。将炉温调至中档，当温度达到220℃，将炉温调到最小档，油温230℃，油变褐色，长扬烟，关掉电源。待温度降到200℃以内时，加入黄丹，利用余温将黄丹的颜色去掉，待其变为茶色时用搅棒等粘起热油，甩掉油珠，放在冷水中冷却。用手指触摸铁板上的凉油，粘油拉丝（1cm左右）即熬成。灭火，油出锅，继续搅油扬烟，光油晾凉后用塑料薄膜封严。垫光油时先用刮板将光油在地仗层上刮开，因为光油黏度大，所以需用手掌推研。推研时，轻重一致，顺时针斜推顺推，用手掌拍数下，然后沿一个方向抹均匀后再用板子刮薄。待头道干后再以同样方法垫二道、三道光油。

6.2.2.2 颜料层制作

（1）熬胶水及配胶矾水

按骨胶：水＝1∶5比例，用天平称取5g骨胶和25g自来水于烧杯中，在500W电炉上熬制，待骨胶颗粒全部溶于水时，即得到胶水。

称取明矾3.3g倒入烧杯，加入自来水145g搅拌加热使其溶解即可，然后倒入骨胶水15.2g，搅拌均匀即可得胶矾水，可以起到固定下层颜色和吸附上层颜色的作用。

（2）调配颜料

以银朱为例，其配制方法如下：按照表6-2，银朱用胶、水的配比，用天平称取银朱10g倒入研钵中，用研杵研磨搅拌，以点滴状滴入温水，继续研磨，缓慢边加胶水边研磨直至混合均匀，共计加入胶水、温水各15g。群青、石绿、翠绿颜料配制方法同银朱。做一麻五灰地仗到磨细钻生桐油为止即可涂刷颜料。用毛笔蘸已调配好的各色颜料在制作好的地仗层上刷上颜料两遍，并用毛笔横刷竖顺，使其均匀，室内晾干即好。

用排刷蘸取胶矾水轻轻地刷于第一道颜料上，由左及右或由右及左，不能回刷。自然晾干后，再上一层颜色。

表6-2 各种颜料用胶、水配比

颜料	数量（g）	骨胶水（m干胶：m水=1:5）	水（g）
银朱	1	1.5	1.5
朱砂	1	1.5	1.5
群青	1	0.5	0.5
石绿	1	0.45	0.31
铅白	1	0.31	0.12
樟丹	1	0.25	0.12
石黄	1	0.50	0.25

6.2.2.3 制光油膜

将熬好的光油用毛笔均匀涂于两块 $1.0\text{cm} \times 1.0\text{cm} \times 0.5\text{cm}$ 的小玻璃板上，自然晾干成膜后用于润湿角及紫外可见光谱表征。

6.2.3 光老化方法

该人工模拟紫外光辐射老化实验在密封性良好并各安装有三支UVB紫外灯的三个有机玻璃箱中进行。设计四组样板，其中三组样板各置于33%、55%、85%湿度的老化箱中；另一组进行进行由低到高的湿度交替实验，每隔2d更换一次，6d为一个循环周期。定期检测油饰彩画表面漫反射光谱、光泽度等的变化。实验共持续老化30d。

6.2.4 光老化表征与测试方法

6.2.4.1 漫反射光谱分析

油饰彩画的褪变色与组成材料的化学组成变化相关，是评价材料稳定性的重要指标。颜色变化的测试使用CM-2600d分光光度仪。测试条件为波特率：9600；校验位：N（None，无校验）；测量面积：MAV（直径φ8mm）；含光方式：SCI（含镜面反射光）；紫外光（UV）: included；测量方式：反射；主光源：D65，观察角：10°。

6.2.4.2 光泽度测试

随着油饰彩画涂层的破坏，组成材料本体老化、丧失，其表面逐渐变粗糙而呈现失光[9]。采用光泽度仪测试油饰彩画失光性，以作为涂层耐久性的精确指示。技术指标：示值范围：0~199.9（GS）光泽单位。示值误差：±1（GS）光泽单位。稳定性：不大于0.5（GS）/10分钟。读数稳定时间不大于5秒。20°高光泽度测量档一般光泽度在140GS以上采用，60°中光泽度测量档光泽度在60~140GS选用，85°低光泽度测量档光泽度低于60GS时选用。油饰块和颜料块均用85°档位测量。

6.2.4.3 润湿角测量

桐油聚合物受紫外光照射降解时，其表面张力随降解程度增加而相应增大，这是由于聚合物中极性基团的增加及涂膜表面变得粗糙所致[10][11]，这种情况可通过测定接触角而估算。利用润湿角仪测试油饰老化前后润湿角变化，可辅助证明材料的老化，但不能作为材料降解的快速检测方法。

6.2.4.4 附着力测试

附着力测试用以表征油饰彩画老化前后对基材的附着力的变化。仪器改装方法如下：将电动搅拌器的搅拌器头改装为Ⅰ、Ⅱ、Ⅲ号不同硬度的刷头（其中Ⅰ、Ⅱ、Ⅲ号硬度渐增），保持刷头紧贴待测颜料表面进行反复转动磨刷。仪器的电机功率为100W，转速0~5000转/分，可调。测量步骤：（1）使用Ⅰ号刷头以73转/分旋转磨刷10转，观察颜料表面状态的变化，如是否有划痕、脱落等，并用天平准确称量出脱落颜料的质量（M）；（2）对采用Ⅰ号刷头转动磨刷后颜料无脱落者，则继续选用Ⅱ号刷头，保持相同转速磨刷10转，后续步骤同（1）；（3）对采用Ⅱ号刷头转动磨刷后颜料无脱落者，则改用Ⅲ号刷头磨刷10转，后续步骤同上。

6.2.4.5 扫描电镜测试

扫描电镜（SEM）测试用以表征颜料与地仗表面结合情况及颜料表面

的微观显微形态。测试条件：操作电压15KV；放大倍数100倍~6000倍。

6.2.4.6 X射线衍射分析

通过X射线衍射（XRD）测试颜料变色的成分。测定条件阳极为Cu靶，管压和管流分别为40kv和40mA，发射狭缝D.S 1°，接收狭缝R.S为可变狭缝，该次测试为0.1mm，扫描范围2θ 为3°~70°，扫描步长0.02°。

6.2.4.7 紫外－可见分光光谱测试

气候老化造成某些可以吸收UV光的桐油聚合物链中引入新的发色团，UV光谱测定法对这些变化特别敏感[12]。测试条件为：液槽为1cm的石英比色皿，扫描波长为220nm~320nm，基线校正为System，扫描速度为100nm/min。

6.2.5 结果与讨论

6.2.5.1 光老化实验设计

（1）老化光源的选择

老化光源是模拟实验研究中最重要的因素。加速材料光老化常使用氙弧或碳弧之类强度高或波长短的光源。这些光源可以使材料在短时间内迅速老化，快速研究材料的耐老化性能。紫外荧光光源运行成本较氙弧和碳弧灯低，能够不产生任何不需要的热量，其中最常用的是UVB灯和UVA灯。UVA灯提供的光谱范围与阳光光谱极为接近，可达到自然老化的相关性[13]，但UVA灯产生的光谱能量小，需要的老化时间长。UVB的光谱在313nm处有一强峰，它所具有的能量为314-419kJ/mol，大部分聚合物自动氧化反应的活化能量约为42-167 kJ/mol，各种化学键离解能约为167-418 kJ/mol（如有机化合物最常见的一个C-H共价键能为416.5 kJ/mol）[14]。因此UVB灯所具有的能量足以破坏聚合物的化学键，引发自动氧化反应造成老化降解。本实验选用了UVB灯（产生的光谱波长主要为310nm）作为光老化实验的光源。

光老化样板上表面与正上方灯的下切面的距离为2.5cm，试块表面照度可达到957-1359Lx，平均1072 Lx；使用UVB紫外辐照计297 nm探头所测紫外辐照度115.8-139.1 μw/cm²，平均125.2 μw/cm²，紫外线密度平均值为1167.9 μw/Lm，紫外线分布较为均匀。

（2）体系湿度控制

选用$MgCl_2 \cdot 6H_2O$，$Na_2Cr_2O_7 \cdot 2H_2O$ 和 KCl 的饱和盐水体系控制湿度，这三种饱和盐水体系的湿度基本不随温度的浮动而产生变化，可分别控制湿度在RH=33%、RH=55%、RH=85%左右（见表6-3）。

表6-3 几种饱和盐水体系的相对湿度（20℃）

体系	RH%		S_0（g）	$S_实$（g）
	理论	实测		
$MgCl_2 \cdot 6H_2O$	33	37	54.6	181
$Na_2Cr_2O_7 \cdot 2H_2O$	55	55	180	210
KCl	85	87	34.2	37.4

表中：S_0为室温下无水饱和盐溶液溶解度，S实为100 g水实际称取盐克数

6.2.5.2 漫反射光谱分析

采用1976年CIEL* a* b* 色坐标体系监测颜料颜色变化，以老化前后亮度变化 ΔL*、红绿色品差 Δa*、黄蓝色品差 Δb*、导出值色差变化 ΔE表征颜色变化状况。颜料在不同老化时间的亮度值L*、红绿对比度a*、黄蓝对比度b*及色差 ΔE值分别见表6-4至表6-7；图6-1表示33%湿度下光油紫外光老化不同时间L*的变化值，图6-2表示樟丹的a*或b*值变化值。分析各图表可以得出以下结论：

（1）在不同湿度环境下紫外老化后，随着老化时间的延长，ΔE值均逐渐上升，且不同环境下老化后各组样板的耐紫外老化性几乎呈现同一规律性，即光油＜樟丹＜石黄＜银朱＜朱砂＜群青＜铅白＜石绿。

（2）以33%湿度条件为例分析各样板颜色变化情况（见表6-4）。光油的颜色变化最大，24h后ΔE便达到了57.28，随后L*值变化趋于一条直线（见图6-1），ΔE基本不变。ΔE的急剧变化是由于L*值的大

幅度减小引起，b*值仅稍有增加，光油膜亮度急剧降低，表面反射系数大大降低，稍微泛黄，变粗糙，可见光油中的主要成分桐油的不饱和双键在短时间里迅速发生了氧化，氧化后成分基本趋于稳定。其次，樟丹△E变化也较大，48h后即达到11.63，属很大变化，变化主要是由a*、b*值的变小引起（见图6-2），红黄程度随着老化时间的延长逐渐降低。老化96h后，各湿度下的橙红色樟丹表面均不同程度出现一层黑色物质，推测可能为赭黑色的PbO_2，可见紫外光易引起樟丹氧化。石黄的耐紫外光性能也较差，老化96h后，△E值达到了9.58（见图6-3），较大的变化与b*值的变小密切相关，随着老化的进行黄色程度缓慢降低。石黄表面生成一层白色物质，可能是一部分三硫化二砷经光氧化后迅速褪色生成了白色的三氧化二砷，并产生了硫化氢气体。银朱、朱砂△E值变化均较大，变化主要是由a*、b*值变小引起。朱砂和银朱由红变黑所需的能量较低，紫外光的高能量很容易使它们变色。变黑是因为红色α-HgS由六方晶系变为黑色的β-HgS立方单斜晶系-辰砂。对比可以看到，银朱比朱砂变色略明显，可能是因为银朱为化学合成颜料，易于老化，而朱砂为矿物颜料，内含其他杂质，起到了遮光效果，而较银朱耐老化。铅白、群青颜色变化较小，石绿△E值变化最小，老化720h仅为6.51，耐光老化性最好。

（3）对比老化720h后不同湿度的影响结果可知（见图6-4），各曲线有些部分基本重合，紫外光照的影响远远大于不同湿度条件造成的影响。总的来说，交替湿度老化对银朱、朱砂颜料影响最大，55%湿度影响最小。33%湿度对群青、铅白、石绿的影响最大；85%湿度对石黄、樟丹影响最大；而光油样板并不随各湿度有所不同。

表6-4　RH=33％时，油饰彩画样板的 a*、b*、L* 及 ΔE 值随照射时间的变化

时间/h	样品	银朱	朱砂	樟丹	石黄	群青	石绿	铅白	油饰
0	L*	51.17	48.34	56.20	74.68	40.41	65.50	88.70	98.64
	a*	29.31	26.78	40.41	−0.83	20.90	−22.28	0.16	−0.10
	b*	9.09	7.57	32.45	45.32	−54.26	7.91	5.93	−0.25
24	L*	50.18	48.23	54.44	74.32	40.39	64.93	87.80	41.37
	a*	26.84	24.83	37.13	−0.92	20.02	−22.09	−0.43	0.67
	b*	7.60	6.98	28.42	47.62	−53.29	8.80	8.81	−0.074
	ΔE	3.06	2.04	5.48	2.33	1.3	1.07	3.08	57.28
48	L*	50.10	46.93	53.03	73.84	40.84	65.52	87.45	41.04
	a*	26.86	24.32	33.02	−0.05	19.70	−22.04	−0.40	0.65
	b*	7.22	6.75	24.04	41.54	−53.09	9.03	8.97	−0.22
	ΔE	3.26	2.95	11.63	3.95	1.73	1.15	3.34	57.60
96	L*	49.85	46.58	49.22	73.64	41.28	65.34	88.76	40.79
	a*	27.23	25.05	26.55	1.33	18.92	−22.30	−0.69	0.78
	b*	7.54	6.14	18.26	36.05	−51.88	9.28	9.54	−0.93
	ΔE	2.91	2.85	21	9.58	3.21	1.38	3.71	57.9
144	L*	48.50	45.55	42.62	70.71	40.80	64.86	87.48	40.48
	a*	25.55	23.06	14.15	2.57	18.31	−21.21	−0.70	0.70
	b*	7.16	5.75	6.77	31.97	−49.96	10.01	10.66	−0.69
	ΔE	4.99	5.00	39.15	14.34	5.03	2.44	4.96	57.91
192	L*	48.02	45.03	41.15	69.91	40.81	64.53	87.01	40.66
	a*	24.46	21.37	10.02	3.25	17.48	−21.0	−0.73	0.68
	b*	7.04	5.21	3.70	31.36	−48.16	10.35	10.78	−0.069
	ΔE	6.13	6.77	44.01	15.31	7.00	2.88	5.22	57.98

续表

时间/h	样品	银朱	朱砂	樟丹	石黄	群青	石绿	铅白	油饰
240	L*	47.48	45.03	40.36	68.61	40.90	63.53	86.24	40.66
	a*	24.11	21.37	10.48	3.26	16.93	−20.88	−0.60	0.74
	b*	7.00	5.21	3.44	30.84	−46.70	10.39	10.68	0.077
	ΔE	6.70	6.64	44.58	16.23	8.55	3.46	5.41	57.98
288	L*	45.33	44.79	40.47	65.71	41.03	63.41	86.56	40.53
	a*	20.41	19.25	9.90	3.96	16.13	−20.62	−0.62	0.66
	b*	6.33	4.78	3.35	27.96	−44.83	10.67	11.42	−0.29
	ΔE	11.00	8.79	45.00	20.12	10.59	3.83	5.95	58.12
336	L*	46.30	44.23	40.49	63.93	41.58	63.80	86.57	40.28
	a*	20.0	15.72	6.03	5.46	16.14	−20.01	−0.57	0.68
	b*	5.46	3.39	0.85	27.4	−43.20	11.11	11.63	−0.57
	ΔE	11.11	12.52	49.26	21.82	12.09	4.28	6.13	58.36
384	L*	46.11	44.32	38.73	63.80	41.43	63.32	85.79	40.04
	a*	18.13	15.23	5.50	4.58	15.51	−19.81	−0.34	0.77
	b*	5.26	3.41	0.13	26.48	−43.10	11.26	12.33	−0.74
	ΔE	12.85	12.92	50.67	22.43	12.43	4.70	7.05	58.61
432	L*	45.40	45.61	38.67	63.58	42.40	63.25	86.06	39.94
	a*	18.45	14.82	5.24	4.83	17.99	−19.82	−0.11	1.00
	b*	5.07	2.73	0.05	26.16	−41.36	11.40	12.88	0.57
	ΔE	12.93	13.18	50.92	22.86	13.37	4.82	7.44	58.71
528	L*	45.73	44.07	38.45	63.75	42.31	62.93	85.17	39.88
	a*	16.66	15.05	4.49	6.81	16.85	−20.14	−0.0058	0.87
	b*	3.81	2.61	−0.52	27.15	−40.10	11.34	12.70	0.23
	ΔE	14.75	13.44	51.98	22.54	14.58	4.79	7.64	58.76

续表

时间/h	样品	银朱	朱砂	樟丹	石黄	群青	石绿	铅白	油饰
576	L*	43.86	42.49	38.12	62.84	41.75	62.80	84.17	39.77
	a*	17.11	14.83	4.10	6.30	16.20	−19.64	0.20	0.79
	b*	4.75	2.84	−0.83	26.98	−40.32	11.67	13.07	−1.12
	ΔE	14.86	14.12	52.46	22.96	14.77	5.32	8.45	58.88
624	L*	44.38	44.06	38.39	62.24	42.61	62.52	84.05	39.61
	a*	16.64	14.29	3.54	5.70	16.87	−19.35	−0.018	0.89
	b*	4.06	2.37	−1.39	25.12	−39.90	11.91	13.04	0.47
	ΔE	15.23	14.19	53.12	24.61	15.07	5.78	8.49	59.04
672	L*	45.68	44.13	38.21	61.70	43.15	62.17	84.16	39.48
	a*	15.02	13.76	3.61	7.31	17.14	−19.37	0.51	0.94
	b*	3.42	2.13	−1.42	25.40	−39.90	12.05	13.12	0.17
	ΔE	16.32	14.73	53.15	25.13	15.09	6.06	8.50	59.17
720	L*	45.34	42.49	37.54	61.65	42.39	62.38	84.23	39.59
	a*	14.41	12.84	2.52	7.84	16.16	−18.77	0.48	0.77
	b*	3.39	1.99	−2.11	25.15	−39.86	12.42	13.39	−0.95
	ΔE	16.99	16.11	54.57	25.53	15.28	6.51	8.70	59.06

表6-5　RH=55% 时，颜料和油饰样板的 a*、b*、L* 及 ΔE 值随照射时间的变化

时间/h	样品	银朱	朱砂	樟丹	石黄	群青	石绿	铅白	油饰
0	L*	51.57	48.82	55.72	74.53	40.15	65.96	86.97	99.48
	a*	30.54	26.18	40.59	−0.45	21.69	−22.65	0.14	−0.09
	b*	9.87	7.43	32.41	45.84	−55.09	8.03	5.38	−0.06

续表

时间/h	样品	银朱	朱砂	樟丹	石黄	群青	石绿	铅白	油饰
24	L*	50.29	48.61	53.35	72.04	39.57	65.25	86.56	41.33
	a*	30.85	25.19	35.27	−0.69	20.62	−22.36	−0.36	0.87
	b*	9.59	6.47	26.66	44.52	−52.67	9.15	8.19	1.17
	ΔE	1.34	1.95	8.19	2.82	2.71	1.36	2.89	58.18
48	L*	50.04	47.78	52.75	72.60	40.39	65.45	85.67	40.76
	a*	29.99	25.20	33.93	−0.46	19.89	−22.30	−0.41	0.59
	b*	9.08	6.50	25.35	43.26	−52.76	9.30	7.98	−0.20
	ΔE	1.81	1.7	10.15	3.22	2.96	1.42	2.96	58.72
96	L*	48.93	47.56	44.81	71.21	40.65	65.55	87.94	40.73
	a*	27.73	24.76	14.59	0.63	19.57	−22.09	−0.71	0.64
	b*	8.51	6.59	7.19	35.53	−51.79	9.33	9.37	0.35
	ΔE	4.09	2.07	37.84	10.87	3.96	1.48	4.19	58.76
144	L*	47.46	46.09	40.04	69.16	40.64	64.82	86.20	40.64
	a*	26.50	20.81	3.41	1.54	18.48	−21.99	−0.65	0.80
	b*	8.61	5.08	−0.51	32.90	−50.13	9.63	9.40	0.95
	ΔE	5.9	6.46	44.58	14.15	5.93	2.08	4.17	58.86
192	L*	47.50	45.81	40.56	67.64	40.73	64.95	86.05	40.57
	a*	25.87	20.64	4.42	1.82	17.71	−21.59	−0.66	0.52
	b*	7.92	5.08	−0.13	31.83	−49.05	10.11	9.71	−0.33
	ΔE	6.13	6.77	50.96	15.31	7	2.54	4.49	58.92
240	L*	47.07	45.60	38.82	64.58	40.78	64.60	85.80	40.51
	a*	25.48	19.00	2.69	2.56	17.49	−21.65	−0.58	0.71
	b*	8.51	4.69	−0.63	28.93	−47.04	9.73	9.97	0.58
	ΔE	6.92	8.33	53.05	19.84	8.22	2.88	4.79	58.98

续表

时间/h	样品	银朱	朱砂	樟丹	石黄	群青	石绿	铅白	油饰
288	L*	46.91	45.80	37.59	62.09	40.31	64.18	86.20	40.51
	a*	24.12	18.71	2.98	3.00	17.33	−21.15	−0.40	0.82
	b*	8.11	4.40	−0.37	27.18	−46.90	10.04	10.15	1.49
	ΔE	8.13	8.61	53.08	22.68	8.35	3.08	4.86	59.00
336	L*	47.06	45.87	36.71	62.00	39.59	64.36	86.00	40.48
	a*	23.82	18.27	3.42	3.67	18.65	−21.09	−0.31	0.82
	b*	7.32	4.24	−0.75	26.08	−47.12	10.17	10.22	0.40
	ΔE	8.49	9.02	53.32	23.75	8.55	3.10	4.96	59.01
384	L*	47.11	45.71	36.61	58.12	39.87	64.36	85.45	41.33
	a*	21.78	17.83	4.16	6.51	19.04	−21.12	−0.28	0.87
	b*	6.33	4.59	−0.76	27.12	−46.15	10.66	10.13	1.17
	ΔE	10.45	9.35	52.85	25.84	9.33	3.44	5.00	59.17
432	L*	45.46	45.30	36.36	59.70	40.25	64.22	85.84	40.28
	a*	22.71	16.93	3.21	4.28	19.29	−20.64	−0.59	0.72
	b*	7.82	3.51	−0.87	24.66	−45.87	10.82	10.21	0.08
	ΔE	10.14	10.64	53.66	26.28	9.53	3.86	5.01	59.21
528	L*	45.85	44.93	36.18	57.82	39.89	63.77	85.62	40.28
	a*	21.38	15.77	3.96	6.58	18.69	−20.73	−0.13	0.59
	b*	7.29	3.41	−1.60	25.09	−46.00	10.90	10.36	0.30
	ΔE	11.11	11.81	53.67	27.55	9.57	4.09	5.17	59.21
576	L*	46.03	44.91	36.58	57.70	39.34	63.79	85.87	40.24
	a*	21.20	15.50	3.81	6.84	19.00	−20.63	−0.32	0.59
	b*	6.76	3.51	−2.02	23.98	−45.83	11.04	10.59	0.28
	ΔE	11.30	12.06	53.89	28.53	9.68	4.23	5.35	59.24

续表

时间/h	样品	银朱	朱砂	樟丹	石黄	群青	石绿	铅白	油饰
624	L*	45.68	44.89	36.02	58.54	40.43	63.87	85.78	40.23
	a*	20.28	15.58	3.36	5.60	16.91	-20.65	-0.65	0.60
	b*	5.90	2.98	-2.12	22.87	-46.65	11.22	9.75	-0.20
	ΔE	12.49	12.15	54.47	28.63	9.71	4.30	5.41	59.26
672	L*	45.45	45.18	36.11	56.87	39.59	64.46	84.70	40.03
	a*	19.80	15.49	2.98	9.12	18.72	-20.43	0.073	0.87
	b*	6.25	2.92	-2.90	24.28	-44.99	11.75	10.41	1.46
	ΔE	12.88	12.16	55.19	29.46	10.54	4.58	5.52	59.48
720	L*	45.60	44.92	35.40	55.83	40.74	63.63	84.75	39.96
	a*	19.20	15.45	2.51	8.01	17.09	-20.51	-0.41	0.81
	b*	5.48	3.03	-2.20	23.41	-45.06	11.38	10.42	1.27
	ΔE	13.55	12.23	55.33	30.40	10.15	4.60	5.53	59.55

表6-6 RH=85%时,颜料和油饰样板的a*、b*、L*及ΔE值随照射时间的变化

时间/h	样品	银朱	朱砂	樟丹	石黄	群青	石绿	铅白	油饰
0	L*	51.59	49.36	56.22	74.72	39.76	66.11	88.57	99.55
	a*	29.90	26.99	40.87	-0.53	21.21	-22.56	0.19	-0.10
	b*	9.29	8.07	32.80	45.68	-53.81	8.17	6.39	-0.06
24	L*	50.41	47.07	55.44	73.50	39.88	65.40	87.75	40.87
	a*	25.47	25.10	37.72	-0.43	19.55	-21.83	-0.32	0.54
	b*	6.96	6.69	29.29	46.54	-51.18	9.36	8.06	-0.57
	ΔE	5.14	3.27	4.77	1.5	3.11	1.57	1.93	58.68

续表

时间/h	样品	银朱	朱砂	樟丹	石黄	群青	石绿	铅白	油饰
48	L*	49.90	48.15	48.80	72.55	40.17	64.76	87.93	40.60
	a*	25.69	23.87	25.77	0.49	18.34	−21.48	0.017	0.61
	b*	7.70	6.36	18.68	41.87	−50.06	9.02	9.39	−0.63
	ΔE	4.89	3.76	21.96	4.5	4.74	1.93	3.07	58.96
96	L*	48.85	47.02	45.66	70.91	40.52	64.87	87.02	40.59
	a*	25.03	23.56	19.25	1.84	17.36	−22.28	−0.018	0.83
	b*	6.87	6.74	12.21	37.51	−48.91	10.01	9.37	0.11
	ΔE	6.09	4.36	31.66	9.32	6.28	2.24	3.39	58.97
144	L*	48.34	47.11	42.01	68.60	40.24	64.94	85.65	40.56
	a*	24.83	21.67	14.19	2.75	17.25	−21.53	−0.37	0.85
	b*	6.86	5.77	8.10	33.88	−48.76	10.06	8.17	0.61
	ΔE	6.49	6.22	39.03	13.7	6.44	2.45	3.47	59.00
192	L*	46.82	46.00	41.34	65.12	40.54	64.75	86.66	40.41
	a*	23.79	20.70	12.89	2.29	17.67	−20.52	−0.075	0.54
	b*	7.06	5.63	6.19	31.68	−48.05	9.05	9.47	−0.49
	ΔE	8.06	7.54	41.38	17.21	6.81	2.60	3.63	59.14
240	L*	46.06	46.02	39.13	63.60	39.92	64.51	87.74	40.41
	a*	22.10	18.56	8.83	3.039	17.62	−20.87	−0.16	0.83
	b*	6.90	4.57	3.37	30.20	−47.76	10.38	9.92	0.12
	ΔE	9.85	9.73	46.73	19.39	7.04	3.21	3.64	59.15
288	L*	45.23	45.21	36.27	63.26	38.01	64.01	87.37	40.37
	a*	20.45	15.96	5.85	3.29	17.84	−21.09	−0.13	0.51
	b*	6.37	3.64	0.27	29.94	−47.85	10.19	9.89	−0.29
	ΔE	11.76	12.59	51.79	19.84	7.06	3.26	3.71	59.19

续表

时间/h	样品	银朱	朱砂	樟丹	石黄	群青	石绿	铅白	油饰
336	L*	46.25	45.83	36.70	61.53	40.54	64.51	86.84	40.35
	a*	19.57	13.74	4.64	4.54	16.86	−21.02	−0.74	0.89
	b*	5.11	3.69	−0.89	26.97	−47.93	10.62	9.66	0.31
	ΔE	12.35	14.40	53.18	23.44	7.35	3.31	3.81	59.2
384	L*	44.38	44.62	35.31	61.56	38.71	64.20	87.86	40.35
	a*	18.09	13.98	2.81	5.09	18.68	−20.38	−0.11	0.75
	b*	5.94	3.43	−2.24	26.95	−46.98	10.41	10.46	0.21
	ΔE	14.24	14.60	55.80	23.57	7.36	3.66	4.14	59.21
432	L*	43.95	44.75	35.05	60.32	38.69	64.10	87.11	40.32
	a*	17.97	13.88	2.91	6.038	18.45	−20.70	−0.36	0.80
	b*	5.48	2.97	−2.41	26.29	−46.90	10.71	10.93	−0.026
	ΔE	14.67	14.81	55.94	25.03	7.52	3.74	4.80	59.24
528	L*	44.21	44.62	35.39	57.87	38.62	63.67	85.82	40.18
	a*	17.66	13.82	2.53	5.14	17.58	−20.10	−0.16	0.83
	b*	5.78	3.098	−2.26	26.63	−46.80	9.76	10.40	0.32
	ΔE	14.72	14.85	55.97	26.06	7.98	3.81	4.88	59.37
576	L*	43.97	44.55	35.56	57.38	38.36	63.76	87.03	40.17
	a*	17.46	13.68	2.34	7.62	18.03	−20.41	−0.71	0.86
	b*	5.89	3.16	−2.26	25.53	−45.87	10.71	11.14	0.089
	ΔE	14.98	14.98	56.04	27.81	8.12	4.07	5.07	59.39
624	L*	44.31	44.51	35.22	56.66	40.98	64.30	86.82	40.00
	a*	16.78	13.63	2.40	8.38	16.56	−20.34	−0.29	0.88
	b*	5.38	3.26	−2.39	25.56	−46.99	11.01	11.14	0.27
	ΔE	15.51	15.01	56.21	28.47	8.34	4.04	5.08	59.56

续表

时间/h	样品	银朱	朱砂	樟丹	石黄	群青	石绿	铅白	油饰
672	L*	43.07	44.81	35.63	55.26	37.51	64.29	87.77	39.98
	a*	16.98	13.51	2.29	8.40	18.44	−20.37	−0.33	0.85
	b*	5.95	3.11	−2.51	23.40	−46.31	11.12	11.40	0.18
	ΔE	15.83	15.07	56.21	30.90	8.35	4.10	5.10	59.58
720	L*	42.71	44.70	35.43	54.01	38.60	64.29	86.09	39.96
	a*	16.62	13.30	2.24	9.09	17.69	−20.23	−0.58	0.88
	b*	5.89	3.13	−2.51	21.87	−46.17	10.99	10.96	0.11
	ΔE	16.33	15.28	56.31	33.00	8.49	4.09	5.26	59.60

表6-7 交替湿度颜料和油饰样板的 a*、b*、L* 及 ΔE 值随照射时间的变化

时间/h	样品	银朱	朱砂	樟丹	石黄	群青	石绿	铅白	油饰
0	L*	50.98	48.99	55.23	74.88	39.39	65.14	87.50	99.03
	a*	30.07	27.64	39.86	−0.71	20.92	−22.44	0.04	1.81
	b*	9.56	8.09	31.42	45.47	−52.90	7.86	5.26	−0.25
144	L*	46.29	45.68	46.29	69.08	40.52	63.14	86.68	41.89
	a*	22.29	21.90	23.35	1.99	18.07	−21.24	−0.68	1.15
	b*	6.31	5.48	15.18	35.76	−48.83	9.15	9.12	0.26
	ΔE	9.65	7.12	24.83	11.62	5.09	2.67	4.01	57.15
288	L*	44.80	45.03	42.25	65.20	40.96	63.61	85.56	41.58
	a*	19.26	16.53	15.08	3.13	17.55	−21.13	−0.72	1.62
	b*	5.53	3.95	7.82	31.68	−46.53	9.98	7.82	0.49
	ΔE	13.09	12.50	36.60	17.28	7.38	2.93	3.29	57.46
432	L*	45.59	44.24	40.93	62.61	38.63	63.73	86.80	40.50
	a*	15.28	16.71	8.21	4.80	19.02	−20.60	−0.56	1.33
	b*	4.42	3.75	2.21	27.87	−48.80	10.87	9.59	0.85
	ΔE	16.56	12.68	45.38	22.14	4.58	3.80	4.42	58.54

第六章　环境因素对古建油饰彩画色彩的影响

续表

时间/h	样品	银朱	朱砂	樟丹	石黄	群青	石绿	铅白	油饰
576	L*	44.25	43.87	38.75	59.21	37.90	62.08	86.30	40.24
	a*	15.74	14.48	3.57	5.89	19.16	−19.84	−0.38	1.14
	b*	4.51	2.88	−1.46	26.00	−47.38	10.79	9.22	0.94
	ΔE	16.62	15.05	51.67	25.85	5.98	4.98	4.15	58.80
720	L*	45.05	43.23	38.21	57.98	37.78	62.59	86.19	40.08
	a*	14.98	12.59	2.44	7.78	18.60	−19.93	−0.27	1.09
	b*	4.36	2.41	−2.29	25.72	−45.99	11.26	9.10	0.98
	ΔE	17.03	17.08	53.17	27.34	7.46	4.94	4.07	58.97

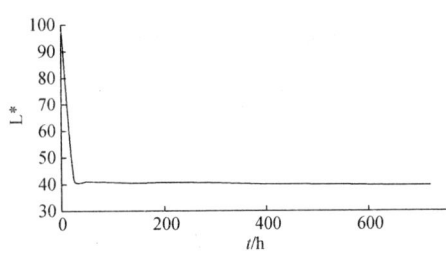

图6-1　33%湿度下，光油紫外光老化中L*变化

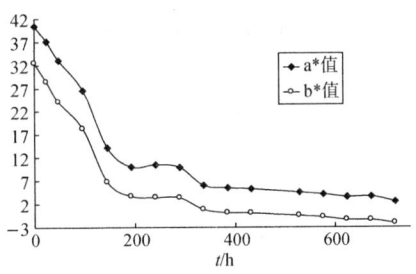

图6-2　33%湿度下，樟丹紫外光老化中a*、b*变化

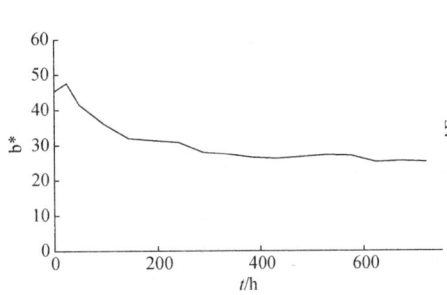

图6-3　33%湿度下，石黄紫外光老化中b*变化

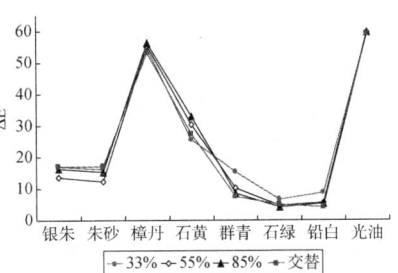

图6-4　不同湿度环境下油饰彩画样板紫外老化720h后的色差值

6.2.5.3 光油膜润湿角变化分析

天然有机高分子材料受紫外光照射降解时，其表面张力随降解程度增加而相应增大，这是由于有机高分子材料中极性基团的增加及涂膜表面变得粗糙所致，这种情况可通过测定对水的润湿角而估算。表面张力较低的材料（未降解）与水形成的接触角大，而表面张力较高的材料（已降解），其润湿角较小。表6-8显示了光油在光老化过程中润湿角的变化。由表可知：在33%及85%湿度下紫外光照射使光油膜的润湿角都在逐渐降低，它们的亲水性增加，极性基团数目增加。对光油膜在33%、85%湿度条件下，紫外老化前后润湿角变化进行了分析可见，在33%、85%湿度下紫外老化12d，各光油膜的相对变化率分别为33.72%、55.81%，其中33%湿度下老化28d后达到了全部润湿，85%湿度下老化20d后即全部润湿。

表6-8 光油样板润湿角（θ）随紫外老化时间的变化（室温）

老化时间/d	θ（33%光照实验）	θ（85%光照实验）
0	86°	86°
8	71°	67°
12	57°	38°
20	13.5°	全部润湿
26	9°	—
28	全部润湿	—

6.2.5.4 附着力分析

采用自制粘接强度仪检测不同湿度条件下老化720h后，颜料和光油对基层的附着性能，以未老化油饰彩画样块作为对比样。并辅之以扫描电镜（SEM）对部分未老化颜料与地仗基层的结合情况及颜料颗粒粒径进行显微分析。表6-9中 $\Delta M/g$ 为磨刷掉的颜料质量，排序中从1至8附着力依次减小。表6-10为古建彩画颜料特性及颜料样板中胶结物质含量。

第六章　环境因素对古建油饰彩画色彩的影响

图6-5至图6-7分别为群青、石绿、银朱与地仗基层结合情况的SEM显微照片，图6-8至图6-10各为以上三种颜料的SEM显微照片。可得出以下结论：

（1）未老化的空白对比样中，群青、石绿附着力最不好，朱砂、铅白附着力较好，而光油的附着力明显最好。总的来说，附着力强度顺序为：群青＜石绿樟丹＜银朱≈石黄≈铅白＜朱砂＜光油。这与实际调查中发现蓝绿色易掉色相符。从蓝绿色颜料在古建传统工艺中与水胶的配比[15]及颜料本身特性出发探讨易脱落的原因：

胶水配制中是以质量浓度来计算，因群青密度最小，则相同质量颜料（如100g）颜料所占体积含有的干胶量来看，群青含胶量最少，仅为0.195~0.228 g/mL；石绿较少，为0.266~0.307 g/mL；银朱、朱砂干胶量比例最大，均为2.03 g/mL，从这里不难得出蓝绿色易掉的结论。银朱、朱砂主要成份一致，而银朱为人工合成HgS，成分较单纯，朱砂为矿物提取颜料，不免掺入其他杂质，可能杂质的存在使朱砂颜料具有比银朱略强的附着力。从这些角度分析可以得出一个颜料理论附着力顺序，即群青＜石绿＜石黄≈铅白≈樟丹＜银朱＜朱砂。该结论与本实验实际所测试情况基本相同。当然颜料对基层的附着力不仅与所含胶结物质有关，还和颜料颗粒大小、分散性、介质中的分布状态、颗粒的表面状态等物理特性密切相关。

分析颜料的其他特性（见表6-10）可知，群青折射率很低，遮盖力相当弱，因此颜料涂层必然较厚。根据群青SEM分析结果可知群青颜料层最厚，颗粒细腻（粒径约为1 μm~2 μm），为不规则颗粒状，群青具有易溶解于水的特性，因此吸胶性强，骨胶水对地仗的润湿性不好，与地仗层结合能力薄弱（见图6-5及图6-8）。石绿颜料为单斜晶系，较粗大（粒径约为3 μm~4 μm），涂层较厚，石绿颜料也具有易溶解于水的特性，吸胶性较强，与地仗层结合情况好于群青，而劣于银朱（见图6-6及图6-9）。银朱颜料覆盖力强，颜料涂层很薄，颗粒细小（粒径约为0.5~1 μm），孔隙度也较小，能与地仗层紧密结合（见图6-7及图

6-10）。因此，为了提高古建彩画蓝绿色颜料的附着力，建议在对颜料色彩影响较小的前提下适度提高胶结物质含量，或者选用其它替代颜料。

（2）在不同湿度条件下老化720h后，除光油、群青、石绿附着力比空白样降低，其余颜料银朱、朱砂、樟丹、石黄、铅白等附着力均略有升高。在光老化中发现银朱、朱砂、樟丹颜料表面逐步生成一层黑色致密物质，石黄表面稍泛白，铅白表面泛黄，可见老化后上述颜料表面均生成致密物质层。同时在强紫外光下颜料中的胶结物降解断裂使表面微有粉化。可见氧化层所带来附着力的增加超过了胶结物质的降解所带来的影响，反而不易脱落。而老化后群青、石绿附着力相对较小，易于脱落，可能因为这两种颜料表面均没有生成致密物质有关。

（3）对比不同湿度紫外老化后光油样板附着力变化情况可知，光油附着力下降情况可排序为：85%湿度 > 交替湿度 > 33%湿度 > 55%湿度。可见，85%湿度下光油老化最严重，55%湿度老化相对较轻微。

表6-9 紫外光照老化720h后实验粘接强度实验结果

老化条件	样板	测试条件	ΔM/g	粘接强度排序	表面状况
未老化样	银朱	I	0.0015	5	掉粉较少
	朱砂	I	0.0007	2	掉粉很少
	樟丹	I	0.0019	6	掉粉较少
	石黄	I	0.0014	4	掉粉较少
	群青	I	0.0037	8	掉粉较多
	石绿	I	0.0021	7	掉粉一般
	铅白	I	0.0012	3	掉粉较少
	光油	III	0.0056	1	少量划痕

续表

老化条件	样板	测试条件	ΔM/g	粘接强度排序	表面状况
33%	银朱	II	0.0022	2	掉粉较少
	朱砂	II	0.006	4	掉粉一般
	樟丹	II	0.0063	5	掉粉一般
	石黄	II	0.0082	6	掉粉较多
	群青	I	0.0027	8	掉粉较少
	石绿	I	0.0026	7	掉粉较少
	铅白	II	0.0031	3	掉粉较少
	光油	III	0.0065	1	少量划痕
55%	银朱	II	0.0028	2	掉粉一般
	朱砂	II	0.0044	5	掉粉较多
	樟丹	II	0.0059	6	掉粉一般
	石黄	II	0.0042	4	掉粉较少
	群青	I	0.0033	8	掉粉较少
	石绿	I	0.0024	7	掉粉较少
	铅白	II	0.0029	3	掉粉较多
	光油	III	0.0062	1	少量划痕
85%	银朱	II	0.0062	5	掉粉一般
	朱砂	II	0.0066	6	掉粉一般
	樟丹	II	0.0051	3	掉粉较少
	石黄	II	0.0060	4	掉粉较少
	群青	I	0.0030	7	掉粉较少
	石绿	I	0.0038	8	掉粉较少
	铅白	II	0.0038	2	掉粉较少
	光油	III	0.0068	1	少量划痕

续表

老化条件	样板	测试条件	ΔM/g	粘接强度排序	表面状况
交替样板	银朱	II	0.0021	3	掉粉较少
	朱砂	II	0.0030	6	掉粉较少
	樟丹	II	0.0015	2	掉粉较少
	石黄	II	0.0025	5	掉粉较少
	群青	I	0.0015	7	掉粉较少
	石绿	I	0.0019	8	掉粉较少
	铅白	II	0.0023	4	掉粉较少
	光油	III	0.0067	1	少量划痕

表6-10 古建彩画颜料特性及胶结物质含量

颜料	折射率	遮盖力	密度（g/cm³）	比容（mL/100g）	颜料（g）：干胶（g）	干胶量/100g颜料体积（g/mL）
银朱	2.905-3.256	强	8.1	12.3	1：0.25	2.03
朱砂	2.81-3.14	强	8.1	12.3	1：0.25	2.03
樟丹	2.4	较强	8.82	11.3	1：0.042	0.369
石黄	2.538, 2.648, 2.704	强	3.56	28.1	1：0.083	0.296
群青	1.5	弱	2.34-2.74	36.5-42.7	1：0.083	0.195-0.228
石绿	1.66-1.91	弱	3.54-4.1	24.4-28.2	1：0.075	0.266-0.307
铅白	1.94~2.09	较弱	6.4-6.8	15.2	1：0.052	0.340

图6-5 群青与地仗基层结合 SEM 照片（×100倍）

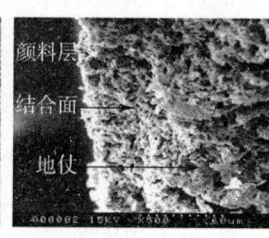

图6-6 石绿与地仗基层结合 SEM 照片（×500倍）

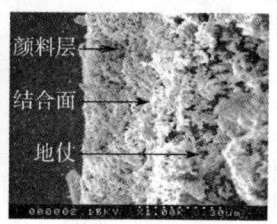

图6-7 银朱与地仗基层结合（×500倍）

 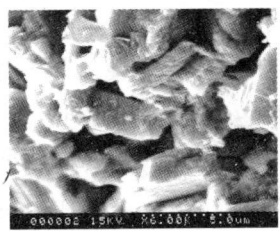 

图6-8 群青 SEM 照片(×6000 倍)　　图6-9 石绿 SEM 照片(×6000 倍)　　图6-10 银朱 SEM 照片(×6000 倍)

6.2.5.5 颜料变色机理探讨

(1)樟丹 XRD 分析及变色机理

图6-11、图6-12依次为樟丹颜料紫外光老化前后的 X-射线衍射谱图,表6-11分别为樟丹颜料紫外光老化前后的 X-射线衍射谱结果与 JCPDS 标准数据的比较,经分析可知:

①橙红色未老化的樟丹的衍射峰与 Pb_3O_4 的衍射峰位置基本相符。衍射峰位置稍有偏移,可能在樟丹颜料中引入了少量杂质,样品不纯所致。

②为防止引入古建地仗中其他材料的影响,将樟丹颜料经研磨成200目的粉末后在主波长为310nm 紫外灯(RH=55%,室温)下照射2个月后做 X-射线衍射(见图6-12)。经紫外老化后橙红色的樟丹变成赭黑色的物质,经与 JCPDS 标准数据对比分析表明,出现与块黑铅矿 PbO_2 重合的峰,且峰强度较大。部分衍射峰的位置与标准 Pb_3O_4 重叠,只是 Pb_3O_4 特征峰比老化前减弱(见表6-11)。

③樟丹理论可视为 $PbO_2 \cdot 2PbO$,对210-400nm 的紫外光吸收较强[16]。Pb_3O_4 氧化为 PbO_2 氧化还原电位为:$PbO_2+4H^++2e \longrightarrow Pb^{2+}+H_2O$　$E_0=1.455V$

可见,在正常情况下,二价铅氧化成 PbO_2 的反应是难以发生的。但由于颜料涂刷在碱性地仗上(PH=8~9),老化环境具有较高的湿度,碱性和高湿可以降低上述反应的氧化还原电动势,使反应向左进行。并且铅丹在强紫外光气氛下吸收紫外光能量 $h\nu$ 变成激发态分子,受激分子具有较高的能量,降低了反应活化能,使 Pb^{2+} 易失去最外层的2个6s电子而被氧气或在短波紫外线冲击下使氧分子电离而产生的具有强氧化能力的臭氧,氧化为赭黑色的显色物质 PbO_2,并有少量未完全老化的 Pb_3O_4 存在。樟丹在紫外光照射下逐渐变黑,并没有出现先泛白后变黑的现象出现,可见 Pb_3O_4 的变色存在一个生成中间产物铅白,然后再转化成 PbO_2 的推断是不可靠的,并且这个反应过程比直接转化成 PbO_2 要困难得多。在实验过程中还发现,当樟丹停止紫外光照后于空气中放置时黑色生成物会逐步泛白,这是因为 PbO_2 是在强氧化气氛中生成,并不稳定,可能会逐渐与空气中的水汽和 CO_2 反应生成 $PbCO_3$ 等物质,准确的成分鉴定有待进一步研究。在实验中还发现樟丹的光老化速度明显大于铅丹,这是因为樟丹中含有较多 PbO 的缘故。

苏伯民等在铅丹高湿光照模拟实验中发现生成了 $2PbCO_3 \cdot Pb(OH)_2$。铅丹 ($PbO_2 \cdot 2PbO$) 变成铅白可以看成是 PbO_2 被还原生成了 $2PbCO_3 \cdot Pb(OH)_2$。可能在该光照高湿环境下 PbO_2 促使了水分子氧化,本身被还原生成二价铅和空气中的二氧化碳结合生成碳酸铅[17]。而本实验环境为氧化气氛,高辐射强度的短波紫外线会激发密封环境中的氧气生成大量强化性的臭氧,使橙红色 Pb_3O_4 氧化为黑色 PbO_2。即樟丹变色机理如下:

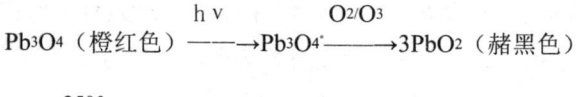

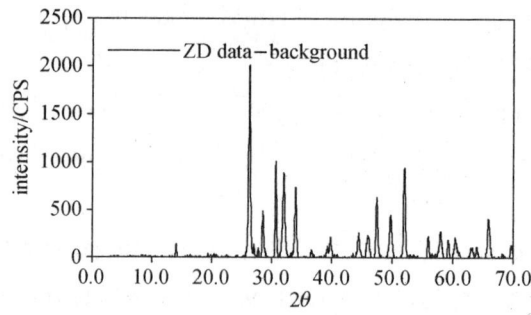

图6-11 未老化樟丹 XRD 谱图

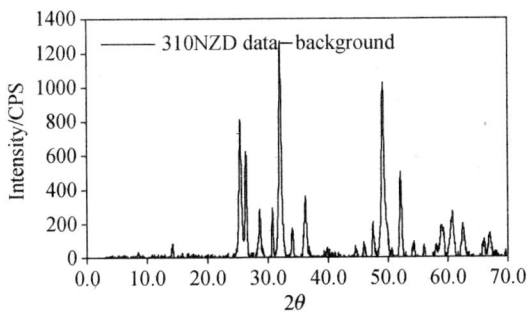

图6-12 樟丹紫外老化后XRD谱图

表6-11 樟丹紫外光老化前后XRD分析结果与JCPDS标准数据比较

未老化樟丹		Pb_3O_4(41-1493)		老化后樟丹		PbO_2(41-1492)		Pb_3O_4(8-19)	
d(Å)	I/I_0	d(Å)	I/I_0	d(Å)	I/I_0	d(Å)	I/I_0	d(Å)	I/I_0
6.2517	320	6.2300	16	3.4983	1050	3.5000	100		
3.3808	2061	3.3800	100	3.3663	773				
3.2823	188	3.2830	8	3.1085	376			3.1130	20
3.1991	144			2.8997	357			2.9030	50
3.1212	475			2.7873	1332	2.7970	88	2.7870	45
2.9103	795	2.9050	45	2.6275	210			2.6320	30
2.7899	784	2.7880	37	2.4721	342	2.4800	21		
2.6346	600	2.6330	27	1.9673	76				
2.2887	83			1.9088	185			1.9130	20
2.2600	144	2.2610	6	1.8532	666	1.8559	52		
2.0313	159	2.0330	7	1.7538	335	1.7534	12	1.7550	30
1.9714	151	1.9710	8	1.5667	139	1.5670	9		
1.9126	376	1.9139	18	1.5527	98			1.5580	8
1.8326	222	1.8302	13	1.5215	177	1.5253	12	1.5292	8
1.7570	467			1.4841	119	1.4856	10		
1.7532	471	1.7559	26	1.3955	66	1.3986	6	1.3944	1

续表

未老化樟丹		Pb_3O_4(41-1493)		老化后樟丹	PbO_2(41-1492)	Pb_3O_4(8-19)
1.6421	114	1.6417	7			
1.5868	144	1.5883	7			
1.5589	110	1.5584	5			
1.5307	119	1.5299	5			
1.4711	50	1.4726	2			
1.4523	53	1.4524	2			
1.4160	166	1.4146	9			

(2)其余颜料变色机理分析

颜料中除樟丹外，石黄、银朱、朱砂、群青、铅白均变色较严重，石绿最稳定。紫外光老化后，石黄表面生成一层白色物质，可能是在强短波紫外光的密封环境中有臭氧的形成，部分三硫化二砷在该环境下迅速褪色氧化为白色的三氧化二砷[18]。银朱、朱砂的主要成分是 α-HgS，属于红色六方晶系结构或粉末，Hg 和 S 之间偏向共价键型，具有确定的方向性，不是简单的紧密堆积，S 原子和 Hg 原子的配位情况也相同，都是四配位。但由于负离子的堆积方式不同，形成的晶胞也不同，因而形成一定的晶体结构。在实际的晶体中，往往是存在种种缺陷的，如点缺陷，即存在空位、杂质原子、填隙原子、错位原子和变价原子等。紫外光的能量不但直接破坏其晶体结构，使红色 α-HgS 由六方晶系变为黑色的 β-HgS 立方单斜晶系 - 辰砂，而且加速了晶体缺陷中的化学反应和电子运动，改变颜料原来的光谱，使其呈现黑色。变色机理如下：

$$HgS（红色六方晶系） \xrightarrow{紫外光} HgS（黑色立方晶系）$$

除了晶相的转变，化学键的断裂也是颜料色泽变化的原因，化学键的断裂所需的波长正好在紫外光的范围内。群青为化学合成颜料，化学成分为铝钠的硫硅酸盐。在紫外光的影响下分子键断开，导致颜料分子结构破坏，具体表现为色泽变化、粉化脱落。研究表明，随着颜料晶体粒子的加大，所吸收的光量子只穿透粒子的外表面，在此局部位置分层地进行颜料分子的光化学分解，因而具有较大晶核的颜料显示出较好的光照稳定性。这也是颗粒细腻的颜料在光照条件下相对差的原因。

6.2.5.6 光油紫外光老化机理分析

对未成膜光油液体及紫外光老化前后的光油膜样品（以氯仿作为溶剂）进行紫外光谱测试。可得出以下结论：

（1）未成膜光油在274.6nm处有最大吸收峰[19]（见图6-13），其摩尔吸光系数为1.21×10^5，该处吸收为桐油中3个C=C共轭键的吸收，由于溶剂氯仿的透明界限为245nm，所以低于此值的为溶剂干扰。光油在成膜的过程中就发生了氧化反应，形成三维网状结构，成膜后的摩尔吸光系数是新鲜桐油的43%，降低了一半多，部分双键被氧化变成饱和键，即变成壬二酸（HOOC-$(CH_2)_7$-COOH）。

（2）对比老化前后紫外光谱变化可知（见图6-14），274.6nm处吸收峰随着老化时间的延长，摩尔吸光系数不断降低。老化24h后，降低了45%，可见桐油膜很容易发生光氧老化。老化24d后，274.6nm处的峰完全消失。可见紫外线对桐油3个共轭双键的影响较大，尤其是长时间的紫外线照射。在桐油不饱和双键紫外光和氧气存在的条件下发生光氧化反应，更多的不饱和双键被氧化生成了壬二酸。

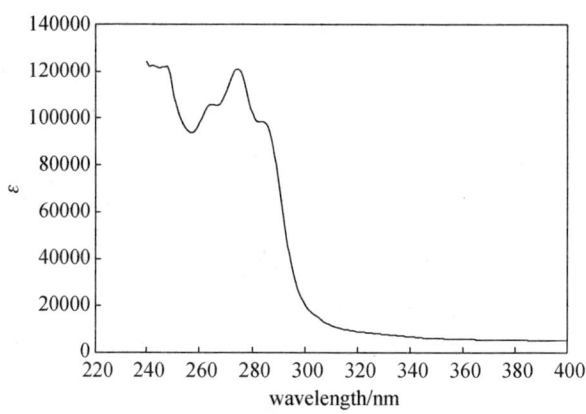

图6-13　未成膜光油液体紫外光谱图

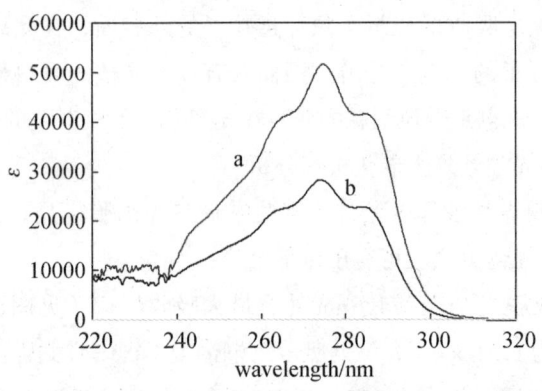

图6-14 光油紫外线照射老化紫外光谱对比图
(a. 刚成膜样；b. 老化24h样)

6.2.6 小结

通过对紫外老化前后的模拟古建油饰彩画样板进行漫反射光谱、光泽度、对基层的附着力、扫描电镜测试、部分颜料的XRD测试、光油膜润湿角及紫外-可见光谱等变化综合分析表明：

（1）各湿度下样板△E值变化顺序为光油＞樟丹＞石黄＞银朱＞朱砂＞群青＞铅白＞石绿。光油光泽度变化最大，其次为群青，其余颜料基本不变。紫外光照的影响远远大于湿度的不同造成的影响，总的来说，85%湿度影响最大。

（2）未老化油饰彩画样板附着力强度顺序为：群青＜石绿＜樟丹＜银朱≈石黄≈铅白＜朱砂＜光油。由于古建中群青含胶量少，石绿次之，而银朱、朱砂干胶量比例最大，这是青绿色易掉的主要原因。其次，群青折射率很低，遮盖力弱，颗粒细腻，颜料涂层相对较厚；颜料易溶于水，吸胶性强，对基层的附着力非常薄弱。石绿颜料颗粒较粗大，遮盖力较弱，涂层较厚，也易溶于水，与地仗基层结合较薄弱。老化后，除光油、群青、石绿附着力比空白样降低，其余颜料银朱、朱砂、樟丹、石黄、铅白等附着力均有所升高，可能是这些颜料光老化后表面形成一层坚硬的氧化层，并且氧化层所带来附着力的增加超过了胶结物质的降解所带来的影响,反而不易脱落。

(3)经 XRD 分析表明樟丹紫外光老化后直接生成了赭黑色的 PbO_2,而且 PbO_2 并不稳定在空气中可能会逐步生成 $PbCO_3$ 等物质。其余颜料因为紫外光导致晶型的改变或化学键的断裂而引起颜色的变化。

(4)紫外可见光谱分析表明光油紫外老化后部分共轭双键发生氧化反应生成了壬二酸。

6.3 高温对色彩的影响

物质发生化学反应的速度与温度有关,根据阿仑尼乌斯经验公式,每当温度升高10℃,反应速度增加2~4倍,促使油饰彩画色泽等性能产生变化[20]。中国古建筑的存在环境最高气温可以达到50℃左右,最低温度可达-10℃左右。由于油饰彩画各材质的物理性能(膨胀系数)不同,温度的急剧变化会引起油饰彩画各层因温度应力不均而收缩或膨胀,从而导致彩画层、油饰层龟裂、起甲、脱离地仗。

6.3.1 温度老化方法

制作一麻五灰地仗样板共计24块。温度老化实验共分三组,两组分别进行室温、恒温50℃老化,另一组进行室温至50℃交替老化,湿度均用 $Na_2Cr_2O_7 \cdot 2H_2O$ 溶液调节为55%~60%。交替老化样品先放入室温下的干燥器中24h 后,再放于50℃干燥器中24h,48h 为一个循环周期,考察其老化状况,依次循环。室温老化共计105d,恒温50℃及室温至50℃交替老化共计68d。

6.3.2 结果与讨论

6.3.2.1 漫反射光谱分析

室温、50℃恒温及室温至50℃交替老化后,各颜料和油饰的色差均随着老化时间的延长增加(见表6-12至表6-14)。其中,50℃恒温老化实验中，油饰的色差变化最大，刚老化4d，色差即达到41.37，分析其巨大变化是由亮度L*急剧减小引起的。各颜料中，石绿色差最小，仅为2.75；樟丹最大，为4.59。当老化68d后，油饰色差已经达到59.49；各颜料色差排序为：樟丹＞群青＞银朱＞石黄＞铅白＞朱砂＞石绿。室温至50℃交替老化4d后，各颜料色差变化幅度都在3以内，变化较小；老化68d后，油饰色差达到了54.49；各颜料色差由大到小排序为：樟丹＞群青＞铅白＞石黄＞银朱＞朱砂＞石绿。室温老化色差变化最小，老化105d后色差变化最大的樟丹才达到了2.99，其余的颜料和油饰颜色变化均为肉眼不可见。在温度老化实验中均未见龟裂现象。对比三种老化方式影响程度，室温老化＜室温至50℃交替老化＜恒温50℃老化（见图6-15）。

温度老化中油饰色差的较大变化是由于高温促使了桐油中不饱和双键的氧化，使桐油膜亮度下降，变得灰暗。从颜料色差变化的结果看，矿物颜料总体来说是较耐高温，其原因与各颜料自身的性质和制作工艺有关。如银朱的制成是由汞和硫黄在高温的条件下通过升华法生成，故本身较耐高温。高温50℃的影响大于室温10℃左右的影响的。这是因为颜料的主要成分在适宜的条件下可以发生氧化、水解等各种化学反应，而化学反应能否发生或发生的程度取决于参加物质反应的活化能的大小。温度升高，活化分子数目增加，导致有效碰撞次数增多，会促使化学反应加快。

表6-12 在RH=55%下，室温老化的a*、b*、L*及ΔE值随老化时间的变化

老化时间/d		老化样品							
		银朱	朱砂	樟丹	石黄	群青	石绿	铅白	油饰
0	L*	50.15	48.01	56.41	74.18	39.29	66.42	86.86	40.52
	a*	27.71	25.49	41.09	-0.18	21.22	-22.29	0.15	0.87
	b*	9.01	7.43	32.85	45.39	-53.15	7.98	5.42	-0.42

续表

老化时间/d		老化样品							
		银朱	朱砂	樟丹	石黄	群青	石绿	铅白	油饰
6	L*	50.01	47.93	55.34	74.21	39.43	66.28	86.60	40.53
	a*	27.81	25.41	40.92	−0.33	21.20	−22.34	0.69	0.82
	b*	9.19	7.45	32.63	45.62	−53.27	8.30	8.13	−0.25
	ΔE	0.25	0.11	1.10	0.27	0.19	0.35	2.78	0.17
12	L*	50.19	48.05	55.01	74.16	39.35	66.07	86.46	40.62
	a*	27.97	25.30	40.59	−0.39	20.82	−22.26	0.63	0.73
	b*	9.34	7.28	32.33	45.66	−52.65	8.17	8.12	−0.25
	ΔE	0.30	0.25	1.57	0.30	0.65	0.40	2.77	0.25
20	L*	50.09	47.74	55.10	74.31	39.00	66.09	86.51	40.81
	a*	27.74	25.25	40.08	−0.51	20.92	−22.09	0.70	0.81
	b*	9.33	7.64	32.48	45.64	−52.65	8.22	8.17	−0.45
	ΔE	0.33	0.41	1.69	0.43	0.65	0.45	2.83	0.30
26	L*	50.13	47.71	54.56	73.86	39.28	66.10	86.48	40.71
	a*	28.12	24.98	40.41	−0.62	20.98	−22.24	0.71	0.78
	b*	9.19	7.53	32.45	45.36	−52.37	8.33	8.21	−0.17
	ΔE	0.45	0.60	2.01	0.57	0.82	0.47	2.87	0.32
32	L*	50.07	48.11	54.19	74.13	39.23	66.02	86.40	40.87
	a*	27.95	25.97	40.40	−0.59	20.64	−22.09	0.78	0.82
	b*	9.41	7.81	32.16	45.82	−52.42	8.21	8.18	−0.47
	ΔE	0.48	0.62	2.42	0.60	0.94	0.50	2.87	0.36
38	L*	50.28	48.20	54.25	74.06	39.06	66.00	86.45	40.86
	a*	27.94	26.08	40.06	−0.66	20.72	−22.13	0.73	0.76
	b*	9.47	7.77	31.64	45.88	−52.12	8.22	8.21	−0.19
	ΔE	0.53	0.71	2.68	0.69	1.17	0.51	2.88	0.42
84	L*	50.05	47.06	54.26	73.53	39.24	65.84	86.36	40.82
	a*	27.27	25.96	40.13	0.09	20.54	−22.27	0.75	0.77
	b*	9.46	7.58	31.51	44.94	−52.16	8.39	8.19	−0.15
	ΔE	0.64	1.07	2.70	0.84	1.21	0.71	2.88	0.42

续表

老化时间 /d		老化样品							
		银朱	朱砂	樟丹	石黄	群青	石绿	铅白	油饰
105	L*	50.99	48.25	56.33	74.44	39.31	65.30	86.41	40.49
	a*	27.40	24.67	38.25	−1.25	20.18	−20.89	0.69	1.03
	b*	9.85	8.51	31.92	43.99	−51.15	7.90	8.30	0.76
	ΔE	1.23	1.38	2.99	1.79	2.25	1.80	2.96	1.19

表6-13 在RH=55%下，50℃老化的a*、b*、L*及ΔE值随老化时间的变化

老化时间 /d		老化样品							
		银朱	朱砂	樟丹	石黄	群青	石绿	铅白	油饰
0	L*	57.47	54.83	61.43	80.71	44.13	76.78	93.48	99.64
	a*	35.91	30.43	42.12	0.76	23.67	−19.51	−0.28	−0.08
	b*	15.21	8.66	34.28	48.04	−59.84	8.49	4.12	−0.03
4	L*	54.42	51.29	57.34	76.95	42.04	74.18	90.20	42.26
	a*	33.54	28.77	40.23	0.65	22.55	−18.62	−0.34	0.44
	b*	13.29	8.00	33.38	45.78	−57.31	8.35	5.09	2.71
	ΔE	4.31	3.97	4.59	4.39	3.47	2.75	3.42	41.37
14	L*	52.80	49.49	55.44	74.72	39.33	71.35	85.47	41.09
	a*	32.49	28.26	39.33	0.86	20.64	−17.67	−0.29	0.66
	b*	13.49	7.91	31.88	45.03	−52.82	8.20	5.24	0.08
	ΔE	6.04	5.82	7.03	6.70	9.02	5.74	8.08	42.22
20	L*	52.29	50.10	54.66	74.62	38.36	70.42	85.55	42.75
	a*	33.20	26.78	38.45	0.69	16.51	−17.37	−0.29	0.45
	b*	13.58	7.94	31.60	44.64	−45.49	8.46	6.22	4.54
	ΔE	6.07	6.03	8.15	6.98	17.04	6.72	8.20	57.07
32	L*	52.71	48.99	54.42	73.16	37.48	69.87	84.10	42.31
	a*	32.59	27.32	30.91	1.80	16.83	−17.45	0.43	1.07
	b*	12.81	7.33	25.23	42.46	−45.44	9.10	10.62	2.24
	ΔE	6.28	6.75	16.02	9.45	17.27	7.24	11.43	57.38

续表

老化时间/d		老化样品							
		银朱	朱砂	樟丹	石黄	群青	石绿	铅白	油饰
38	L*	52.07	49.04	53.55	72.55	37.88	69.30	82.93	41.47
	a*	32.99	27.05	32.01	1.67	14.66	−17.95	0.23	0.79
	b*	13.19	6.80	24.90	42.88	−41.69	9.13	9.45	2.95
	ΔE	6.46	6.96	15.87	9.70	21.21	7.68	11.83	58.25
44	L*	52.36	48.99	50.49	72.75	38.87	67.93	80.51	41.36
	a*	32.59	26.80	26.55	1.03	13.49	−18.02	0.75	0.55
	b*	12.81	7.11	20.50	42.07	−38.74	9.06	11.18	3.54
	ΔE	6.55	7.05	23.49	9.96	24.01	8.99	14.80	58.39
56	L*	50.21	48.05	50.46	70.29	34.72	67.75	77.06	40.86
	a*	31.27	26.62	27.15	2.28	9.72	−18.58	0.77	0.76
	b*	13.03	6.28	20.48	41.43	−30.67	9.39	11.44	2.52
	ΔE	8.89	8.13	23.56	12.44	33.67	9.12	18.00	58.84
68	L*	49.06	45.80	43.65	66.31	33.29	67.68	69.72	40.47
	a*	31.15	26.36	19.44	2.00	9.98	−17.89	1.15	0.65
	b*	12.28	6.79	13.26	38.10	−29.80	9.11	10.95	6.04
	ΔE	10.10	10.08	35.67	17.54	34.75	9.26	24.76	59.49

表6-14 在RH=55%下，室温至50℃交替老化的a*、b*、L*及ΔE值随老化时间的变化

老化时间/d		老化样品							
		银朱	朱砂	樟丹	石黄	群青	石绿	铅白	油饰
0	L*	52.93	44.34	55.30	72.37	39.44	65.57	85.30	94.48
	a*	31.15	23.75	39.87	0.21	20.68	−22.07	0.36	0.88
	b*	10.84	7.64	31.93	42.45	−52.69	7.84	6.13	0.91
4	L*	51.34	44.85	55.75	73.54	39.49	66.44	84.64	42.99
	a*	30.12	24.94	40.33	0.60	19.33	−22.10	0.70	0.59
	b*	10.07	8.34	31.32	43.81	−51.17	9.06	9.60	0.98
	ΔE	0.99	0.32	1.20	0.70	2.03	1.08	3.55	51.49

续表

老化时间/d		老化样品							
		银朱	朱砂	樟丹	石黄	群青	石绿	铅白	油饰
14	L*	50.25	44.68	54.90	72.95	39.96	67.62	85.00	42.07
	a*	29.65	24.09	39.76	0.54	19.23	−22.60	0.44	0.98
	b*	9.88	7.98	31.73	43.22	−51.25	9.12	10.09	2.37
	ΔE	1.03	0.59	1.37	1.02	2.11	1.62	3.97	52.43
20	L*	50.60	45.57	54.71	73.60	40.09	66.42	84.86	41.08
	a*	31.45	24.44	39.91	0.72	19.18	−22.17	0.38	0.98
	b*	10.86	7.96	31.72	42.90	−50.83	9.31	10.21	1.61
	ΔE	2.35	1.15	0.63	1.34	2.60	1.71	4.11	53.40
32	L*	50.24	45.11	54.63	71.06	39.06	65.99	84.32	40.77
	a*	31.32	24.92	40.59	0.85	19.01	−22.31	0.20	0.48
	b*	11.24	8.47	33.03	41.81	−50.04	9.58	10.58	2.66
	ΔE	2.72	1.64	1.48	1.59	3.15	1.81	4.56	53.74
38	L*	50.13	45.94	54.97	71.73	39.06	66.49	86.88	40.72
	a*	30.00	22.95	37.84	1.76	18.90	−22.42	0.11	0.44
	b*	10.29	7.49	30.76	41.08	−49.98	9.45	10.58	1.45
	ΔE	3.07	1.80	2.37	2.17	3.22	1.89	4.72	53.76
44	L*	50.26	45.26	54.65	73.53	39.09	65.20	84.62	40.73
	a*	29.75	24.93	37.14	0.78	18.88	−21.34	0.15	1.10
	b*	9.83	8.67	30.47	44.34	−49.86	9.69	10.96	2.09
	ΔE	3.18	1.82	3.16	2.28	3.37	2.00	4.88	53.76
56	L*	50.13	44.79	55.74	72.95	39.08	66.25	84.50	40.60
	a*	29.61	25.75	33.73	0.36	18.81	−23.10	0.080	1.33
	b*	9.88	8.97	27.74	45.00	−49.75	9.80	11.18	1.41
	ΔE	3.33	2.44	7.45	2.62	3.49	2.32	5.12	53.88
68	L*	49.82	44.28	55.47	72.77	40.83	66.28	86.70	40.01
	a*	26.37	25.93	30.71	0.68	17.68	−23.23	0.074	1.56
	b*	8.50	8.91	24.23	45.39	−46.74	9.77	11.41	2.54
	ΔE	6.16	2.52	11.97	3.00	6.80	2.36	5.47	54.49

第六章 环境因素对古建油饰彩画色彩的影响

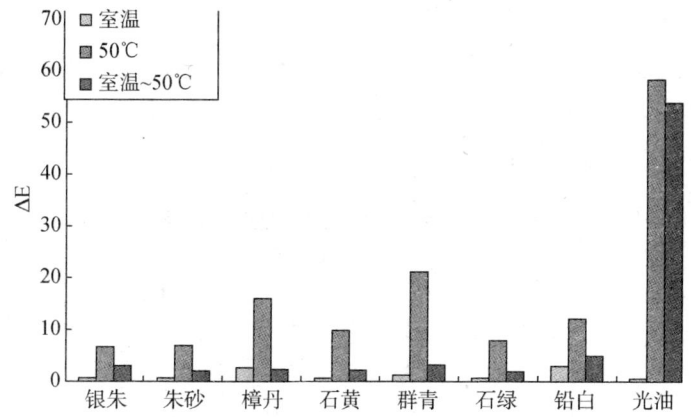

图6-15 温度实验油饰彩画样板老化68d后的色差值

6.3.2.2 光油膜润湿角变化分析

对比室温下紫外光照实验中，33%湿度和85%湿度老化实验润湿角测试结果可知，50℃温度实验对油饰的老化影响程度远远小于光照。光油膜85%湿度下紫外老化20d后即全部润湿，33%湿度下紫外老化28d后达到了全部润湿，而光油膜老化68也未达到全部润湿（见表6-15及表6-8）。

表6-15 50℃温度实验光油润湿角（θ）变化分析

老化时间/d	0	12	20	26	28	34	40	46	50	68
θ°	86	72	69	61.5	58	50.5	37	30.5	28	27

6.3.2.3 附着力分析

分析表6-16可知，未经老化的样品中，光油附着力最好，其次为朱砂、铅白、石黄，而石绿、石黄、银朱附着力较差，群青附着力最差。恒温50℃及室温至50℃交替老化后，各样板的附着能力均明显降低。高温条件下，胶结物质发生老化降解，使颜料颗粒间及颜料与地仗基层的结合力减小，同时高温会促使颜料发生化学变化，从而导致颜料层粉化。恒温50℃老化后，各颜料均掉粉严重，附着力排序为：石黄＞铅白＞朱砂＞石绿＞樟丹＞银朱＞群青；室温至50℃交替老化后，各颜料附着力排序为：朱砂＞铅白＞石黄＞石绿＞群青＞樟丹＞银朱。可见群青、樟丹、银朱均不耐高温老化，而石黄、铅白、朱砂较耐高温。对比两种老化条件可知，高温50℃老化后粘结强度下降较严重。

表6-16　温度实验粘接强度实验结果

老化条件	样板	测试条件	ΔM/g	粘接强度排序	表面状况
未老化样	银朱	I	0.0015	5	掉粉较少
	朱砂	I	0.0007	2	掉粉很少
	樟丹	I	0.0019	6	掉粉较少
	石黄	I	0.0014	4	掉粉较少
	群青	I	0.0037	8	掉粉较多
	石绿	I	0.0021	7	掉粉一般
	铅白	I	0.0012	3	掉粉较少
	光油	III	0.0056	1	较多划痕
50℃	银朱	I	0.0163	7	掉粉严重
	朱砂	I	0.0121	4	掉粉严重
	樟丹	I	0.0150	6	掉粉严重
	石黄	I	0.0106	2	掉粉严重
	群青	I	0.0236	8	掉粉严重
	石绿	I	0.0138	5	掉粉严重
	铅白	I	0.0120	3	掉粉严重
	光油	II	0.0048	1	少量划痕
室温至50℃	银朱	I	0.0137	8	掉粉严重
	朱砂	I	0.0093	2	掉粉很多
	樟丹	I	0.0132	7	掉粉严重
	石黄	I	0.0101	4	掉粉严重
	群青	I	0.0131	6	掉粉严重
	石绿	I	0.0128	5	掉粉严重
	铅白	I	0.0096	3	掉粉很多
	光油	II	0.0033	1	少量划痕

6.3.2.4 樟丹颜料 XRD 分析

图 6-16 为恒温 50℃老化 2 个月后樟丹的 X-射线衍射图谱，表 6-17 为樟丹颜料 50℃老化前后的 X-射线衍射谱结果与 JCPDS 标准数据的比较。老化后的樟丹颜料的衍射峰位置与标准 Pb_3O_4 几乎完全重合，且峰强度很大。老化后出现钾长石（K, H_3O）$Al_2Si_3AlO_{10}$(OH)$_2$ 的特征衍射峰，然而峰强度均较弱，可能是由于制样过程引入了少量灰尘杂质所致。并未发现使樟丹变暗的显色物相出现，可见高温老化对樟丹的影响并不大。

表 6-17 樟丹老化前后 XRD 分析结果与 JCPDS 标准数据比较

未老化樟丹		Pb_3O_4 (41-1493)		老化后樟丹		Pb_3O_4 (8-19)		(K, H_3O)$Al_2Si_3$$AlO_{10}(OH)_2$ (26-911)	
d (Å)	I/I_0	d (Å)	I/I_0	d (Å)	I/I_0	d (Å)	I/I_0	d (Å)	I/I_0
6.2517	320	6.2300	16	10.1149	493			10.000	90
3.3808	2061	3.3800	100	6.1586	1116	6.2300	12		
3.2823	188	3.2830	8	3.3595	1989	3.3800	100	3.3400	100
3.1991	144			3.2605	125	3.2800	8	3.2000	16
3.1212	475			3.0984	1282	3.1130	20		
2.9103	795	2.9050	45	2.8901	740	2.9030	50	2.8670	12
2.7899	784	2.7880	37	2.7751	1030	2.7870	45	2.7990	12
2.6346	600	2.6330	27	2.6193	445	2.6320	30		
2.2887	83			2.4323	83	2.4440	2	2.4630	8
2.2600	144	2.2610	6	2.2798	76	2.2890	4		
2.0313	159	2.0330	7	2.2527	98	2.2600	8	2.2410	4
1.9714	151	1.9710	8	2.0246	144	2.0320	12	2.0050	50
1.9126	376	1.9139	18	1.9619	228	1.9700	12		
1.8326	222	1.8302	13	1.9099	246	1.9130	20		
1.7570	467			1.8230	240	1.8290	20		
1.7532	471	1.7559	26	1.7513	493	1.7550	30		
1.6421	114	1.6417	7	1.6385	100	1.6417	8		

续表

未老化樟丹		Pb_3O_4 (41-1493)		老化后樟丹		Pb_3O_4 (8-19)		(K, H_3O) Al_2Si_3 AlO_{10} (OH)$_2$ (26-911)
1.5868	144	1.5883	7	1.5848	169	1.5876	12	
1.5589	110	1.5584	5	1.5553	207	1.5580	8	
1.5307	119	1.5299	5	1.5254	100	1.5292	8	
1.4711	50	1.4726	2	1.4637	55	1.4687	4	
1.4523	53	1.4524	2	1.4126	132	1.4144	14	
1.4160	166	1.4146	9					

6.3.2.5 光油高温老化机理分析

高温60℃老化前后光油膜紫外光谱变化见图6-17，可知高温老化24h后，274.6nm处的特征吸收峰摩尔吸光系数降低较大，降低了53%。老化24d后，该吸收峰完全消失，可见高温对桐油的氧化反应影响很显著。

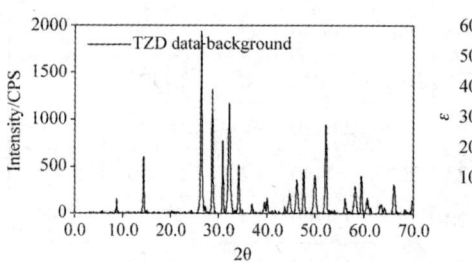

图6-16 樟丹50℃老化两个月后X-射线衍射图

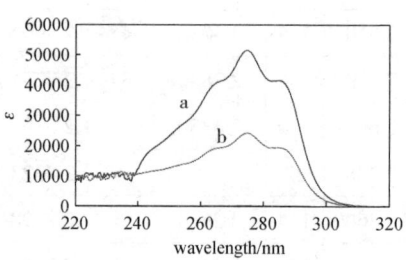

图6-17 高温老化光油膜紫外光谱图（a.室温刚成膜样；b.老化24h样）

6.3.3 小结

通过对温度实验老化前后的模拟古建油饰彩画样板进行漫反射光谱、

光泽度、对基层的附着力、樟丹颜料 XRD 测试、光油膜润湿角及紫外 – 可见光谱等变化综合分析表明：

（1）各颜料和油饰的色差均随着老化时间的延长增加。其中，樟丹、群青颜料对温度较为敏感，石绿、朱砂耐高温老化。老化后，光油光泽度下降幅度最大，其次群青下降也较明显，其余颜料光泽度基本不变。对比三种老化方式影响程度，室温老化 < 室温至 50℃ 交替老化 < 恒温 50℃ 老化。

（2）对比光照实验中，33% 湿度和 85% 湿度老化实验润湿角测试结果可知，50℃ 温度实验对油饰的老化影响程度远远小于光照。

（3）老化后，各样板的附着能力均明显降低。高温 50℃ 老化后附着力下降较严重。群青、樟丹、银朱附着力相对较差，石黄、铅白、朱砂附着力较好。

（4）樟丹颜料 50℃ 老化前后的 X– 射线衍射谱表明高温老化对樟丹的影响并不大。老化前后光油膜紫外光谱表明高温对桐油的氧化反应影响很显著。

6.4 高湿对色彩的影响

湿度对文物的损害，有因其参与化学反应而引起的化学变化，也有因其急剧变化而导致的物理变化，更有其招致的二次损害，即微生物滋生[21]。一般霉菌生长要求相对湿度在 75% 以上，相对湿度上升时，霉菌生长繁殖加快[22]。霉菌的滋生严重污染古建彩画，其代谢产物也对彩绘有很大危害。控制恒定适当的湿度对古建油饰彩画的保存具有重大的意义。

6.4.1 高湿老化方法

在室温条件下，放置样品块在玻璃箱或干燥器中，平行设计七个湿度，选择饱和盐水体系调节湿度，湿度分别设置为 33%、44%、55%、

66%、75.7%、85%、97%[23]。共有八组样块,均在实验室内自然光条件下进行实验,室温温度范围为13℃~32℃。七组样块均各置于上述不同湿度中进行老化;第八组进行高低湿交替老化。先将样块置于33%湿度环境下,48h后置于55%湿度下,再过48h置于85%湿度下,六天为一个循环周期。定期考察八组样品各自老化状况。

6.4.2 结果与讨论

6.4.2.1 盐水体系初步选择

选择七种相对湿度随温度变化不大的饱和盐水体系控制实验体系湿度(见表6-18)。按照常温下的溶解度配制过饱和盐溶液。

表6-18 几种饱和盐水体系的相对湿度(20℃)

体系	RH%		S_0(g)	$S_{实}$(g)
	理论	实测		
$MgCl_2 \cdot 6H_2O$	33	37	54.6	181
K_2CO_3	44	46	112	120
$Na_2Cr_2O_7 \cdot 2H_2O$	55	55	180	210
$NaNO_2$	66	66	80.6	85
NaCl	75.7	75.4	36	39
KCl	85	84.7	34.2	37.4
K_2SO_4	97	92	11.1	12

表中:S_0为室温下无水饱和盐溶液溶解度,$S_{实}$为100g水实际应称取盐克数

6.4.2.2 漫反射光谱分析

表6-19至表6-26依次为湿度从低到高及交替湿度八种条件下油饰彩画老化过程中,亮度值L^*、红绿对比度a^*、黄蓝对比度b^*及色差$\triangle E$值的实验结果。图6-18为各湿度下老化105d后油饰彩画样板的$\triangle E$值对比结果。分析各图表可以得出以下结论:

(1)随着老化时间的延长各湿度条件下油饰彩画样板的$\triangle E$值均缓慢增大。总的来说,群青、樟丹、铅白、银朱较不耐湿度老化,特别在高湿条件下颜色变化最为显著;而石黄、朱砂、光油、石绿较耐老化,

即便在97%的高湿条件下变化也并不显著。

（2）对比不同湿度对样板颜色的影响可知，97%高湿影响最大，其次85%湿度及交替湿度老化影响也较大，而33%、44%的低湿及55%、66%的中等湿度对样板的影响非常小。具体来说，在33%湿度条件下，樟丹色差变化是最大的，老化105 d，△E值达到了2.69，但数值仍较小；44%湿度条件下，同样樟丹颜料变化较大，达到了3.87；55%湿度条件下，各油饰彩画样板的颜色变化均很小，变化最大的樟丹颜料老化105 d后色差值仅为2.99；66%湿度下，群青△E值变化最大，为4.43；其次为樟丹，达到了4.06；75.7%湿度下，樟丹颜色变化最大，老化105 d后，△E值为8.11，较大的变化是由a^*、b^*值得变小引起的，橙红色的样板颜色变浅；其次，铅白变化也较大，△E值为7.77，变化由L^*、b^*值的变化引起，即样板表面看来亮度较小，表面泛黄。85%湿度条件下，铅白△E值最大，为8.51，较大的变化同样是由L^*值的减小和b^*值的变大引起；其次，樟丹△E值为8.35，L^*值变大，样板颜色变浅、泛白；群青△E值也较大，为7.81，样板颜色稍有变浅。95%湿度下，群青△E值变化显著，老化12 d时表面长出黑色的霉斑，L^*值逐渐变小。老化105 d后，△E值达到了24.85。其次，樟丹色差变化也很大，a^*、b^*值下降幅度较大，老化105 d，△E值为15.91。实验中发现樟丹颜料周边长出白色的絮状霉菌，可能霉菌在体内的氧化还原酶的作用下，产生超氧自由基$O^{2-}·$，超氧自由基不稳定易生成H_2O_2，在H_2O_2的氧化作用下可导致樟丹的褪变色[24]。交替湿度老化中，樟丹颜料颜色变化最大，△E值为9.41，其次，铅白变化也较大，△E值为6.38，样板稍有变黄。由于油饰彩画本身还有一定的湿度，它的保存也需要在一定的湿度环境中，干燥的环境会导致油饰彩画的粉化、脱落。从上述数据分析可见，55%的湿度环境最有利于油饰彩画颜色的保持。

（3）通过将紫外光辐射与高温（$T=50℃$）、高湿（$RH \geqslant 85\%$）、常温常湿（$T=13℃\sim 32℃$，$RH=55\%$）环境下单位时间色差率（色差率$=\Delta E/t$）计算并比较可知，紫外光辐射1 d大约相当于高温50℃老化4 d，85%以上高湿老化26d，常温常湿老化65d。

表6-19 RH=33% 老化的 a*、b*、L* 及 ΔE 值随老化时间的变化

老化时间/d		老化样品							
		银朱	朱砂	樟丹	石黄	群青	石绿	铅白	油饰
0	L*	50.37	45.44	57.04	74.46	39.09	64.96	89.38	41.66
	a*	27.86	26.15	41.49	0.27	21.34	-21.39	0.30	0.57
	b*	8.31	9.13	33.88	45.85	-53.28	7.60	6.94	-0.85
6	L*	50.37	45.37	55.48	74.70	39.46	64.77	88.69	40.79
	a*	27.68	25.86	41.55	-0.0017	21.00	-21.42	0.35	0.51
	b*	8.43	9.28	33.97	45.80	-52.75	8.00	7.18	-0.22
	ΔE	0.22	0.34	1.56	0.37	0.73	0.45	0.73	1.07
12	L*	50.43	45.56	55.59	74.61	39.33	65.08	88.22	41.72
	a*	27.71	25.94	41.16	-0.064	20.89	-21.45	0.30	0.41
	b*	8.49	9.43	33.28	45.78	-52.56	8.06	7.06	0.47
	ΔE	0.24	0.38	1.60	0.37	0.89	0.49	1.16	1.33
20	L*	50.22	45.70	55.51	74.19	39.14	64.79	88.21	41.31
	a*	27.90	26.07	40.98	-0.08	20.92	-21.86	0.34	0.47
	b*	8.51	9.46	33.62	45.47	-52.42	8.15	6.98	0.44
	ΔE	0.25	0.43	1.63	0.58	0.96	0.74	1.17	1.33
26	L*	50.45	45.70	55.34	74.67	38.82	64.33	88.11	41.68
	a*	27.84	26.02	41.25	-0.28	20.95	-20.84	0.36	0.41
	b*	8.70	9.57	33.26	46.00	-52.42	7.66	7.12	0.65
	ΔE	0.40	0.53	1.82	0.61	0.99	0.83	1.28	1.49
32	L*	50.34	45.99	55.41	74.64	39.54	64.22	87.92	41.27
	a*	27.98	26.03	40.82	-0.21	20.79	-20.98	0.32	0.44
	b*	8.74	9.26	32.87	45.49	-52.57	7.81	6.90	0.70
	ΔE	0.44	0.57	2.03	0.63	1.01	0.87	1.46	1.60
38	L*	50.02	45.45	55.09	74.82	39.12	65.47	87.83	41.87
	a*	27.46	26.30	41.22	-0.25	20.55	-20.83	0.35	0.34
	b*	8.41	9.75	33.17	45.88	-52.00	8.03	6.85	0.86
	ΔE	0.54	0.64	2.09	0.64	1.51	0.87	1.55	1.74

续表

老化时间/d		老化样品							
		银朱	朱砂	樟丹	石黄	群青	石绿	铅白	油饰
84	L*	49.88	45.41	56.10	74.42	39.67	64.98	87.67	42.26
	a*	27.39	26.62	40.51	−0.18	20.52	−21.95	0.38	0.49
	b*	8.51	9.76	31.91	45.36	−52.04	8.31	6.87	1.37
	ΔE	0.71	0.78	2.40	0.66	1.60	0.94	1.71	2.30
105	L*	49.40	45.24	55.45	74.86	39.71	64.27	87.25	42.03
	a*	28.51	25.56	39.45	−0.92	19.33	−21.98	0.41	0.27
	b*	9.85	10.27	33.13	44.93	−52.07	8.20	6.83	1.63
	ΔE	1.93	1.30	2.69	1.56	2.43	1.09	2.14	2.53

表6-20 RH=44% 老化的 a*、b*、L* 及 ΔE 值随老化时间的变化

老化时间/d		老化样品							
		银朱	朱砂	樟丹	石黄	群青	石绿	铅白	油饰
0	L*	50.90	44.42	55.54	72.02	39.86	65.11	89.25	41.33
	a*	28.98	22.80	39.85	−0.38	20.18	−22.62	0.11	0.76
	b*	8.72	6.58	31.83	43.08	−52.64	7.92	5.75	−1.13
6	L*	51.07	44.35	55.10	72.35	40.14	64.82	89.15	40.27
	a*	29.22	23.21	39.72	−0.51	20.29	−22.61	0.05	0.63
	b*	8.96	6.83	32.40	43.36	−52.76	8.29	5.53	−0.44
	ΔE	0.38	0.48	0.73	0.45	0.32	0.46	0.25	1.26
12	L*	51.00	44.27	55.50	72.91	40.15	64.75	88.63	40.04
	a*	29.25	23.10	40.42	−0.85	20.27	−22.63	0.12	0.72
	b*	9.06	6.94	32.59	44.00	−52.45	8.24	5.67	−0.95
	ΔE	0.45	0.49	0.94	1.36	0.36	0.48	0.63	1.30
20	L*	50.98	44.42	54.28	72.93	40.20	64.71	88.47	40.04
	a*	29.32	23.18	39.79	−1.27	20.44	−22.68	0.12	0.72
	b*	9.11	6.92	31.57	42.29	−52.82	8.29	5.41	−0.94
	ΔE	0.52	0.50	1.29	1.50	0.47	0.55	0.85	1.30

续表

老化时间/d		老化样品							
		银朱	朱砂	樟丹	石黄	群青	石绿	铅白	油饰
26	L*	50.88	44.59	54.39	73.28	40.25	64.67	87.56	40.01
	a*	29.44	23.18	40.08	−0.73	19.98	−22.65	0.12	0.70
	b*	9.23	7.16	32.62	44.12	−52.39	8.24	5.28	−0.86
	ΔE	0.69	0.72	1.40	1.66	0.50	0.55	1.75	1.34
32	L*	51.07	44.67	54.08	73.52	40.29	64.40	87.41	40.82
	a*	29.53	23.24	39.67	−0.86	19.86	−22.57	0.15	0.83
	b*	9.36	7.16	31.77	44.42	−52.24	8.26	5.37	−0.12
	ΔE	0.86	0.77	1.47	2.06	0.67	0.79	1.88	1.35
38	L*	51.18	44.45	53.70	73.49	40.33	64.36	87.29	39.96
	a*	29.62	23.50	38.92	−1.03	19.81	−22.49	0.06	0.69
	b*	9.39	7.01	31.16	44.54	−52.08	8.15	5.34	−0.64
	ΔE	0.96	0.82	2.17	2.16	0.82	0.80	2.00	1.45
84	L*	51.14	44.13	53.56	73.74	40.19	65.80	87.96	39.91
	a*	29.71	22.68	38.76	−1.02	19.67	−22.21	0.03	0.72
	b*	9.34	7.65	31.28	44.41	−52.02	8.20	3.43	−0.73
	ΔE	0.99	1.12	2.33	2.26	0.86	0.84	2.66	1.48
105	L*	51.94	44.36	54.82	73.68	40.94	64.15	87.54	39.77
	a*	28.90	23.96	36.45	−0.95	19.14	−22.41	0.009	0.73
	b*	9.85	7.31	30.13	44.56	−50.37	8.16	3.45	−0.96
	ΔE	1.54	1.37	3.87	2.29	2.72	1.02	2.87	1.56

表6-21 RH=55% 老化的 a*、b*、L* 及 ΔE 值随老化时间的变化

老化时间/d		老化样品							
		银朱	朱砂	樟丹	石黄	群青	石绿	铅白	油饰
0	L*	50.15	48.01	56.41	74.18	39.29	66.42	86.86	40.52
	a*	27.71	25.49	41.09	−0.18	21.22	−22.29	0.15	0.87
	b*	9.01	7.43	32.85	45.39	−53.15	7.98	5.42	−0.42
6	L*	50.01	47.93	55.34	74.21	39.43	66.28	86.60	40.53
	a*	27.81	25.41	40.92	−0.33	21.20	−22.34	0.69	0.82
	b*	9.19	7.45	32.63	45.62	−53.27	8.30	8.13	−0.25
	ΔE	0.25	0.11	1.10	0.27	0.19	0.35	2.78	0.17

续表

老化时间/d		老化样品							
		银朱	朱砂	樟丹	石黄	群青	石绿	铅白	油饰
12	L*	50.19	48.05	55.01	74.16	39.35	66.07	86.46	40.62
	a*	27.97	25.30	40.59	-0.39	20.82	-22.26	0.63	0.73
	b*	9.34	7.28	32.33	45.66	-52.65	8.17	8.12	-0.25
	ΔE	0.30	0.25	1.57	0.30	0.65	0.40	2.77	0.25
20	L*	50.09	47.74	55.10	74.31	39.00	66.09	86.51	40.81
	a*	27.74	25.25	40.08	-0.51	20.92	-22.09	0.70	0.81
	b*	9.33	7.64	32.48	45.64	-52.65	8.22	8.17	-0.45
	ΔE	0.33	0.41	1.69	0.43	0.65	0.45	2.83	0.30
26	L*	50.13	47.71	54.56	73.86	39.28	66.10	86.48	40.71
	a*	28.12	24.98	40.41	-0.62	20.98	-22.24	0.71	0.78
	b*	9.19	7.53	32.45	45.36	-52.37	8.33	8.21	-0.17
	ΔE	0.45	0.60	2.01	0.57	0.82	0.47	2.87	0.32
32	L*	50.07	48.11	54.19	74.13	39.23	66.02	86.40	40.87
	a*	27.95	25.97	40.40	-0.59	20.64	-22.09	0.78	0.82
	b*	9.41	7.81	32.16	45.82	-52.42	8.21	8.18	-0.47
	ΔE	0.48	0.62	2.42	0.60	0.94	0.50	2.87	0.36
38	L*	50.28	48.20	54.25	74.06	39.06	66.00	86.45	40.86
	a*	27.94	26.08	40.06	-0.66	20.72	-22.13	0.73	0.76
	b*	9.47	7.77	31.64	45.88	-52.12	8.22	8.21	-0.19
	ΔE	0.53	0.71	2.68	0.69	1.17	0.51	2.88	0.42
84	L*	50.05	47.06	54.26	73.53	39.24	65.84	86.36	40.82
	a*	27.27	25.96	40.13	0.09	20.54	-22.27	0.75	0.77
	b*	9.46	7.58	31.51	44.94	-52.16	8.39	8.19	-0.15
	ΔE	0.64	1.07	2.70	0.84	1.21	0.71	2.88	0.42
105	L*	50.99	48.25	56.33	74.44	39.31	65.30	86.41	40.49
	a*	27.40	24.67	38.25	-1.25	20.18	-20.89	0.69	1.03
	b*	9.85	8.51	31.92	43.99	-51.15	7.90	8.30	0.76
	ΔE	1.23	1.38	2.99	1.79	2.25	1.80	2.96	1.19

表6-22　RH=66% 老化的 a*、b*、L* 及 ΔE 值随老化时间的变化

老化时间/d		老化样品							
		银朱	朱砂	樟丹	石黄	群青	石绿	铅白	油饰
0	L*	51.11	48.54	55.85	73.61	39.93	63.95	88.46	40.39
	a*	29.28	26.26	40.71	−0.05	20.38	−22.01	0.18	0.65
	b*	8.80	8.09	32.40	44.89	−52.86	7.66	6.28	−1.02
6	L*	50.78	48.28	55.20	73.25	40.06	63.98	87.94	40.30
	a*	29.21	26.20	41.04	−0.33	20.14	−21.96	−0.02	0.58
	b*	8.94	8.39	32.70	45.45	−52.59	8.15	6.79	−0.71
	ΔE	0.36	0.41	0.80	0.72	0.38	0.49	0.75	0.33
12	L*	50.70	48.12	55.45	73.25	39.68	63.52	87.71	40.20
	a*	29.00	25.91	40.06	−0.51	19.84	−21.72	−0.01	0.59
	b*	8.98	8.19	33.01	45.33	−52.03	8.17	6.41	−0.62
	ΔE	0.53	0.56	0.98	0.73	1.02	0.73	0.79	0.45
20	L*	50.74	48.48	55.50	73.40	39.76	63.63	87.80	40.30
	a*	29.39	26.63	40.34	−0.50	19.79	−21.64	−0.03	0.53
	b*	9.23	8.58	33.66	45.59	−51.98	8.26	7.04	−0.50
	ΔE	0.57	0.62	1.36	0.86	1.07	0.78	1.03	0.55
26	L*	50.86	47.98	56.05	73.22	39.89	62.94	87.31	40.39
	a*	29.58	25.68	41.20	−0.34	19.53	−22.16	0.07	0.52
	b*	9.44	7.93	34.01	45.66	−51.58	8.59	5.81	−0.35
	ΔE	0.75	0.83	1.70	0.91	1.53	1.38	1.25	0.69
32	L*	51.35	47.77	56.47	73.24	39.70	64.50	88.06	40.28
	a*	29.94	25.50	40.90	−0.37	19.39	−22.01	−0.05	0.53
	b*	9.60	7.74	34.77	45.70	−51.24	8.97	7.59	−0.29
	ΔE	1.06	1.14	2.46	0.95	1.91	1.43	1.39	0.75
38	L*	50.13	47.91	55.64	74.13	39.74	62.72	87.33	40.23
	a*	29.36	25.48	41.18	−0.34	19.25	−21.23	−0.07	0.55
	b*	9.21	7.38	34.87	45.82	−51.11	8.03	7.13	−0.15
	ΔE	1.07	1.22	2.52	1.11	2.09	1.51	1.44	0.89

续表

老化时间/d		老化样品							
		银朱	朱砂	樟丹	石黄	群青	石绿	铅白	油饰
84	L*	50.02	48.97	57.48	74.58	39.42	64.43	88.04	40.53
	a*	29.20	25.37	40.87	-0.61	19.09	-20.82	-0.22	0.44
	b*	9.02	8.81	36.01	45.81	-50.63	8.54	8.81	0.16
	ΔE	1.11	1.23	3.96	1.45	2.62	1.56	2.60	1.21
105	L*	52.05	47.41	56.50	75.32	39.77	62.75	86.97	40.13
	a*	29.04	25.64	38.39	-1.15	18.69	-22.24	-0.25	0.63
	b*	9.88	8.08	35.67	44.72	-49.52	8.75	8.94	0.57
	ΔE	1.44	1.29	4.06	2.04	4.43	1.64	3.08	1.61

表6-23 RH=75.7% 老化的 a*、b*、L* 及 ΔE 值随老化时间的变化

老化时间/d		老化样品							
		银朱	朱砂	樟丹	石黄	群青	石绿	铅白	油饰
0	L*	50.58	48.32	56.22	72.56	37.35	69.02	88.46	40.20
	a*	28.89	26.27	40.65	0.28	18.46	-22.04	0.15	1.24
	b*	8.86	7.41	32.29	43.72	-47.88	8.32	5.56	-0.75
6	L*	50.42	47.99	55.64	72.62	38.67	68.06	86.84	39.97
	a*	28.62	25.97	40.17	0.88	19.36	-21.96	0.18	1.02
	b*	8.83	7.45	32.10	44.22	-50.04	8.91	6.43	-0.71
	ΔE	0.32	0.45	0.78	0.78	2.68	1.13	1.84	0.32
12	L*	50.54	47.95	55.77	73.41	40.90	67.63	86.45	40.53
	a*	29.06	26.05	38.24	0.54	18.84	-21.98	0.08	1.18
	b*	9.15	7.63	31.39	43.44	-48.72	8.47	8.34	-0.29
	ΔE	0.34	0.48	2.61	0.93	3.67	1.41	3.43	0.58
20	L*	50.52	48.04	55.91	73.28	39.04	67.75	86.04	40.61
	a*	29.09	26.47	38.18	1.01	19.88	-21.87	-0.02	1.06
	b*	9.36	7.97	31.45	44.97	-50.96	9.15	9.45	-0.19
	ΔE	0.54	0.65	2.62	1.61	3.79	1.53	4.58	0.72
26	L*	49.68	47.97	55.50	73.54	39.02	67.32	86.95	40.38
	a*	28.85	26.48	37.16	0.72	20.08	-21.65	-0.11	1.02
	b*	9.17	7.95	31.35	45.04	-51.30	8.73	9.90	-0.21
	ΔE	0.95	0.67	3.84	1.70	4.13	1.80	4.60	0.62

续表

老化时间 /d		老化样品							
		银朱	朱砂	樟丹	石黄	群青	石绿	铅白	油饰
32	L*	49.97	47.64	57.75	73.56	39.07	66.99	87.07	40.32
	a*	27.90	25.84	37.21	0.92	20.01	−21.81	−0.21	0.95
	b*	8.64	7.56	31.52	45.00	−51.40	9.53	10.71	−0.20
	ΔE	1.18	0.81	3.84	1.74	4.21	2.37	5.35	0.64
38	L*	50.44	47.67	55.91	73.42	39.28	66.69	87.26	40.36
	a*	29.71	26.23	36.70	0.94	19.97	−21.41	−0.03	0.94
	b*	9.76	8.16	30.35	45.14	−51.59	8.42	11.90	−0.09
	ΔE	1.22	0.99	4.41	1.79	4.44	2.42	6.45	0.75
84	L*	50.97	47.57	58.61	73.65	39.28	66.63	85.64	40.76
	a*	27.67	25.79	35.57	0.80	20.27	−21.56	−0.39	1.04
	b*	9.47	7.89	30.79	45.11	−51.81	8.65	11.68	0.72
	ΔE	1.41	1.01	5.81	1.84	4.74	2.47	6.75	1.59
105	L*	49.45	47.07	56.47	73.58	39.30	66.47	86.89	40.32
	a*	27.30	26.02	34.21	1.07	20.42	−20.84	−0.17	1.24
	b*	9.62	8.70	29.07	45.37	−51.89	9.15	13.16	1.32
	ΔE	2.09	1.81	8.11	2.09	4.86	2.94	7.77	2.07

表6-24 RH=85% 老化的 a*、b*、L* 及 ΔE 值随老化时间的变化

老化时间 /d		老化样品							
		银朱	朱砂	樟丹	石黄	群青	石绿	铅白	油饰
0	L*	51.57	47.29	55.01	73.34	39.96	67.23	89.49	39.65
	a*	29.70	24.44	39.92	−0.13	21.39	−23.27	0.55	0.71
	b*	9.35	6.70	31.29	44.49	−54.17	8.49	7.53	−0.89
6	L*	50.96	47.42	55.02	73.12	39.77	67.26	87.03	39.40
	a*	29.80	24.40	39.62	0.45	20.21	−22.75	0.46	0.92
	b*	9.78	6.73	31.38	45.14	−51.72	9.06	9.03	−0.55
	ΔE	0.75	0.14	0.31	0.90	2.72	0.78	2.88	0.47
12	L*	50.23	47.47	55.83	72.85	39.30	66.34	86.49	40.82
	a*	30.31	24.92	39.23	0.59	19.40	−22.42	−0.09	0.98
	b*	10.40	7.19	32.26	45.04	−50.61	9.47	11.06	0.56
	ΔE	1.80	0.71	1.45	1.04	4.13	1.57	4.68	1.89

续表

老化时间 /d		老化样品							
		银朱	朱砂	樟丹	石黄	群青	石绿	铅白	油饰
20	L*	49.77	47.23	55.43	73.05	39.06	65.84	85.46	40.69
	a*	30.69	25.35	38.57	0.79	19.55	−22.31	−0.47	1.02
	b*	10.69	7.42	31.81	45.11	−50.18	9.59	12.23	0.41
	ΔE	2.45	1.16	1.51	1.15	4.49	2.02	6.28	1.70
26	L*	50.21	47.12	56.46	73.04	39.10	65.65	84.65	40.96
	a*	31.29	25.36	38.01	0.66	19.37	−22.14	−0.39	0.98
	b*	11.22	7.57	32.07	45.30	−50.14	9.64	11.54	0.60
	ΔE	2.80	1.28	2.52	1.17	4.59	2.26	6.35	2.00
32	L*	49.67	47.23	56.68	73.08	39.06	65.39	84.41	40.98**
	a*	31.23	25.51	37.15	0.65	19.32	−22.24	−0.71	0.99
	b*	11.19	7.54	31.76	45.42	−50.15	9.38	12.37	0.80
	ΔE	3.05	1.37	3.27	1.24	4.61	2.29	7.13	2.17
38	L*	49.70	47.86	56.70	73.74	39.24	66.37	85.13	40.65
	a*	31.43	25.03	36.51	0.66	18.91	−21.43	−0.51	0.69
	b*	11.26	8.27	31.35	45.40	−49.23	10.10	13.27	1.87
	ΔE	3.19	1.78	3.81	1.27	5.58	2.60	7.28	2.94
84	L*	49.42	47.49	57.53	72.49	38.30	65.31	83.55	41.75
	a*	31.67	25.97	34.52	0.31	18.99	−22.01	−0.43	0.83
	b*	11.50	7.78	30.56	43.36	−48.78	9.94	13.01	1.28
	ΔE	3.62	1.89	6.01	1.48	6.13	2.72	8.13	3.02*
105	L*	50.92	47.02	58.70	72.25	40.97	65.40	83.88	40.42
	a*	32.20	26.02	32.58	0.073	18.06	−21.93	−0.39	0.49
	b*	12.86	7.94	29.82	43.03	−47.18	10.23	13.86	2.05
	ΔE	4.36	2.03	8.35	1.84	7.81	2.86	8.51	3.05

表6-25 RH=97% 老化的 a*、b*、L* 及 ΔE 值随老化时间的变化

老化时间 /d		老化样品							
		银朱	朱砂	樟丹	石黄	群青	石绿	铅白	油饰
0	L*	51.74	48.93	56.22	74.68	39.15	65.44	82.14	39.67
	a*	29.94	26.47	40.66	0.41	21.33	−22.44	0.02	0.74
	b*	9.19	7.96	32.39	45.41	−52.85	8.00	3.18	−1.10

续表

老化时间 /d		老化样品							
		银朱	朱砂	樟丹	石黄	群青	石绿	铅白	油饰
6	L*	51.69	49.24	55.88	74.02	39.14	65.53	78.66	39.30
	a*	29.44	26.63	38.62	−0.07	19.11	−22.54	−0.43	1.11
	b*	9.75	8.84	31.46	46.23	−48.81	8.95	8.82	−0.86
	ΔE	0.75	0.94	2.27	1.16	4.61	0.96	6.64	0.57
12	L*	51.54	48.88	56.06	73.70	38.69	64.60	77.64	39.64
	a*	29.01	25.35	36.84	−0.20	18.90	−22.02	−0.38	1.19
	b*	9.22	7.88	31.50	45.30	−47.80	9.31	8.25	−0.46
	ΔE	0.96	1.13	3.92	1.16	5.62	1.62	6.80	0.78
20	L*	50.97	48.22	54.65	73.69	37.93	63.50	78.08	39.66
	a*	29.87	26.89	35.88	−0.57	18.76	−21.54	−0.51	1.21
	b*	10.40	9.37	29.99	45.94	−45.86	9.48	8.72	−0.52
	ΔE	1.43	1.63	5.57	1.49	7.55	2.60	6.89	0.74
26	L*	50.70	48.62	54.57	73.53	37.78	63.19	78.08	40.65
	a*	29.78	27.35	34.53	0.54	18.61	−21.58	−0.50	1.07
	b*	10.51	9.54	29.08	44.22	−45.69	9.39	8.96	0.34
	ΔE	1.69	1.83	7.16	1.66	7.78	2.79	7.09	1.78
32	L*	50.37	48.15	55.47	73.85	36.88	62.84	76.34	41.13
	a*	30.48	27.15	33.53	0.99	18.03	−22.03	−0.20	1.12
	b*	11.05	9.55	29.49	44.26	−42.85	9.18	7.81	1.07
	ΔE	2.37	1.89	7.73	1.53	10.77	2.89	7.42	2.64
38	L*	50.06	47.56	54.61	73.37	36.03	62.70	74.93	42.87
	a*	30.62	27.04	32.5	−0.17	17.67	−21.70	0.01	0.81*
	b*	10.90	9.44	27.95	45.00	−41.93	9.45	7.50	2.86*
	ΔE	2.49	2.09	9.43	1.49	11.93	3.20	8.41	5.09*
84	L*	49.74	48.02	54.92	72.88	36.08	60.72	74.06	43.71
	a*	31.62	27.60	30.55	0.23	15.97	−20.19	0.03	−0.067
	b*	11.76	9.84	27.78	44.39	−38.49	8.18	7.86	4.67
	ΔE	3.66	2.37	11.18	2.08	15.64	5.24	9.34	7.09

续表

老化时间/d		老化样品							
		银朱	朱砂	樟丹	石黄	群青	石绿	铅白	油饰
105	L*	50.34	48.08	55.17	72.49	35.53	60.42	74.01	43.59*
	a*	31.69	27.90	26.49	-1.06	13.70	-20.95	0.02	0.59
	b*	12.81	10.99	25.22	43.12	-29.47	9.13	8.99	3.07
	ΔE	4.25	3.45	15.91	3.49	24.85	5.36	9.99	5.73

表6-26 交替老化的a*、b*、L*及ΔE值随老化时间的变化

老化时间/d		老化样品							
		银朱	朱砂	樟丹	石黄	群青	石绿	铅白	油饰
0	L*	43.94	50.53	56.77	74.51	39.41	66.74	84.06	40.58
	a*	22.71	28.30	40.68	-0.25	20.44	-22.86	0.47	0.81
	b*	5.66	8.41	33.01	45.64	-52.27	8.20	6.06	-0.60
6	L*	43.28	50.82	56.12	74.23	39.68	65.83	79.68	40.66
	a*	25.80	28.31	39.06	-0.02	20.35	-22.28	0.37	0.89
	b*	7.13	9.11	32.36	45.05	-52.01	8.63	8.94	-0.35
	ΔE	3.48	0.76	1.86	0.69	0.38	1.16	5.24	0.28
12	L*	44.28	50.10	56.06	73.90	39.07	65.77	79.20	40.90
	a*	25.50	29.05	39.05	0.14	20.28	-22.26	0.25	0.75
	b*	7.70	9.56	32.15	45.49	-51.37	8.55	9.35	-0.30
	ΔE	3.47	1.44	1.98	0.74	0.98	1.19	5.87	0.45
18	L*	43.17	50.59	56.30	73.80	39.39	65.34	79.40	40.96
	a*	25.79	29.01	38.75	0.31	20.20	-22.26	0.39	0.71
	b*	8.38	9.77	32.13	45.23	-51.26	8.76	10.21	0.16
	ΔE	4.18	1.54	2.18	0.99	1.04	1.62	6.24	0.86
32	L*	43.63	50.95	57.10	73.62	39.25	65.01	80.03	41.12
	a*	26.45	29.6	38.39	0.31	20.10	-22.33	0.047	0.90
	b*	7.62	9.95	33.11	45.34	-51.30	8.99	10.93	0.15
	ΔE	4.23	1.97	2.32	1.09	1.04	1.97	6.34	0.93
84	L*	43.21	48.82	55.82	72.06	38.64	64.00	80.66	40.96
	a*	25.91	29.63	35.97	0.45	18.32	-21.52	0.25	0.61
	b*	8.73	10.03	30.09	41.67	-48.03	9.73	11.62	0.62
	ΔE	4.49	2.70	5.62	4.71	4.80	3.41	6.52	1.30

续表

老化时间 /d		老化样品							
		银朱	朱砂	樟丹	石黄	群青	石绿	铅白	油饰
105	L*	43.83	49.15	55.33	71.21	38.74	62.63	80.07	40.45
	a*	26.74	29.64	32.18	0.74	18.11	−21.40	0.20	0.84
	b*	8.99	10.77	29.24	41.00	−47.93	8.89	11.03	0.73
	ΔE	5.23	3.04	9.41	5.78	4.97	4.41	6.38	1.33

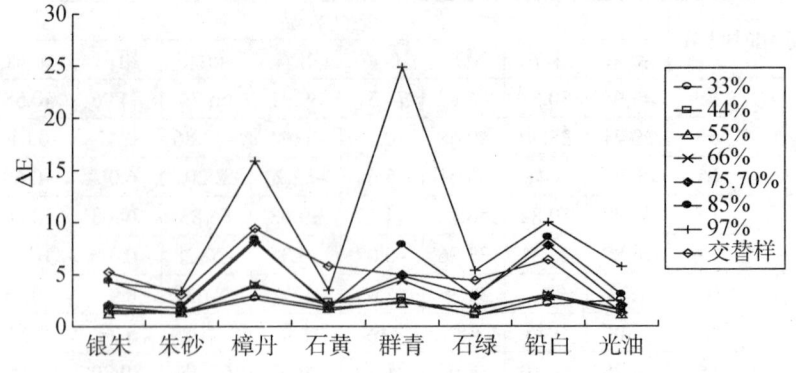

图6-18 各湿度下老化105d后油饰彩画样板的△E值

6.4.2.3 光油光泽度变化分析

由于颜料本身属低光泽度，光泽度均不到10GS，故随着湿度老化实验时间的延长，各颜料光泽度变化很小，不能以颜料光泽度的变化探讨湿度对油饰彩画的影响。然而，不同湿度下的光油样板随着老化时间的延长，光泽度均有较明显的下降（见图6-19）。湿度大于75.7%时，光油光泽度下降幅度较大。老化84d后，85%湿度下，光油光泽度减少了23.5GS，样品表面变晦暗。33%的低湿条件下，光泽度下降较明显，减少了19.6GS。55%中等湿度下，光泽度下降了7.6GS，而在66%的湿度条件下，光泽度下降最少，仅为6.2GS。可见66%及55%的中湿环境最适于油饰的保存。

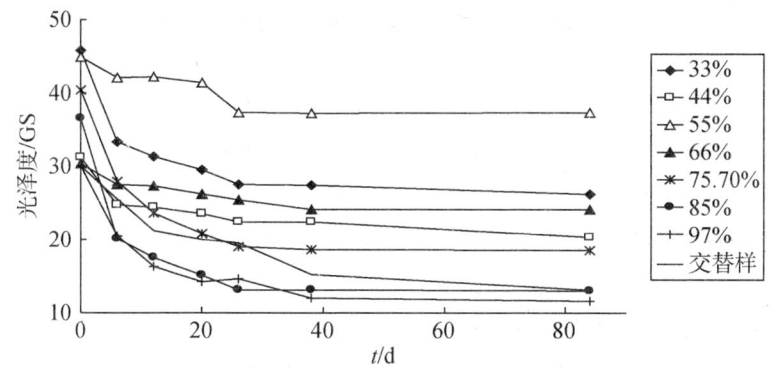

图6-19 不同湿度条件下光油老化后光泽度变化

6.4.2.4 光油膜高湿老化机理

测试相对湿度为84%条件下的光油膜老化前后紫外光谱变化情况可知（见图6-20），高湿老化24h，274.6nm处吸收峰的摩尔吸光系数降低较少，仅为18%；老化24d后，高湿老化样的摩尔吸光系数降低为原来的87%（见表6-27），可见高湿环境对于桐油中3个共轭双键的影响较紫外、高温老化小得多，高湿可促使桐油中共轭双键的氧化。

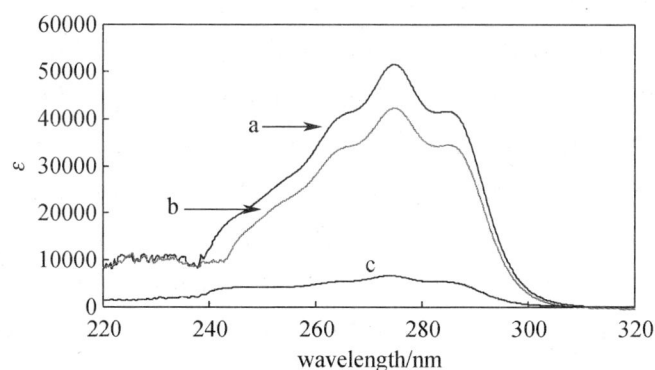

图6-20 高湿老化光油膜紫外光谱图
(a.未老化光油膜样; b.老化24h样; c.老化24d样)

表6-27　光油膜老化前后在274.6nm处摩尔吸光系数（ε）对比

老化条件	老化前	老化24h	老化24天	老化一个月
室温放置	5.16×10^4	—	—	2.61×10^3
高湿老化（85%）	5.16×10^4	4.22×10^4	6.63×10^3	—
高温老化（40℃）	5.16×10^4	2.42×10^4	1.41×10^2	—
UVB灯老化	5.16×10^4	2.82×10^4	16	—

6.4.2.5 湿度实验中的微生物分析

在97%的实验箱中放置7d后，即发现银朱表面出现少量白色霉菌，随后白色霉斑逐渐呈放射状生长，形成黑褐色绒毛状霉菌；当放置12d后，群青表面也滋生霉菌，表面发暗；老化26d，石绿表面出现少量白色霉斑；放置84d，樟丹表面泛黑，铅白发黄，但并未出现霉斑；老化105d时，群青、银朱、樟丹、铅白、石黄等样板表面霉菌滋生严重。可能因为群青颜料易吸附空气中的水分，银朱、樟丹等颜料含胶量较高而易于导致霉菌滋生。该霉菌可能主要为黑曲霉群[25]，菌落生长较慢，初为白色，厚绒状，渐老熟后逐渐变为浅黄色至黑褐色，分生孢子头幼时球形，逐变为放射状，分生孢子梗自基质生出，长短不一。

霉菌会对彩画造成很大的损害。首先，霉菌需要从外界环境吸收营养物质以维持生存。对于彩绘文物中的有机粘合剂大分子物质，霉菌会分泌出相应的胞外酶，把大分子物质水解成能溶于水的小分子物质后，再被霉菌吸收利用。霉菌对这些大分子物质的吸收分解过程，就是彩绘文物材质被破坏的过程。霉菌产生的各种酶类直接对彩绘类文物绘画材料和基质进行降解，受到破坏最严重的当推胶结材料和有机颜料。

其次，微生物代谢过程中产生的各种有机弱酸对彩绘文物的风化有加速作用。各种酸性代谢产物，使它周围环境的酸度增加，环境pH值的变化对彩绘类文物尤其是对颜料层和其中的胶结材料造成腐蚀和加速风化破坏作用。如曲霉属中的黄曲霉、黑曲霉能产生柠檬酸、草酸、葡萄糖酸等多种有机酸；白曲霉则有很强的蛋白质分解能力；葡萄状穗霉含有很强的纤维素酶；枝孢霉和交链孢霉则是典型的腐霉。分解蛋白质的白曲霉也有可能分解颜料层的动物胶，纤维素酶分解地伏中的麻纤维。这些因素都易造成彩画颜料层的起甲脱落，霉菌又促使铅丹、铅白在产生的 H_2O_2 氧化下褪色、变色。

另外，霉菌产生的各种色素及霉菌死体沉积于彩绘文物表面破坏了画面。由于菌体本身的堆积或它所产生的黏性物质，形成蚀烂部位的高度吸湿性，彩绘文物的这些部位变软、发潮、发黏，并散发出难闻的气味。还有，霉菌大都有菌丝，菌丝侵入彩绘文物颜料层之内，也会对彩绘文物造成危害。

6.4.3 小结

通过对湿度模拟实验各油饰彩画样板颜色、光油光泽度、对基层的附着力、高湿老化光油紫外可见光谱、湿度实验中的霉菌分析等表明：

（1）群青、樟丹、铅白、银朱对湿度比较敏感，特别在高湿条件下，群青、樟丹、铅白、银朱等颜料表面长霉，颜色变化最为显著；而石黄、朱砂、光油、石绿较耐老化。可能因为高湿下群青颜料易吸附空气中的水分，银朱、樟丹等颜料含胶量较高而易于导致霉菌滋生。

（2）光油高湿老化紫外光谱表明，高湿环境对于桐油中3个共轭双键的影响较紫外、高温老化小得多。

（3）样板在75.7%以上的高湿条件下不稳定，55%~66%的中湿条件最有利于油饰彩画的保存。

6.5 大气降尘对色彩的影响

大气中悬浮在空气中的尘埃直径超过15 μm时会沉降形成大气降尘。存在于大气环境中的古建油饰彩画受降尘影响较为严重，不但直接影响外观，而且促使了颜料及其胶结物质的化学反应，使彩绘褪变色、脱落。降尘与油饰彩画表面材料的某些性质比较接近，由于它的颗粒比较小（10埃~100微米），受到了四种力的作用（静电作用、极化作用、氢键、范德华力），一旦沉积于表面就很难选择一个理想的方法，在不损害文物的前提下将其除去[26]。因此研究西安地区室内外大气降尘量以及对古建油饰彩画样块的影响程度及机理对于后续的降尘清除具有重要的指导意义。

6.5.1 集尘实验方法

6.5.1.1 室外集尘

采用自然集尘法中的湿法集尘[27-29]，将油饰及颜料样板块水平置于实验室窗外，与集尘缸（1000 mL 烧杯、口径12 cm）并排放置，集尘缸距地面7米，采样口距室内地面2.6 m，可避免屋内扬尘影响。在集尘缸内倒入700 mL 的蒸馏水，然后再加入8 mL、0.05 mol/L 的 $CuSO_4$ 溶液（抑制微生物及藻类生长），开始集尘。

6.5.1.2 室内集尘

采用湿法集尘，将油饰及颜料水平放在靠近窗口的实验台上，与集尘缸（1000 mL 烧杯、口径12 cm）一起并排放置，集尘缸距室内地面1.5 m。在集尘缸内倒入500 mL 的蒸馏水，然后再加入8 mL、0.05 mol/L 的 $CuSO_4$ 溶液，开始集尘。

6.5.1.3 集尘量测定

按照灰尘自然降尘法重量法进行集尘量分析[30]。步骤如下：

①瓷坩埚的准备。将瓷坩埚洗净，编号，在 105 ± 5 ℃烘箱内烘3小时，取出放在干燥器内，冷却50 min，在分析天平上称重，再在 105 ± 5 ℃烘箱内烘50 min，冷却50 min，再称重，直至恒重（两次重量之差小于0.4 mg），此值为 Wa。

②用蒸馏水将附着的细小尘粒冲洗入集尘缸内，在可调温电炉上小心蒸发，使体积浓缩至10 mL~20 mL。将集尘缸中溶液和尘粒转移至已恒重的瓷坩埚中，用蒸馏水冲洗粘附在集尘缸壁上的尘粒，倒入瓷坩埚中。小心蒸干后，于 105 ± 5 ℃烘箱内烘干至恒重 W。

③配制8 mL、0.05 mol/L $CuSO_4$ 溶液倒入已恒重瓷坩埚中，在电炉上小心蒸发，蒸干后于 105 ± 5 ℃烘箱内烘干至恒重 Wc。

④ 计算。由公式，M 降尘量 $[t/km^2 \cdot 月] = [(W-W_a-W_C)/(S \cdot n)] \times 30 \times 10^4$

式中，W- 降尘和瓷坩埚重量(g)；Wa- 瓷坩埚重量(g)；Wc-0.05 mol/L 的 $CuSO_4$ 溶液 8.00 mL 经蒸发并烘干后的重量(g)；S- 集尘缸口面积(cm^2)；n- 集尘天数(精确到0.1天)。

6.5.2 结果与讨论

6.5.2.1 集尘量实验结果

（1）5月份室外集尘量

M 降尘量$[t/km^2 \cdot 月] = [(33.0960-32.7522-0.018)/36\pi \times 30] \times 30 \times 10^4$

$= 28.82\ t/km^2 \cdot 月$

（2）6月~11月份室内集尘量

M 降尘量$[t/km^2 \cdot 月] = [(32.8481-32.7513-0.0665)/36\pi \times 150] \times 30 \times 10^4$

$= 0.5361\ t/km^2 \cdot 月$

（3）结果分析

经自记式周记温湿度计测量，5月份期间室外温度范围为23℃~39℃，湿度范围为52%~100%。因五月份大风天气居多，降水较少，集尘量较大，达到了 28.82 $t/km^2 \cdot 月$，与所查西安地区降尘量接近[30]。室内集尘实验从6月份开始到11月份，共集尘5个月，降尘量较少，仅为 0.5361 $t/km^2 \cdot 月$。经温湿度计(周记)测量，该环境温度范围为13℃~32℃，湿度范围为48.1%~66%，温湿度变化幅度缓慢，集尘量远远小于室外集尘量。

6.5.2.2 漫反射光谱分析

表6-28和表6-29为一麻五灰地仗样板室外集尘1个月和室内集尘5个月漫反射光谱变化。可见颜料和油饰样板在室内外水平放置后，表面均吸附了一层灰尘，其中群青 ΔE 变化最大，室外达到了24.7，室内为23.46，ΔE 的变化主要由 b* 值的明显变大引起，即群青表面颜色由

于灰尘的黏附而泛黄。从色彩学角度讲，蓝色与黄色为互补色。互补色是彼此之间最不一样的颜色，群青颜料可能因为与降尘颜色区别最大，所以颜色变化也最明显。其次色差变化较大的为油饰，室外 ΔE 达到了 20.19，室内为 15.77，蒙上灰尘后油饰亮度 L 值均有很大幅度的减小；樟丹 ΔE 变化也较大，室外为 11.36，室内为 15.43，分析其变化是由 a^*、b^* 值的变小引起，即樟丹落尘后红黄色被覆盖；石黄、石绿等 ΔE 变化较小。室外集尘 1 个月对样板的影响稍大于室内集尘 5 个月的影响。

表6-28　2007年5月份室外油饰彩画集尘样板 a^*、b^*、L^* 及 ΔE 值随老化时间的变化

老化时间/d		老化样品							
		银朱	朱砂	樟丹	石黄	群青	石绿	铅白	油饰
0	L^*	49.17	46.56	54.40	68.51	40.79	72.61	85.35	88.04
	a^*	31.23	27.75	37.13	1.28	20.61	-22.14	0.33	-0.61
	b^*	9.44	7.36	29.58	37.98	-54.53	7.64	5.73	19.52
30	L^*	52.79	52.68	58.38	68.80	46.23	67.72	77.62	68.27
	a^*	21.99	20.15	29.06	2.33	10.81	-15.78	2.59	3.48
	b^*	8.43	7.52	22.66	33.22	-32.52	9.03	11.40	19.23
	ΔE	9.98	9.76	11.36	4.88	24.7	8.14	9.85	20.19

表6-29　2007年6月-11月室内油饰彩画集尘样板 a^*、b^*、L^* 及 ΔE 值随老化时间的变化

老化时间/d		老化样品							
		银朱	朱砂	樟丹	石黄	群青	石绿	铅白	油饰
0	L^*	50.38	48.36	56.92	72.49	38.95	76.32	88.24	88.15
	a^*	31.84	28.59	39.00	0.96	21.47	-20.79	0.35	-1.00
	b^*	9.87	7.43	31.56	41.38	-51.97	7.24	5.10	20.94
150	L^*	51.19	50.56	58.36	68.16	44.85	70.38	79.29	75.02
	a^*	23.13	21.57	27.15	0.35	11.31	-15.39	1.29	3.14
	b^*	8.02	6.68	21.79	33.32	-31.67	7.79	7.80	28.63
	ΔE	8.93	7.40	15.43	9.18	23.46	8.04	9.40	15.77

6.5.2.3 降尘成分分析

尘埃的化学成分随地区不同而不同。有人曾对文物环境中有关悬浮在空气中的颗粒物成分进行过分析。发现粒径在1 μm以下含硫,1 μm以上含氯、钙较明显。颗粒的化学性质受其化学组成和表面可能吸附气体的性质的影响。屈建军等对所采集尘样进行偏光显微分析发现,降尘主要为轻矿物,主要是石英(47.2%)、长石(29.25%)、方解石(17.25%)、白云母(1.25%)等。粒径主要集中在0.005mm-0.05mm,平均粒径0.03mm,以粘粒为主[31]。

本实验用自然沉降法干法收集西安地区室外降尘。分析降尘的X射线衍射图及与JCPDS标准数据对比可知其中含有灰白色石英SiO_2、方解石$CaCO_3$、伊利石$(K, H_3O) Al_3Si_3AlO_{10}(OH)_2$、钙长石$(Ca, Na)(Si, Al)_4O_8$等(见图6-21及表6-30)。以黄土物质为主的自然降尘是一种未充分胶结的黏土粉砂,质地疏松、颗粒细小。这些成分结构松散易于吸收空气中的水分,在文物表面形成一层相对湿度高的灰尘层,为有害化学气体的渗入提供了基础,有的降尘还带有强烈的腐蚀性,它本身也能吸附空气中的化学杂质而带有酸、碱性,从而导致彩绘文物颜料变色、褪色。据研究,颗粒越小,比表面积越大,越易于吸附有害物质,危害越严重。同时,灰尘也是微生物寄生与繁殖的掩护体。降尘对彩绘文物颜料的影响还在于它有时能破坏颜料胶结材料,极细的颗粒易侵入颜料层内,或穿插于颜料颗粒中间,使得颜料层变得疏松微动,易于剥落;或与颜料发生化学反应,使其褪色、变色。此外,降尘的形态以棱角状和次棱角状为主(83%),圆状等仅占3%。这种棱角状与高硬度的石英颗粒在湍流的作用下,对彩绘表面腐蚀褪色严重。

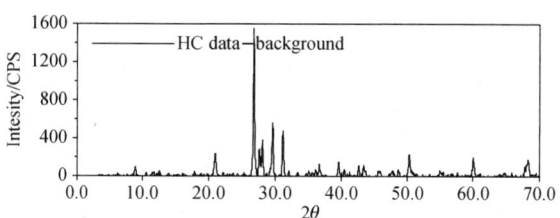

图6-21 室外大气降尘的X射线衍射图

表6-30 大气降尘 XRD 分析结果与 JCPDS 标准数据比较

干法集尘样		SiO_2 (46-1045)		$CaCO_3$ (5-586)		$(K, H_3O)Al_2Si_3AlO1_0(OH)_2$ (26-911)		$(Ca, Na)(Si, Al)_4O_8$ (18-1202)	
d(A)	I/I_0	d(A)	I/I_0	d(A)	I/I_0	d(A)	I/I_0	d(A)	I/I_0
9.7851	342					10.000	90		
4.2249	299	4.2550	16						
3.3287	1568	3.3435	100			3.3400	100	3.3650	30
3.2298	299					3.2000	16	3.2100	70
3.1740	404							3.1810	100
3.0164	552			3.0350	100			3.0270	25
2.8720	441			2.8450	3	2.8670	12	2.8340	30
2.4474	110	2.4569	9	2.4950	14	2.4630	8		
2.2742	114	2.2815	8	2.2850	18	2.2410	4	2.2820	2
2.1198	77	2.1277	6					2.1260	20
2.0842	74			2.0950	18	2.0050	50	2.0190	2
1.8143	123	1.8180	13	1.8750	17			1.8190	2
1.5392	94	1.5415	9	1.5250	5				
1.3716	77	1.3750	7						

6.5.3 小结

通过自然集尘法考察大气降尘对室内外油饰彩画颜色、光泽度及大气降尘量、成分的分析得出以下结论：

（1）室外降尘量远远大于室内降尘量。油饰彩画样板室外集尘1个月的影响稍大于室内集尘5个月。颜料群青 ΔE 变化最大，其次为油饰、樟丹、石黄、石绿等 ΔE 变化较小。因蓝色与黄色为互补色，群青颜料可能因为与灰尘颜色差异最大，吸附灰尘后颜色变化最明显。室内外集尘后，光油和颜料样板的光泽度都基本趋于0。光油光泽度下降幅度最大，其次为群青，其余颜料变化很小。

（2）通过对室外大气降尘进行 XRD 分析知，西安地区降尘的主要成分为石英、方解石、伊利石、钙长石等。这些物质易于吸收大气中的水分,在文物表面形成一层相对湿度高的灰尘层,为有害化学反应的发生带来隐患。

6.6 酸雨对色彩的影响

由于人类大量使用煤、石油、天然气等化石燃料,燃烧后产生的硫氧化物(SO_x)或氮氧化物(NO_x),在大气中经过复杂的化学反应,形成硫酸或硝酸气悬胶,或为云、雨雪、雾捕捉吸收,降到地面成为酸雨[32]。我国酸雨区已占国土面积的30%~40%,居世界第一[33-35]。硫酸和硝酸是酸雨的主要成分[36][37],约占总酸量的90%以上,我国酸雨中硫酸和硝酸的比例约为10:1。一般未被污染的雨水,其酸碱度指数pH值呈弱酸性,通常认为大气降水与二氧化碳气体平衡时的pH值5.6为降水天然酸度。当降水的pH低于5.6时,即为酸雨;pH值越小,酸度越高[38]。

酸雨腐蚀建筑物及一切暴露于空气中的设施及历史文物古迹等,对古建筑、石质文物及金属文物的腐蚀非常严重,许多城市刚落成或装修一新的建筑物在一场酸雨过后,失去光泽,变得暗淡无光,甚至被层层剥落[39][40]。研究降雨对古建油饰彩画的影响对于采取有效措施进行下一步的保护工作有着深远的意义。本研究部分根据西安地区的年降水量及酸雨组成特点,模拟不同pH值的降雨,分析研究喷淋不同时间对古建油饰彩画的影响程度。

6.6.1 实验方法

按 $C_{(SO_4^{2-})}:C_{(NO_3^-)}=8:1$ 配制硫酸/硝酸混合酸液,将酸液用蒸馏水稀释调节成pH各为4、5、6的酸液,并以pH=7的蒸馏水进行对照。在室温下,用喷壶向平行放置的样品块上喷配好的水溶液,每喷完一次待样板表面自然晾干后,考察其表面老化状况。模拟每年的喷水量为27.13 mL,分多次喷完,共喷10次。实验模拟三年降水,共计喷水量为81.39 mL。

6.6.2 结果与讨论

6.6.2.1 降雨实验条件的选择

陕西省是一个南北窄长的省份。秦岭以北，关中地区渭南、铜川和西安等地，酸雨率10%左右，其中西安市降水pH值为6.4左右，年平均降水量540mm。

参考西安近几年降水量和酸雨组成特点[41]，共模拟三年降雨，每年降雨设计每次喷水量＝年平均降水量×样板面积＝540mm×50.24mm²＝27.13mL，参照1988年－2000年间西安市降水阴离子变化，模拟酸雨按$C_{(SO_4^{2-})}:C_{(NO_3^-)}=8:1$配制（见图6-22）。西安市的降雨pH值在4~8之间，因此用硫酸/硝酸混合酸液调节成pH各为4、5、6的酸液，并以pH=7的蒸馏水进行对照。

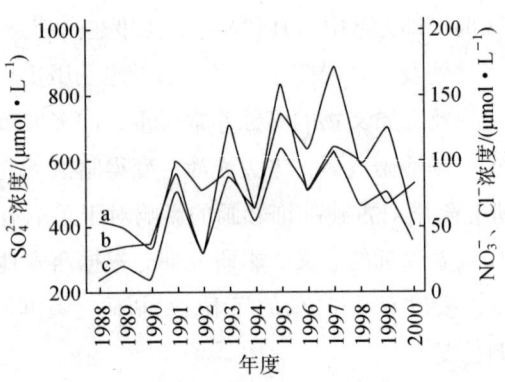

图6-22　西安市降水阴离子的年际变化
（ a.[NO_3^-]；b.[Cl^-]；c.[SO_4^{2-}] ）

6.6.2.2 漫反射光谱分析

表6-31至表6-34为模拟pH值为4、5、6、7的降雨前后a^*、b^*、L^*及ΔE值变化，共喷淋三次，模拟三年降雨。图6-23为模拟第三年不同pH值降雨后ΔE值的变化对比。分析可知，不同pH值降雨老化后，各样板的ΔE值均不同程度的增大；总的来说，铜箔、群青、樟丹、石黄、

银朱颜色变化较大，朱砂、石绿、光油、金箔变化较小。对于相同喷淋量的降雨来说，pH 值越小，降雨的影响越大。以 pH 值为4的酸雨为例，喷淋第三次后，铜箔 ΔE 值达到了52.67，巨大的变化是由于 L^* 值的急剧减小引起，铜箔表面逐渐生成黑色物质，可能是有 CuS 等物质生成；樟丹喷淋酸雨后，颜色逐渐变暗，L^*、a^*、b^* 值均逐渐减小，推测可能会有 PbS 生成；群青 L 值逐渐变小，蓝色变浅，稀硝酸、稀硫酸会使其褪色，并放出硫化氢气体。即使是酸的浓度非常低，长期下来也会造成群青的褪色和分解，这是因为水和氢离子直径非常小，可以进入到开放的硅酸铝框架结构中去与内部的多硫化物离子反应[42]。石黄颜色逐渐由黄变褐，L^*、b^* 值减小，由于银朱为人工合成颜料较朱砂不耐酸老化，而光油、金箔颜色变化非常小，喷淋三次后 ΔE 值各为4.02、3.97。可见桐油、高纯度金箔较耐酸腐蚀。

表6-31　pH=4酸雨老化后 a*、b*、L* 及 ΔE 值随老化时间的变化

喷淋量/mL		老化样品								
		银朱	朱砂	樟丹	石黄	群青	石绿	金箔	铜箔	油饰
0	L^*	55.72	49.02	66.29	78.86	43.52	62.60	84.39	86.93	36.95
	a^*	33.43	27.67	41.64	0.08	13.13	-14.42	7.58	11.61	1.52
	b^*	12.02	8.14	31.24	40.66	-40.26	5.62	34.57	28.03	-2.41
27.13	L^*	42.84	44.16	53.45	61.09	36.12	66.31	83.91	88.49	38.43
	a^*	21.80	24.23	32.83	2.15	10.98	-17.72	7.74	10.43	1.42
	b^*	6.89	7.15	27.95	29.75	-36.02	6.24	34.94	23.14	-1.64
	ΔE	18.10	6.04	15.91	20.95	8.79	5.00	0.63	5.26	1.67
54.26	L^*	44.25	44.09	51.94	62.73	37.00	67.27	82.80	63.71	38.10
	a^*	20.56	23.97	31.73	7.32	0.93	-17.85	8.05	9.48	1.35
	b^*	6.63	7.69	25.73	25.97	-14.94	7.53	37.55	12.82	-0.45
	ΔE	18.06	6.19	18.28	22.98	28.85	6.10	3.41	27.84	2.28
81.39	L^*	44.10	40.32	42.08	58.83	37.84	67.96	81.05	42.42	40.67
	a^*	18.67	22.42	25.48	5.80	-0.24	-18.16	8.72	0.91	1.26
	b^*	5.71	6.20	16.12	25.64	-11.30	7.93	36.39	1.98	-0.91
	ΔE	19.82	10.34	32.80	25.68	32.40	6.93	3.97	52.67	4.02

表6-32 pH=5酸雨老化后 a*、b*、L* 及 ΔE 值随老化时间的变化

喷淋量/mL		老化样品								
		银朱	朱砂	樟丹	石黄	群青	石绿	金箔	铜箔	油饰
0	L*	53.30	53.75	62.63	81.88	41.10	62.49	84.74	88.67	40.34
	a*	33.98	29.91	33.89	0.03	11.43	−14.18	7.64	10.39	1.12
	b*	12.28	8.66	24.07	42.21	−35.77	6.02	33.99	27.51	−1.61
27.13	L*	45.07	45.18	54.93	72.41	34.94	62.29	83.93	85.05	40.49
	a*	30.65	27.17	32.41	0.42	10.23	−18.17	8.37	7.31	1.36
	b*	11.29	8.52	27.66	38.66	−33.35	7.19	34.62	33.44	−1.26
	ΔE	8.93	9.00	8.63	10.12	6.73	4.16	1.26	7.61	0.45
54.26	L*	44.81	45.66	49.92	71.48	35.23	63.66	84.29	61.62	38.05
	a*	29.70	24.89	28.94	0.51	6.22	−18.08	8.12	14.60	1.36
	b*	11.49	8.11	24.62	37.92	−27.54	7.33	30.84	18.64	−0.57
	ΔE	9.54	9.54	13.66	11.26	11.37	4.28	3.22	28.78	2.53
81.39	L*	44.12	44.70	38.72	62.78	37.83	68.46	84.24	57.99	37.67
	a*	28.98	25.66	22.08	1.03	2.27	−18.25	8.38	8.98	1.42
	b*	9.89	6.80	13.71	31.72	−19.25	7.98	37.81	11.32	−2.39
	ΔE	10.72	10.17	28.62	21.81	19.17	7.48	3.92	34.72	2.79

表6-33 pH=6酸雨老化后 a*、b*、L* 及 ΔE 值随老化时间的变化

喷淋量/mL		老化样品								
		银朱	朱砂	樟丹	石黄	群青	石绿	金箔	铜箔	油饰
0	L*	55.53	51.18	62.84	81.50	41.34	64.64	83.14	87.28	39.86
	a*	36.87	28.54	38.62	−0.14	11.35	−17.54	6.87	10.93	1.08
	b*	14.33	7.90	28.25	41.27	−34.81	7.40	33.43	27.06	−2.49
27.13	L*	47.64	46.46	54.59	70.23	35.57	65.78	82.22	90.56	38.79
	a*	33.38	27.71	36.84	1.45	11.75	−17.66	6.84	9.92	1.47
	b*	12.00	8.89	30.28	35.70	−36.30	6.16	33.20	21.72	−2.03
	ΔE	8.94	4.89	8.68	12.68	5.98	1.69	0.95	6.35	1.23
54.26	L*	46.97	46.96	51.27	66.46	35.51	63.19	81.88	74.21	40.82
	a*	32.33	27.86	34.49	2.18	9.65	−15.76	7.57	10.84	1.15
	b*	11.62	10.44	27.60	32.87	−32.44	5.74	35.39	20.54	−1.15
	ΔE	10.06	4.97	12.30	17.38	6.53	2.82	2.43	14.61	1.65

续表

喷淋量 /mL		老化样品								
		银朱	朱砂	樟丹	石黄	群青	石绿	金箔	铜箔	油饰
81.39	L*	46.77	45.84	43.47	64.84	35.84	60.56	80.27	55.09	38.04
	a*	28.17	27.37	26.43	1.05	9.69	−17.54	7.12	7.73	1.42
	b*	10.77	8.25	17.62	28.82	−31.65	7.35	33.98	11.37	−0.97
	ΔE	12.85	5.48	25.23	20.83	6.56	4.07	2.93	35.95	2.40

表6-34 pH=7降雨老化后 a*、b*、L* 及 ΔE 值随老化时间的变化

喷淋量 /mL		老化样品								
		银朱	朱砂	樟丹	石黄	群青	石绿	金箔	铜箔	油饰
0	L*	55.30	54.33	61.33	79.63	41.79	79.44	82.00	84.88	38.59
	a*	29.57	30.60	39.47	0.24	11.77	−21.50	7.69	11.90	1.44
	b*	14.42	8.54	28.86	40.13	−36.25	8.71	33.93	29.58	−2.01
27.13	L*	46.88	44.54	55.57	66.93	36.39	78.27	80.46	80.71	38.87
	a*	30.43	27.44	37.29	2.69	11.89	−20.71	7.66	12.49	1.48
	b*	10.96	8.22	31.42	33.61	−36.54	8.41	33.32	31.66	−1.70
	ΔE	9.14	10.29	6.67	10.89	5.41	1.44	1.66	4.70	0.42
54.26	L*	46.26	45.61	51.33	66.76	34.42	78.71	80.66	75.31	39.23
	a*	30.77	28.32	33.64	2.80	11.16	−19.62	7.20	17.26	1.33
	b*	12.05	8.60	28.85	33.22	−33.84	8.15	34.83	36.42	−1.68
	ΔE	9.42	9.01	11.58	14.83	7.78	2.09	1.78	12.93	0.72
81.39	L*	45.71	43.97	50.77	65.60	34.00	78.92	80.88	71.32	38.81
	a*	28.46	27.46	30.00	0.84	10.07	−18.90	7.85	17.05	1.19
	b*	9.33	9.58	23.98	29.81	−30.58	8.55	35.68	34.97	−0.53
	ΔE	10.91	10.87	15.00	17.43	9.78	2.66	2.08	15.47	1.52

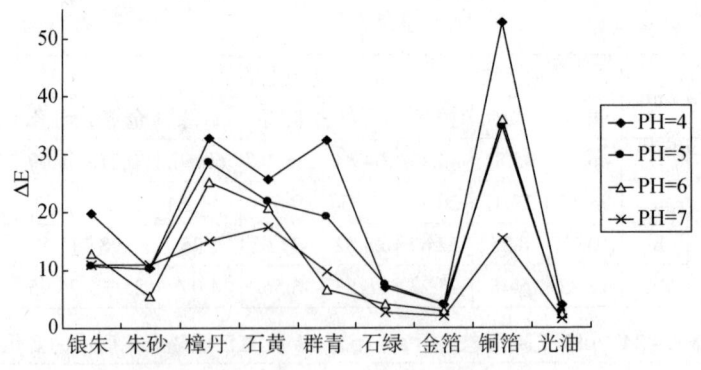

图6-23 模拟降雨三年后油饰彩画样板色差值

6.6.2.3 光油光泽度变化分析

随着降雨喷淋量的增加,油饰光泽度均逐渐降低。喷淋量为81.39mL时,pH值为4的酸雨喷淋后光泽度减少了32.4GS;pH值为5时,光泽度减少了27.9GS;pH值为6时,光泽度减少了21.9GS;pH值为7时,光泽度减少了21.3GS。可见酸度值较大的降雨较中性的降雨对油饰的影响严重,使油饰表面亮度降低,变晦暗。

表6-35 酸雨实验油饰光泽度变化(85°档位)

pH值	喷淋量/mL			
	0	27.13	54.26	81.39
4	33.8	9.7	2.5	1.4
5	31.5	9.6	5.5	3.6
6	28	14.5	8.4	6.1
7	30	20.7	9.5	8.7

6.6.2.4 出现的其他病害

在模拟降雨实验中发现,各颜料样板除了出现褪变色外,还出现像鸡爪一样的龟裂纹,龟裂意味着机械应力的存在。因在模拟降雨实验中每喷淋一次待油饰彩画表面水分干后再喷下一次。彩画样板在喷淋、晾干的干湿交替过程中膨胀收缩,颜料膨胀时,颜料颗粒之间相互挤压、变形，由于这是非弹性形变，故在颜料层收缩时不能完全恢复原来状态，如此多次循环使颜料内部应力积聚，形成裂缝和最终开裂。

6.6.3 小结

对模拟降雨样板进行颜色、光泽度变化分析表明，降雨作用时间越长，pH值越低，对油饰彩画的腐蚀越严重；酸性降雨对铜箔、樟丹、群青、石黄等的影响很大，对银朱的影响稍大于朱砂，石绿、光油、金箔受降雨影响变化小。同时，反复的降雨也会导致颜料层应力积聚，出现龟裂纹。

参考文献

[1] 王天鹏，马剑，李昭君. 人工光照对中国古建筑油饰彩画影响的初步研究[J]. 照明工程学报，2005，16(4)：15-19.

[2] 葛双俊. 外墙涂料质量通病的原因分析和施工工艺[J]. 煤. 2005(5)：39-40.

[3] J. Lodewiks. The influence of light on museum objects[J]. *Recent Advances in Conservation*, 1963：7-8.

[4] L.Robert Feller. Control of deteriorating effects of light upon museum objects[J]. *Museum*, 1964, 17(2)：20.

[5] Liu M, A.R. Horrocks. Effect of Carbon Black on UV stability of LLDPE films under artificial weathering conditions[J]. *Polymer Degradation and Stability*, 2002(75)：485-499.

[6] B.W. Johnson, R. McIntyre. Analysis of test methods for UV durability predictions of polymer coatings[J]. *Progress in Organic Coatings*, 1996(27)：95-106.

[7] A.D. Skaja. Quantitative ultraviolet spectroscopy in weathering of

a model polyester-urethane coating[J]. *Polymer Degradation and Stability*, 2003(79): 123-131.

[8] Olga Guseva. Service life prediction for aircraft coatings[J]. *Polymer Degradation and Stability*, 2003(82): 1-13.

[9] C. Decker, K. Zahouily. Photostabilization of polymeric materials by photoset acrylate coatings[J]. *Radiation Physics and Chemistry*, 2002(63): 3-8.

[10] M. Brugnara, E. Degasperi. The application of the contact angle in monument protection: new materials and methods[J]. *Colloids and Surfaces A: Physicochem. Eng. Aspects*, 2004(241): 299-312.

[11] U.Konig, M. Nitschke, M.Pilz. Stability and ageing of plasma treated poly(tetrafluoroethylene) surfaces[J]. *Colloids and Surfaces B: Biointerfaces*, 2002(25): 313-324.

[12] H. Kaczmarek, A.Kaminska, A.V. Herk. Photooxidative degradation of poly(alkyl methacrylate)s[J]. *European Polymer Journal*, 2000(36): 767-777.

[13] 张泉福. 聚合物涂料耐久性预测实验方法概析[J]. 涂料工业, 1998(12): 35-38.

[14] L. Pauling. *Nature of the Chemical Bond*[M]. Ithaca, N. Y.: Cornell University Press, 1960.

[15] 文化部文物保护科研所. 中国古建筑修缮技术[M]. 北京：中国建筑工业出版社, 1990: 268-280.

[16] 王进玉. 古代铅颜料的应用及其变色问题[J]. 文物保护与考古科学, 1991, 3(2): 28-34.

[17] 苏伯民, 胡之德, 李最雄. 敦煌壁画中混合红色颜料的稳定性研究[J]. 敦煌研究, 1996, (3): 149-162.

[18] 夏寅. 偏光显微粉末法在中国古代颜料分析中的应用研究及相关数据库建设[D]. 西安：西北大学, 2006: 13.

[19] 朱炳辉,莫金垣,黄润心.一阶导数光谱法测定食用植物油中桐油掺混的研究[J].光谱学与光谱分析,1998,18(3):376-379.

[20] 郭莉珠.档案保护技术学教程[M].北京:中国人民大学出版社,2000:116-117.

[21] 陈元生,谢玉林.影响文物保存的环境因素[J].文物保护与考古科学,1998,10(2):37.

[22] 宋迪生,等.文物与化学[M].成都:四川教育出版社,1992:220.

[23] J.A.迪安,等.兰氏化学手册(第二版)[M].北京:科学出版社,2003:387-398.

[24] 马清林,胡之德,李最雄.微生物对壁画颜料的腐蚀与危害[J].敦煌研究,1996(3):136-144.

[25] 郑善良,等.微生物学基础[M].北京:化学工业出版社,1992:3.

[26] 边归国,马荣.大气环境对文物古迹的影响[J].环境科学研究,1998,11(5):22.

[27] 张振中.化工环境监测使用手册[M].北京:中国科学技术出版社,1991:203-207.

[28] 王赞红.大气降尘监测研究[J].干旱区资源与环境,2003,17(5):54-59.

[29] 钱广强,董治宝.大气降尘收集方法及相关问题研究[J].中国沙漠,2004,24(6):779-782.

[30] 田晖,刘连刚,徐文世.西安市灰尘来源探析[J].北京地质,2002,14(1):23-27.

[31] 屈建军,凌裕泉,张伟民,等.敦煌莫高窟大气降尘的初步研究[J].文物保护与考古科学,1992,4(2):19.

[32] 王文兴.中国酸雨成因研究[J].中国环境科学,1994,14(5):323-329.

[33] 于越峰,等.中国环境年鉴2003[M].北京:中国环境年鉴社,2003.

[34] Xu Y G, Zhou G Y, Wu Z M, et al. Chemical composition of precipitation,

through fall and solution at two forested sites in Guangzhou, South China[J]. *Water, Air and Soil Pollution*, 2001(130): 1079-1084.

[35] Zhang F Z, Zhang J Y, Zhang H R, et al. Chemical composition of precipitation in a forest area of Chongqing, Southwest China [J]. *Water, Air and Soil Pollution*, 1996(90): 407-415.

[36] 李和平. 陕西省酸雨特征与防治对策[J]. 陕西气象, 1997, 4(1): 11-14.

[37] 杨碧轩, 孙娴, 王红军. 西安市酸雨特征分析[J]. 陕西气象, 1998(3): 14-16.

[38] R.J. Charlson, H.Rodhe. Factors controlling the acidity of natural rainwater [J]. *Nature*, 1982(295): 683—685.

[39] 任国栋, 王景红. 酸雨的危害[J]. 陕西气象, 1997(2): 42.

[40] 曾凡刚. 大气环境监测[M]. 北京: 化学工业出版社, 2003: 357.

[41] 韩亚芬, 孙根年, 李琦, 等. 西安市酸雨及化学成分时间变化分析[J]. 陕西师范大学学报(自然科学版), 2006, 34(4): 109-113.

[42] 夏寅. 偏光显微粉末法在中国古代颜料分析中的应用研究及相关数据库建设[D]. 西安: 西北大学, 2006: 20-21.

第七章 色彩保护材料

7.1 胶矾水在书画材料中的应用

7.1.1 书画用纸润墨性量化表征方法初探

润墨性是书画用纸最重要的特性之一。《说文解字》认为"润墨"之意，从字面理解：润，水曰润下，润，渍也。就本质而言，润墨是指墨溶解在水中，随水扩散的物理变化，即墨滴的晕散变化。植物纤维的亲水性和结构的多孔性使宣纸具有很强的吸水、吸墨性能。所谓润墨性，古人云，落笔宣纸，墨分五色[1]。唐代画家张彦远认为五色为浓、淡、焦、重、清，多重变化[2]。具体指当画家着墨于纸后，"浓"墨处发亮鲜丽；"淡"墨处层次分明；"焦"墨处挺拔传神；"重"墨处刚柔并济；"清"墨处浑厚深沉。不论书与画，均是借助润墨性来表达"传形、传意、传情、传神"的韵味。

首先，书画纸的润墨性变化与其本身纤维的孔隙率、吸收性、透气度等性能密切相关。其次，在用毛笔书写时，随着笔力轻重、墨量多少和技法不一等原因，纸上墨液的渗透程度和扩散作用会发生不同的变化。书画纸作为绘画书写的重要载体，要求其具有极强的吸附性能，墨滴在纸上能形成自然斑斓的色彩。基于良好的润墨性，书画纸才能表现书画艺术的墨韵千变的艺术效果。

目前，评价书画纸润墨性的优劣，主要标准包含：(1)着墨的渗透力和吸附力较强。(2)墨迹形状即扩散的纵横向尺寸比例合适。一般来说，书画纸的横向扩散(CD)与纵向扩散(MD)的比值为1时润墨性最佳。(3)墨色应有丰富、清晰的立体感。本研究从这三个方面入手,将定量的墨滴从一定的高度垂直滴加到宣纸表面,在一定时间内,墨滴从着墨区向外呈圆形化开,而形成多层次的扩散图形。以扩散区的面积率来表征润墨区大小,即墨滴的渗透性能;以横纵比来表征形状;以灰度分布图中的半峰宽和峰间距来表征墨滴的立体感层次,从而通过以上三个指标表征量化书画用纸形成的水墨淋漓的效果。

7.1.1.1 润墨性表征方法

(1)水墨扩散模型

关于水墨扩散模型的建立,Kunii 在观察分析日本水墨画基础上提出了着墨区-黑边-扩散区模型(initial zone-black border-gray zone,IBG 模型),见图7-1。IBG 模型认为,墨会在纸上的扩散,形成"两区一边":原始着墨区,密度大;着墨区边缘黑边,密度突然升高;扩散区,密度小且均一。

IBG 模型认为,水在纸中的运动受到纸张毛细管作用的影响,而墨粒子的运动只与其浓度有关,浓度越高扩散越慢,水中的墨粒子浓度是时刻变化的,所以墨粒子的扩散系数取决于时间和位置。水在着墨区外的扩散导致着墨区内墨的浓度升高。在着墨区的边界,水的密度迅速下降导致墨的浓度迅速升高,所以在着墨区边缘区会发生"扩散停滞的现象",能够穿越边缘的墨粒子进入扩散区。在扩散区,墨的浓度低导致墨粒子的运动速率加快,墨粒子流散形成灰度区。灰度区的灰度基本值保持恒定。

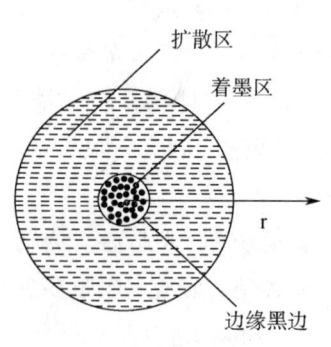

图7-1 IBG 模型

(Kunii,1995,revised)

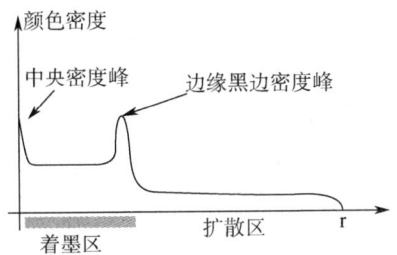

图7-2 IBG 密度变化曲线(Kunii, 1995, revised)

图7-2表示了水墨粒子在初始和扩散过程中的浓度变化。由于水在初始区外的扩散导致初始区内墨的浓度升高。水墨密度在边界区域降得最快,斜率最高。墨粒子只能在水中扩散,其运动取决于其浓度,当浓度高时,速率下降。在初始区的边界区域,水的密度迅速下降,与此同时,墨的浓度迅速升高,所以在边缘区会发生"扩散停滞的现象"。也就是说在着墨区边缘墨的浓度升高,扩散开始减慢,很多从中央运动到此的墨粒子滞留在了边界地区,这就是产生边缘效应的原因。能够穿过着墨区边缘的墨粒子进入扩散区域,墨的浓度降低,导致墨粒子的运动速率加快。墨粒子自由流散形成扩散区域(浅灰区,图7-3),扩散区域的灰度值保持基本恒定。

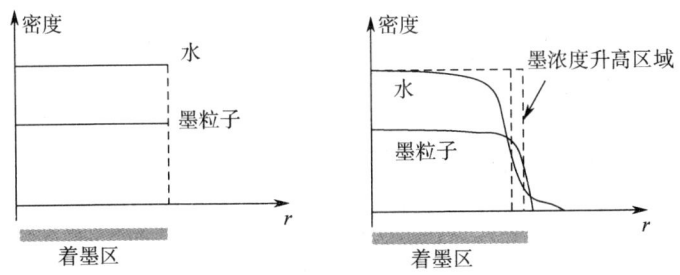

图7-3 IBG 水墨含量及扩散曲线(Kunii, 1995, revised)

（2）着墨区边缘界定

宣纸的润墨性，重点在于"润"字，也就是墨水在着墨区以外的扩散。由 Kunii、Lee J 等人的研究可知，水墨浸染在着墨区的边缘会有密度的变化[3][4]。根据这一特点，可以通过对颜色密度的一次微分曲线来求得着墨区边缘。图7-4（a）图为颜色密度与扩散半径之间的关系，图7-4（b）为其一次微分曲线。图7-4（b）首次出现较大波动的区域，即为着墨区的边缘。边缘以内的为着墨区，边缘以外的为扩散区，即润墨区。

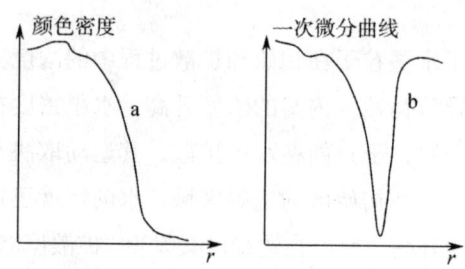

图7-4　一次微分法界定着墨区边缘（Lee，2001，revised）

水墨浸染在着墨区的边缘会有密度的变化，通过图像分析的方法并不一定能够界定。Shin 等通过研究发现当墨的浓度较低时，水墨浸染在着墨区的边缘并没有明显的颜色密度变化；而只有当墨的浓度较高时，水墨浸染在着墨区的边缘颜色密度变化明显，能够很容易界定[5]，如图7-5。

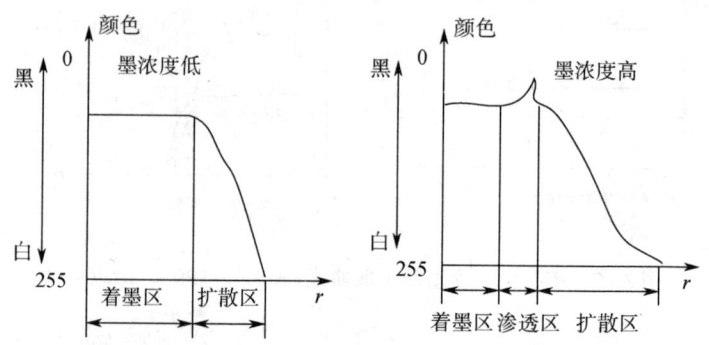

图7-5　墨浓度影响着墨区边缘颜色密度变化（Shin，2012，revised）

第七章 色彩保护材料

（3）水墨扩散层次

对于水墨扩散层次，GB/T 18739-2008 的描述仅为"乌而艳丽、淡而不灰、浓中有淡、淡中有浓"等，显然没有润墨层次的量化表征。而实际上，对于宣纸润墨性的量化表征可用灰度分布曲线、半峰宽和峰间距等来量化表征。

灰度直方图（灰度分布曲线，图7-6）反映图像灰度的统计特性，表达了图像中不同灰度值的面积或像素数在整幅图像中所占的比例。直方图的横坐标是灰度级，纵坐标是具有该灰度级的像素个数或出现这个灰度级的概率 $P(k)$，即式中，N 为图像像素总数，k 表示第 k 个灰度级，n_k 为第 k 级灰度的像素数，$P(k)$ 则表示该灰度级出现的概率。因为 $P(k)$ 给出了对灰度级 k 出现概率的一个估值，所以直方图提供了原图的灰度值分布情况。

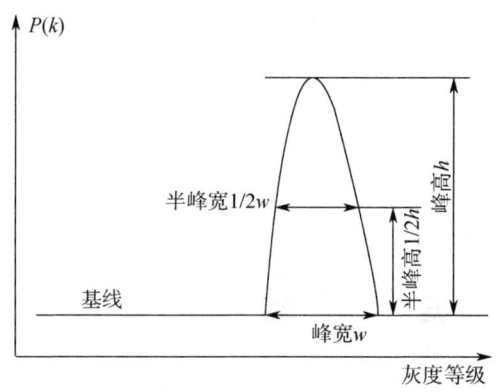

图7-6 半峰宽示意图

半峰全宽（Full-Width Half-Maximum，简称 FWHM）表征的是天体向外散发的辐射通量按波长的分布曲线最大值1/2处所对应的波长，常用来描述一个图形中某个不具有尖锐边缘的对象的宽度。半峰宽在其他分析领域也有着广泛的应用。对于宣纸润墨性的层次分析，可以用半峰宽的分析方法，在灰度分布曲线最大值1/2处所对应的灰度级别表征宣纸润墨性的层次大小(图7-6)。

(4)水墨扩散形状

理想状态下,墨在宣纸上呈圆形化开而形成圆形,然而,实际情况常常由于纸、墨的复杂相互作用,多呈近圆形。应该说,宣纸润墨的形状同样是宣纸润墨性的重要体现。

形状分析中,圆形度是常用的图形几何特征,其通常定义如下[6]:

$$C = L^2/(4\pi A) \qquad\qquad 公式(7-3)$$

式中,L 为墨迹的周长,A 为墨迹的面积。要达到晕染流畅、自然,墨迹扩散的横纵比例和圆度的理想状态应该是:CD(横向)/MD(纵向)= 1,圆形度为1。显然,若宣纸润墨横纵比、圆度接近1,则表明墨滴沿该宣纸各个方向的浸染大致相当,宣纸有较好的各向同性。

7.1.1.2 实验仪器及方法

宣纸润墨性测试装置如图7-7。实验过程中,微量注射器的针头与纸面应保持适宜的距离,在规定时间内,利用固定的微量注射器将 50μL 墨量转移至样品表面。每一种宣纸取九组样品,其编号如表7-2。

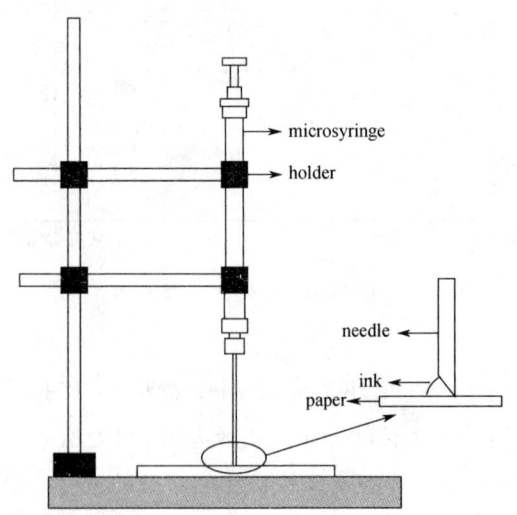

图7-7 宣纸润墨性实验设计示意图

表7-1 实验样品信息

实验编号	分类	产地
S1	手工宣纸	安徽泾县
S2	手工宣纸	安徽泾县
S3	手工宣纸	安徽泾县
S4	手工宣纸	安徽泾县

当墨水固着后,使用明基U810平板扫描仪,工作条件:灰度模式,扫描分辨率设置为600 dpi,对比度设为21,扫描为8位灰度图像。对于灰度图像的处理,用到了Matlab软件和Image-J软件。

表7-2 实验样品编号

S1 编号	S2 编号	S3 编号	S4 编号
A1	B1	C1	D1
A2	B2	C2	D2
A3	B3	C3	D3
A4	B4	C4	D4
A5	B5	C5	D5
A6	B6	C6	D6
A7	B7	C7	D7
A8	B8	C8	D8
A9	B9	C9	D9

7.1.1.3 实验结果分析

(1)润墨层次

由图7-8(彩),可以看出,虽然水墨扩散是一个复杂的动态过程,但其扩散的结果仍有一定规律,即呈现由内到外分层的结构。

实验样品的灰度直方图(图7-9)反映了水墨在宣纸上灰度分布的情况,由图7-9可以看出,S1样品的灰度分布为:峰值略低,半高较宽;S4样品的灰度分布为:峰值最高,半高最窄;而S2与S4的灰度介于两者之间。

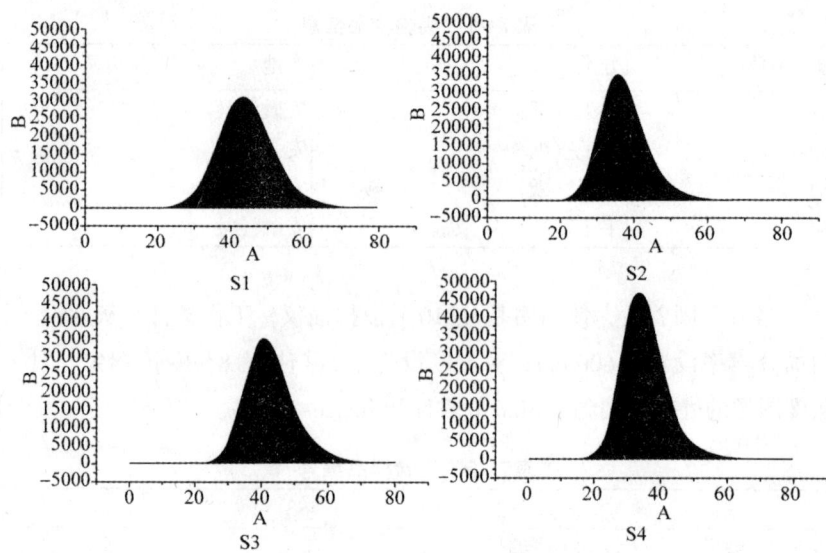

图7-9 实验样品的灰度分布直方图

通过对S1、S2、S3、S4各个样品的半峰宽统计(表7-3),可知S1样品FWHM最大,即S1样品水墨晕染的层次丰富;S2和S4样品的FWHM较小,水墨晕染的层次效果不如S1样品。

表7-3 实验样品的半峰宽

S1		S2		S3		S4	
	FWHM		FWHM		FWHM		FWHM
A1	16	B1	13	C1	18	D1	14
A2	17	B2	13	C2	14	D2	13
A3	17	B3	14	C3	14	D3	14
A4	15	B4	13	C4	14	D4	14
A5	17	B5	14	C5	16	D5	13
A6	17	B6	14	C6	14	D6	13
A7	16	B7	12	C7	15	D7	13
A8	18	B8	13	C8	15	D8	13
A9	18	B9	14	C9	16	D9	14
均值	16.77		13.33		15.11		13.44

（2）润墨形状

润墨形状为润墨性评价的重要指标。水墨扩散形状可利用 Matlab 软件编程将墨滴数据量化，计算其圆形度和横纵比。表7-4为实验样品的圆形度和横纵比。S1、S2、S3、S4样品的圆形度和横纵比的平均值见图7-10。

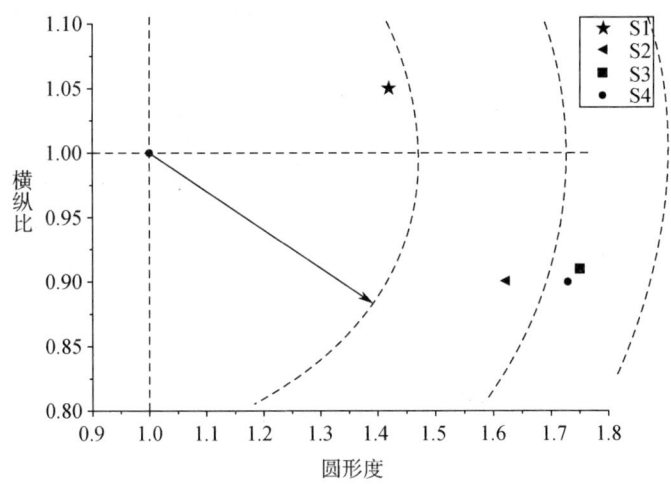

图7-10　墨滴的横纵比及圆形度

表7-4　实验样品的圆形度/横纵比

S1		S2		S3		S4	
圆形度/横纵比		圆形度/横纵比		圆形度/横纵比		圆形度/横纵比	
A1	1.43/1.02	B1	1.51/0.84	C1	1.75/0.90	D1	1.59/0.95
A2	1.35/1.10	B2	1.43/0.89	C2	1.70/0.94	D2	1.61/0.90
A3	1.42/1.16	B3	1.73/0.90	C3	1.70/0.93	D3	1.77/0.84
A4	1.36/1.07	B4	1.72/0.96	C4	1.79/0.92	D4	1.77/1.02
A5	1.38/0.99	B5	1.76/0.89	C5	1.84/0.83	D5	1.70/0.81
A6	1.53/1.04	B6	1.70/0.90	C6	1.73/0.93	D6	1.83/0.93
A7	1.47/0.99	B7	1.44/0.93	C7	1.86/0.90	D7	1.73/0.86

续表

	S1		S2		S3		S4
	圆形度/横纵比		圆形度/横纵比		圆形度/横纵比		圆形度/横纵比
A8	1.45/1.04	B8	1.46/0.93	C8	1.62/0.85	D8	1.79/0.81
A9	1.42/1.02	B9	1.79/0.86	C9	1.72/0.95	D9	1.75/0.99
均值	1.423/1.05		1.629/0.90		1.746/0.91		1.727/0.90

若宣纸润墨横纵比、圆度接近1，则表明墨滴沿该宣纸各向同性好，即样品的横纵比及圆形度离理想浸润点[坐标:(1,1)]的距离越近，其浸润效果越好。由图7-10可知，从宣纸各向同性角度来看，样品S1离理想浸润点的距离最近，其水墨在各个方向的浸润效果最佳；样品S2次之；样品S3和S4最差。实验结果可知，圆形度结合横纵比能够能够较为全面的反映宣纸润墨性的形状特性。

7.1.1.4 小结

宣纸润墨性是宣纸最重要的特性之一，本研究根据IGB模型和观察实验，将宣纸的润墨性表述如下：当一定量的墨滴，从一定的高度垂直滴加到宣纸表面，在一定时间内，墨滴从着墨区向外呈圆形化开而形成多层次的扩散图形。以扩散区的宽度或面积率来表征润墨区大小；以灰度分布图中的半峰宽来表征层次，以横纵比或圆度来表征形状，从而量化表述了水墨浸染的效果。需要指出的是，本书关于宣纸润墨性及其表征的研究还是初步的，要形成完善的、系统的规范，还需要更加深入的观察、分析与研究。

7.1.2 胶矾水对宣纸润墨及力学性能的影响

7.1.2.1 研究背景

宣纸是一种我国特有的专供书法绘画的传统手工艺品，素有"纸寿千年，墨韵万变"之盛誉。宣纸早在唐代已经是宣州府的贡品，明、清以后，被称为"纸中之冠"。生产宣纸用的原料产自安徽泾县及周边地区的青檀树枝韧皮和沙田稻草茎秆，是植物纤维相互交织而成的一种薄型材料。纤维的亲水性和结构的多孔性使宣纸具有很强的吸水、吸墨性能。

在古代，人们以毛笔书写，下笔时纸张容易洇水走墨，从而出现字迹不清，甚至纸张严重变形的现象。为了改善纸张的书写效果，施胶技术便应时而生了。施胶技术最早出现于我国东晋时期，以浆糊作为施胶剂，将淀粉糊施涂于纸张表面并用光滑的细石研光完成，施胶效果明显，但纸张容易受到空气湿度影响而出现表面淀粉层开裂翘起，并发生脱落的现象。据记载，早自唐代人们便开始使用明矾和动物胶作为施胶剂。在17世纪《芥子园画传》中，载有"矾法"："夏月每胶七钱，用矾三钱。冬月每胶一两，用矾三钱"[7]。通过向生宣表面刷涂胶矾水可实现生宣的熟化（矾化），这种方法克服了浆糊施胶方法的弊端，处理后的宣纸具有较好的水墨晕染性能。宣纸按照洇墨程度分为生宣、半熟宣和熟宣。"生宣"适于作写意画，"熟宣"宜于作工笔画。然而，明矾易于水解，水解后产生的酸使纸或绢中的主要成分纤维素或丝素蛋白水解，导致古书画不易耐久保存。

本研究通过均匀试验设计法，研究了胶矾水对宣纸润墨性的影响，确定了影响的主次因素，应用扫描电镜初步探讨了胶矾水熟化纸张的原因；讨论了胶矾水对宣纸力学性能的影响，分析了明矾带来的负面影响。该研究对于胶矾水应用的科学化具有重要意义。

7.1.2.2 实验仪器及方法

（1）实验仪器

便携式 pH 计（美国梅特勒 SG 2）；微型三角光泽度仪（德国 BYK-4420）；色度仪（美国爱色丽 SP64）；动态接触角仪（美国科诺 SL200 B）；三维视频显微镜（日本 HiroxKH-3000 VD）；扫描电子显微镜（日本日立 S-3400 N）；质构仪（台湾 TA.XTplus）；耐折度仪（美国 Tinius Olsen MIT）

（2）润墨性测试装置

图 7-7 为润墨性实验设计图。将微量注射器固定在一定高度，通过

微量注射器将1μL的墨汁(北京一得阁)转移到宣纸样品表面。在墨滴转移的过程中,要保持速度缓慢、恒定。待墨滴干燥后通过显微镜观察并计算墨滴铺展面积。

(3)实验方法

采用均匀试验法优化设计,可让实验点均匀分布,减少实验次数,并能找出影响实验结果因素的主次[8]。实验主要涉及明矾用量、胶用量两个因素,将主要因素分为八个水平,选用均匀设计表$U_8(8^5)$进行试验设计。本研究参考相关研究配制不同比例胶矾水,设计方案及pH结果见表7-5。可见明矾用量越大,pH值越小,胶矾水酸性越强。

表7-5 均匀试验设计及 pH 结果

序号	明胶$_{X1}$(g)	明矾$_{X2}$(g)	用水量(mL)	明矾浓度(%)	pH值
S1	0(1)	0.3(4)	200	0.15	3.85
S2	2(2)	1.3(8)	200	0.65	3.68
S3	3(3)	0.15(3)	200	0.075	4.68
S4	4(4)	2(7)	200	1	3.67
S5	5(5)	0.05(2)	200	0.025	5.42
S6	6(6)	2.4(6)	200	1.2	3.72
S7	8(7)	0(1)	200	0	6.56
S8	10(8)	2.5(5)	200	1.25	3.85

7.1.2.3 结果与讨论

(1)刷涂胶矾水后表观分析

图7-11为宣纸样品刷涂胶矾水后的光泽度变化情况,S_0为未处理样品。宣纸光泽度随明胶浓度的增大而稍有降低,波动范围在3.9~4.2之间。图7-12为胶矾水样品与未处理样品的色差相比,样品的色差均在1.2以下。可见本实验浓度胶矾水短期内对宣纸表观影响较小,刷涂胶矾水后宣纸色度的轻微变化,在一定程度上是由于明胶自身的颜色遮盖引起。

第七章 色彩保护材料

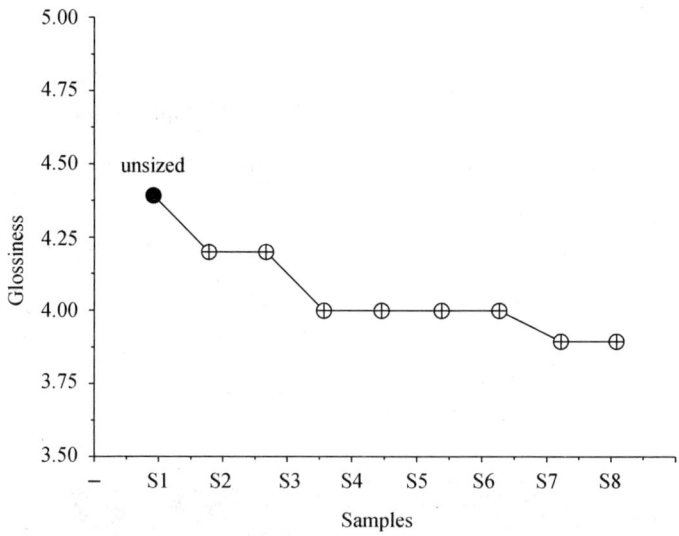

图7-11 刷涂胶矾水后样品光泽度变化

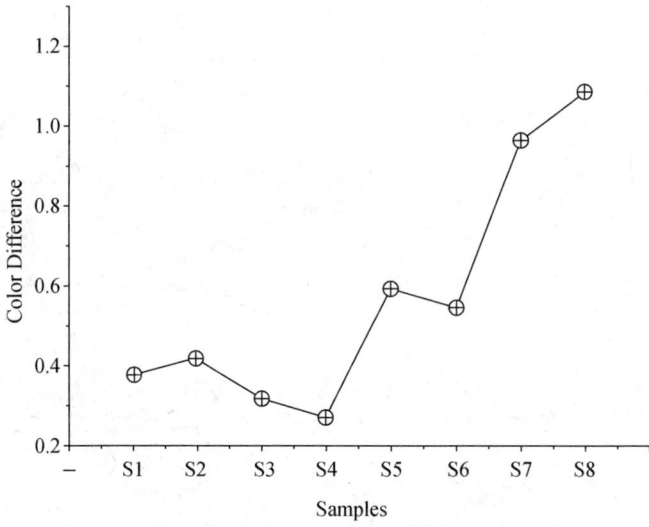

图7-12 刷涂胶矾水后样品颜色变化

(2)润墨性

①接触角分析

当胶矾水涂刷于宣纸上,填充纤维素孔隙的同时,能够在宣纸表面成膜,从而使宣纸获得一定的抗水性。利用润墨性测试装置进行样品润墨性评价试验,在接触角分析中将墨汁换成水。图7-13为样品S2~S8表面接触角动态变化情况。接触角变化速率预示着样品抗水性的大小,其中,S2在0.8s时,接触角接近于0,抗水性最弱;S8在60s时接触角仍然变化不大,可见抗水性最好。由S4、S5的对比可知,抗水性不单是明胶作用的结果,明矾浓度的增加也会增加宣纸的抗水性。

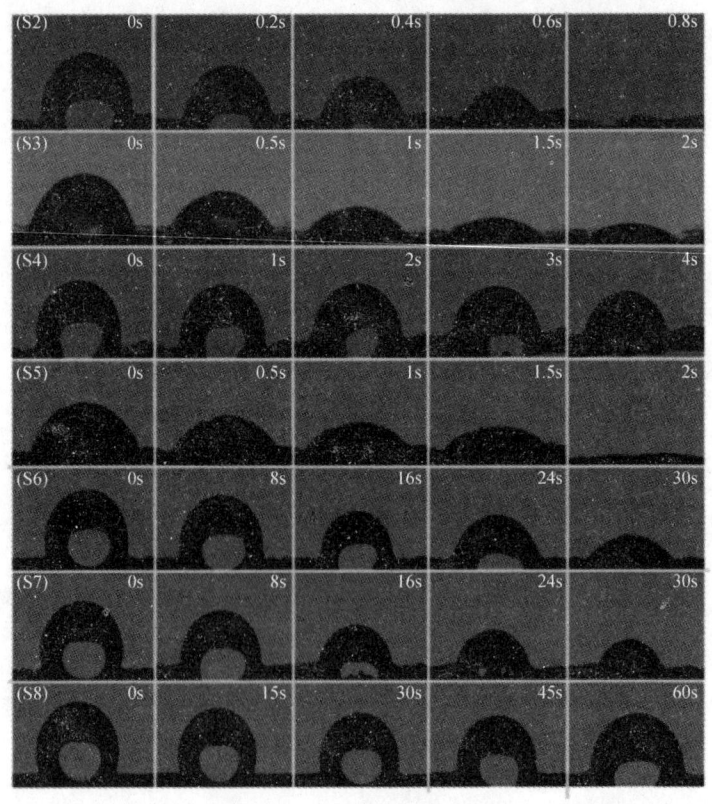

图7-13 样品的动态接触角

②三维视频显微分析

在超景深显微镜50倍镜头下进行显微拍照,利用显微镜软件计算墨滴铺展面积,并通过回归方程评价胶与矾各自对润墨性的影响及主导因素。墨随着水在宣纸纤维毛细管作用下扩散,形成着墨区-黑边-扩散区模型(initial zone-black border-gray zone,IBG)模型。本实验铺展面积指墨滴至扩散区的最终稳定状态下铺展面积,样品墨滴显微图见图7-14。

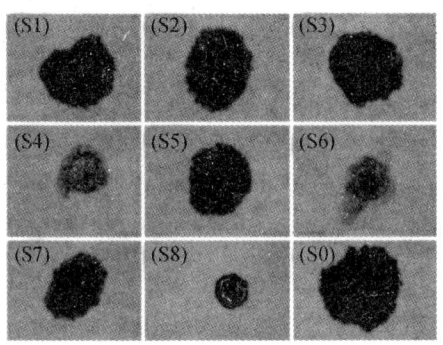

图7-14 样品墨滴显微图(×50)

通过计算得知,未处理宣纸上墨滴铺展面积($S0$)为11166111 μm^2。通过公式(1)计算各样品的面积率,结果见表7-6。刷涂不同浓度的胶矾水后,宣纸的润墨性出现较大差异。对面积率进行回归分析,如表7-7和公式(2)所示。拟合优度$R2=0.798$,相关系数$r=0.893$,实验相关度较高。随着胶和矾浓度的升高,面积率下降,由P值可知,明胶变化对面积率的变化有非常显著影响(**),明矾影响相对较小(*)。

面积率$_i$=(S_i/S_0)×100%(i=1,…,8) (1)

表7-6 样品润墨性面积率

样品	S1	S2	S3	S4	S5	S6	S7	S8
面积率(%)	61	54	66	33	56	18	42	15

表7-7 面积率回归分析

	回归系数	标准误差	t 状态	P 值	显著性
Intercept	0.778	0.0864	9.003	0.000282	
明胶（X_1）	−0.102	0.0246	−4.119	0.00919	**
明矾（X_2）	−0.00409	0.00164	−2.497	0.0547	*

$$R^2=0.798, \quad Y=0.778-0.102X_1-0.00409X_2 \tag{2}$$

（3）扫描电镜分析

利用扫描电镜观察施加胶矾水前后宣纸表面微观形貌（图7-15），初步探讨宣纸抗水性产生的原因。可见，涂刷胶矾水前，纤维之间保持原有的松散的网络结构；刷涂胶矾水后，可以明显观察到宣纸纤维与纤维之间有胶膜黏连，胶膜在纸面及其纤维间隙存在状态是非连续的，使其获得一定的抵抗液体墨水渗透和扩散的性能。同时，胶矾水在纸张表面结膜并没有完全包裹宣纸纤维，水墨仍然可以在纤维间晕染。

在熟宣制作（即润墨性产生）过程中，胶矾水中的重要组分明矾有着重要的作用。在潮湿环境中，明矾吸收水分并发生电离，电离方程式如下：

$$KAl(SO_4)_2 = K^+ + Al^{3+} + 2SO_4^{2-}$$

其中，Al^{3+}属于高正电荷密度的离子。根据近代理论，Al^{3+}是以水合铝离子的形式存在于水溶液中，带负电荷的胶料等物质吸附铝离子而转变为正电荷，并与带负电荷的纤维相互吸引而沉积在纤维表面。可以看出，明矾中真正起作用的是三价态的铝离子，它能够起到桥联作用，使多个阴离子物质相结合起来，促使胶料加速沉淀于纤维表面。图7-16为胶矾水作用示意图。

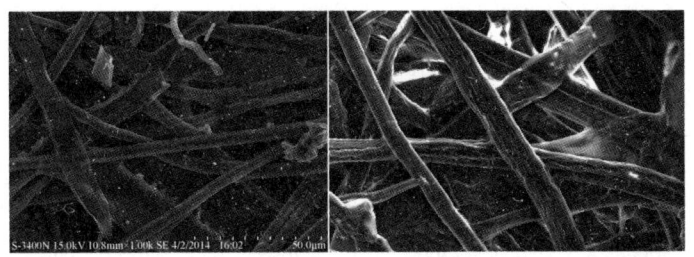

图7-15 样品S8施胶前后SEM照片(左：施胶前；右：施胶后)

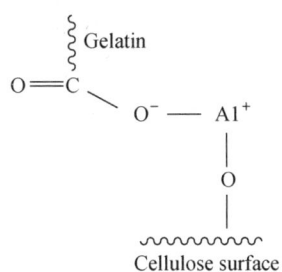

图7-16 胶矾水作用示意图

(4)抗张强度及耐折度分析

研究各样品热老化(105℃)20h前后抗张强度以及耐折度的变化，以探讨不同比例胶矾水对宣纸力学性能的影响。图7-17(彩)为样品老化20h后表观特征，可见老化后S1、S2泛黄较严重，S4、S6、S8也稍有泛黄，S3、S5、S7泛黄较不明显，可见明矾较高的样品泛黄较严重。由抗张强度(表7-8)及耐折度(图7-18)结果可知，未老化前刷涂胶矾水能够提高宣纸的机械性能。老化后胶矾水的弊端凸显，S4由于明矾含量较大，20h后抗张强度降低了1360gN，而S7因不含明矾，抗张强度仅降低763gN。可见明矾的存在促使宣纸的抗张强度降低。老化后，刷涂胶矾水后宣纸的耐折度迅速下降。当明矾浓度较低(S3、S5、S7)，宣纸的耐折度下降较为缓慢；而如果矾的浓度较高(S4、S6、S8)则一经老化，纸张耐折度迅速下降。可见矾的存在对于宣纸的耐折度影响较大，如果矾浓度较高，在保存中容易变脆折断而损坏。

表7-8 样品抗张强度测试结果(单位: gN)

老化时间(h)	未老化	5	15	20
S1	1479	1439	1160	1131
S2	2047	1729	1414	1241
S3	2270	1958	1724	1698
S4	2360	2009	1669	1000
S5	2944	2356	2139	1979
S6	2334	1923	1934	1941
S7	3264	2916	2620	2501
S8	2760	2625	2134	1850

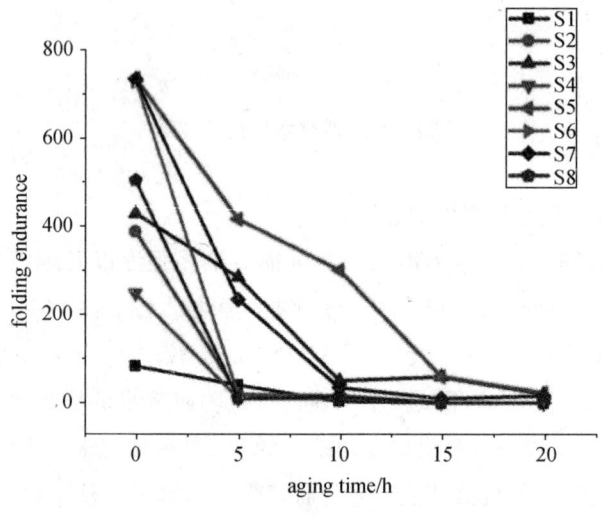

图7-18 样品耐折度变化

(5)明矾的负面影响

在潮湿环境中,明矾中的铝离子也会发生水解反应,生成胶体氢氧化铝和酸性的氢离子,反应过程如下:$Al^{3+}+3H_2O=Al(OH)_3+3H^+$。明矾的使用量越大,纸张中的氢离子浓度也就越高。而纸张纤维的主要成分为纤维素,其大分子中的 β-1,4-糖苷键对酸特别敏感,在适当的氢离子浓度、温度和时间作用下,糖苷键将发生断裂,聚合度下降,从而使纤维的机械强度下降。

Ekaterina Pasnak 等研究了胶矾水中铝元素对远东绢画降解程度以及画面的影响[9]。在国内,徐文娟研究了明矾对宣纸耐久性的影响,通过对比 pH 值、颜色、抗张强度、耐折度,指出随着胶矾水浓度的增加,宣纸的老化速率增加[10]。王亚龙从引起酸化的一个方面——明矾添加物入手,较全面的阐述了其在纸质文物中的应用,并根据机理分析了明矾的作用特点以及对纸质文物的影响[11]。在画纸中矾的大量使用会促使原本质地脆弱的古书画更加糟朽,加速纸张酸化。时倩等研究了不同浓度胶矾水对宣纸 pH 值、白度、抗拉强度及耐折度的影响[12]。

因此,过度的使用胶矾水将会促使纸中的纤维素水解,导致古书画不易耐久保存。特别是对于时间久远,材质酥脆的古书画来说,无疑会产生致命的危害。经大量的调查研究,发现明清珍贵的古旧字画中刷过胶矾的熟绢画绝大多数已发黄、变脆、折断,有的甚至粉化,濒临自毁。

7.1.2.4 结论

(1)刷涂胶矾水后宣纸色度的轻微变化,在一定程度上是明胶自身的颜色遮盖引起的。施加不同配比的胶矾水,宣纸的润墨性出现较大差异,通过回归分析表明,明胶变化对面积率的变化有非常显著影响,明矾影响相对较小。

(2)刷涂胶矾水后,可以明显观察到宣纸纤维与纤维之间有胶膜黏连,胶膜在纸面及其纤维间隙存在状态是非连续的,其获得一定的抵抗液体(墨水)渗透和扩散的性能。

(3)明矾中的 Al^{3+} 是以水合铝离子的形式存在于水溶液中,带负电荷的胶料等物质吸附铝离子而转变为正电荷,并与带负电荷的纤维相互吸引而沉积在纤维表面。铝离子水解生成酸性氢离子将会促使纸中的纤维素水解,导致古书画不易耐久保存。胶矾水的应用利弊兼有,如何做到"趋利避害",将损害程度降到最低,这有赖于对胶矾水对宣纸影响机理进行更深度的探讨。

7.1.3 胶矾水在熟化书画纸张中的应用

7.1.3.1 研究背景

中国古代书画是中华民族的传统艺术门类之一，各博物馆都有大量的藏品。几千年来，古人将胶矾水广泛运用到熟化宣纸、绘画染纸等各个领域。制作纸本或绢本书画的纤维间存在大量孔隙，书写绘画时易于晕散走墨。因此，古人常用一定比例的胶料和明矾水刷制宣纸或绢料，使其熟化，达到一定的抗水性，便于书写绘画。胶矾水也常用于全色前，使待全色处的补纸具有抗水性，颜色不至于晕染到画心洞口边缘。

然而，明矾易于水解，水解后产生的酸加速了纸或绢中的主要成分纤维素或丝素蛋白水解老化，导致古书画不易耐久保存。特别是对于时间久远，材质酥脆的古书画来说，无疑会产生致命的危害。有大量文献提出了胶矾水对纸或绢带来的危害，我国馆藏明清古旧书画中刷过胶矾水的熟绢画绝大多数已发黄、变脆、折断，有的甚至粉化。胶矾水作为一种延续千年以来至今还在书画中广泛使用的材料，有其缺陷亦有其优势。在研究胶矾水在古书画的作用方面，Irene Bruckle 认为明矾可有效降低墨水的浸润性能[13]；张恒指出胶矾水的应用一是加强画幅的色墨，二是增强纸绢的抗水性，减少伸缩性[14]；王亚龙认为在纸张熟化以及绘画中明矾可起到沉淀剂的作用，将胶料固定在纤维上。以上研究多是从文献查阅或使用经验出发描述胶矾水的作用，缺乏通过科学试验研究验证胶矾水的内在作用机制。

研究通过固化性能实验、墨滴晕散实验、书写效果模拟实验研究胶与矾在熟化宣纸时各自的作用。通过 Ferron 逐时络合分光光谱、高场 ^{27}Al 核磁共振波谱研究了明矾水解后的铝形态、与胶料混合后以及在宣纸表面施胶时的铝形态分布变化。通过扫描电子显微镜和衰减全反射红外光谱技术对施胶后的表面状况，明矾与胶料、纤维的化学结合情况等进行观察与测试，以期研究明胶和明矾的协同作用。该研究将明确古人应用胶矾水熟化宣纸的科学内涵，对于替代材料的研发及古书画纸张的长久保存具有重要意义。

7.1.3.2 实验仪器与材料

KH-3000VD三维视频显微镜（日本浩视）；HVS-1000Z数显显微硬度计（上海研润）；ALPHA便携式红外光谱仪（德国布鲁克）；S-3400N扫描电子显微镜（日本日立）；HANNA HI 9025便携式酸度计（意大利哈纳）；UV-1800型紫外可见分光光度计（日本岛津）；Avance III 500高分辨液体核磁共振波谱仪（德国布鲁克）。

明矾（$KAl(SO_4)_2 \cdot 12H_2O$，北京大森国画材料有限公司）；聚合氯化铝（$Al(OH)_m Cl_{3n-m}$，$w(Al_2O_3)=30\%$，乐邦聚合氯化铝公司）；聚合硫酸铝（$[Al_2(OH)_m(SO_4)^{3-}]_n$，$w(Al_2O_3)=15.6\%$，天津格瑞恒业化学科技有限公司）；Ferron试剂（AR，98%，Aladdin；铝箔（AR，99.99%）、明胶、盐酸羟胺、邻菲罗啉及无水乙酸钠（AR，天津市福晨化学试剂厂）；氢氧化钠、浓盐酸（AR，北京化工厂）；墨汁购于北京一得阁墨业有限公司；宣纸为特净皮，购于安徽省泾县红星宣纸有限公司。

7.1.3.3 实验方法

（1）样品制备

①模拟实验胶矾水样品制备

为了探讨明矾对胶料固化速率及硬度的影响，制备明胶含量在0.1%~10%（共5个梯度），不含明矾或明矾含量为3%的胶矾水。墨滴晕散实验制备尺寸为5cm×5cm的宣纸样品，用排刷分别蘸取单独含明胶1%~8%的胶水，含明矾1%~8%的矾水，含有3%明胶、明矾含量在1%~8%的胶矾水，含1%明矾、明胶含量在1%~8%的胶矾水沿宣纸样品同一方向，各均匀涂刷三遍，自然晾干。

②Ferron逐时络合分光法样品制备

Ferron缓冲液制备：利用合加法制备Ferron缓冲液溶液。分别制备（1）0.2% Ferron和0.01%邻菲罗啉混合水溶液；（2）35%乙酸钠溶液；（3）2%盐酸和10%盐酸羟胺混合溶液。按照4:2:2（v/v/v）体积比将上述三种溶液混合均匀，并用水定容至50mL，即得到Ferron缓冲液（pH=5.2）。

铝标准溶液制备：精确称量0.0675g铝箔，与25mL 1∶1（v/v）盐酸水溶液混合完全溶解后，加去离子水定容，稀释后制备0.001mol/L铝标准溶液。

胶矾水样品制备：将明矾溶解于去离子水中配制成铝盐浓度为0.02mol/L的铝盐沉淀剂水溶液用于Ferron分光光度分析；称取明矾水解溶液与明胶溶液配置成质量比为1∶3的铝盐与胶料的混合样品，搅拌并用超声波均匀分散，在载玻片上干燥成膜；利用铝盐水解溶液与明胶质量比为1∶3的施胶溶液在宣纸（13.5cm×3cm）上均匀涂刷，自然晾干后待用。

（2）测试方法

①胶矾水固化性能实验

胶料固化速率采用称重法测试有无明矾的明胶溶液蒸发速率，即在表面皿上滴2mL的胶矾水溶液，每隔60min称重一次，直至恒重，可认为胶矾水已经干燥成膜，然后测各样品的固化硬度。固化硬度采用数显显微硬度计测试其维式硬度（HV），加载力为0.2kg，加载时间为10s。

②墨滴晕散实验

将微量注射器固定在距离纸张样品0.5cm处，将4μL的墨滴（墨∶水=1∶1）以缓慢、恒定的速度滴加到宣纸样品表面。待墨滴干燥后通过三维视频显微镜拍照并利用显微镜自带软件计算墨滴晕散面积。

③Ferron逐时络合分光光度法

铝标准曲线：取Ferron缓冲液8mL于50mL容量瓶中，分别加入5份0.001mol/L的铝标准液0mL、1.0mL、2.0mL、3.0mL、4.0mL，迅速定容至50mL，摇匀得到铝浓度分别在0mol/L、2×10^{-5}mol/L、4×10^{-5}mol/L、6×10^{-5}mol/L、8×10^{-5}mol/L的溶液，量取1.5mL待测液于比色皿中，利用分光光度计光谱模式在铝溶液的最大吸收波长（362nm）处测试其吸光度，并用origin拟合工具软件对测试结果进行回归分析，绘制标准曲线。

明矾水解溶液中铝聚合形态分布：根据相关文献的实验条件和方法，分别取总铝浓度 Al_T 为 0.02 mol/L 三种铝盐沉淀剂样品与 8 mL Ferron 缓冲液，用水定容至 50 mL，使待测液 Al_T 为 5×10^{-5} mol/L，并利用分光光度计在动力学模式下逐时测试其吸光度值，测试时间 120 min。制作工作曲线，结合标准曲线确定明矾水解溶液中铝的形态，计算不同聚合形态铝的相对含量。

④高场 ^{27}Al-NMR 法

利用高分辨液体核磁共振波谱仪在 25℃下对铝盐沉淀剂水溶液、铝盐明胶膜及施胶后的宣纸进行 ^{27}Al-NMR 分析以确定各种基质中铝离子的化学形态及变化。其中，铝盐沉淀剂水溶液以氘代试剂 D_2O 为锁场试剂，铝盐明胶膜及以施胶后的宣纸分别以氘代试剂 D_2O 及 DMSO 为提取试剂进行测试。共振频率 132.2 MHz，采样时间 0.02 s，脉宽 10 μs，循环延迟时间 1 s，扫描次数 256 次。

⑤扫描电子显微镜

扫描电镜测试电压 10 kv，二次电子成像，放大倍率为 400~1000 倍。样品喷金后观察分析。

⑥红外光谱

利用 ATR-FTIR 仪分析明胶、明矾与明胶混合膜及施胶后与纤维的化学键合状态。测试 ATR 附件为金刚石晶体，测试范围 500~4000 cm^{-1}，分辨率 4 cm^{-1}，扫描次数 32 次。

7.1.3.4 结果与讨论

（1）明矾对胶料固化性能的影响

图 7-19 和图 7-20 分别为明胶样品和胶矾水样品的固化速率曲线。曲线大致可以分为三个区域，区域 I 为溶液匀速挥发区域，区域 II 为溶液减速挥发区域，区域 III 为溶液停止挥发区域。区域 I 主要是溶液中游离水分的挥发，此时挥发速度主要受到环境中的温度、湿度以及风速的影响，由于这些因素基本不变，所以此时溶液基本按照匀速挥发。区域

Ⅱ中溶液黏度增加，主要呈现糊状，此时主要是结合水挥发的过程，结合能力弱的水先挥发，结合能力强的水后挥发，所以挥发曲线的斜率不断减少。在区域Ⅲ质量基本不变化，溶液固化成膜，该区域第一个点所对应的时间即为固化时间。

由图可知，加入明矾后的胶矾水溶液的蒸发速度增加。单独的明胶溶液固化成膜时间平均在700 min后，而加入明矾的胶矾水溶液基本在620 min左右便可固化成膜，说明明矾可作为促干剂，加速胶水凝聚固化。胶矾水成膜主要受物理和化学过程的影响。胶矾水在成膜的过程中，其中的水分会不断的蒸发，另外明矾溶于水后，铝离子水解生成带正电的絮凝状的胶体氢氧化铝，推测其可与带负电荷的胶料发生电中和凝聚，通过静电中和减弱了胶粒之间的排斥力，使得胶粒借助范德华力较快速的聚结凝固。

由表7-9硬度测试的三次平均值可知，不加明矾或加明矾的样品均表现出明胶浓度越大，胶膜硬度越高的规律；当相同浓度的明胶加入3%的明矾时，胶膜的硬度会有不同程度的减小，至少减小1.3。推测铝离子水解生成氢氧化铝絮凝体使胶料柔韧性增加，降低了单独胶水的硬度。可见，明矾对胶料发挥了软化剂的作用。

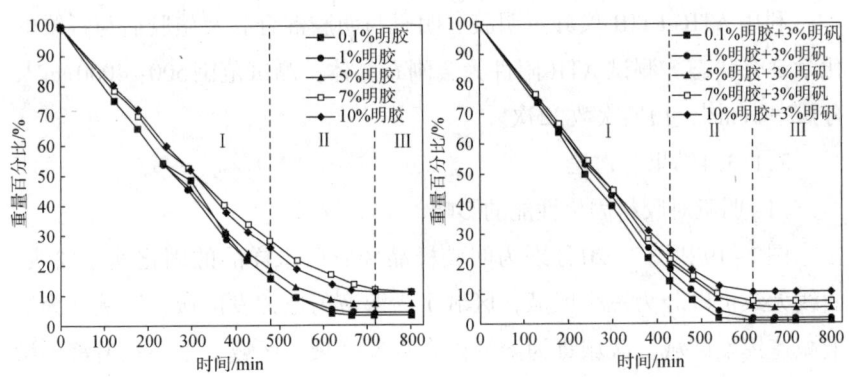

图7-19　明胶样品固化速率曲线　　图7-20　胶矾水样品固化速率曲线

表7-9 明矾浓度对胶膜硬度的影响

明胶浓度/wt%	不加明矾			加3%明矾		
	5%	7%	10%	5%	7%	10%
硬度	19.0	19.7	20.1	14.2	18.1	19.4
	18.9	19.7	20.0	14.6	18.4	19.0
	18.5	20.2	21.4	15.1	18.9	19.1
平均值	18.8	19.87	20.5	14.6	18.5	19.2

（2）墨滴晕散面积

胶矾水的应用使得古书画载体材料（宣纸）产生了抗水性，从而在一定程度上阻止了墨滴的晕散，不同配比胶矾水可形成墨韵千变的效果。然而，胶料与明矾各自发挥了什么样的效果，胶矾水使书画材料产生抗水性的主导因素有待研究。图7-21为各样品的墨滴晕散面积变化图。可见，明胶与明矾共同组成的胶矾水抵抗墨滴晕散的能力最强。胶含量3%，加明矾1%时墨滴晕散面积即由空白样的96.61 m²降低到了7.28 m²，随后随着矾浓度的提高，晕散面积基本保持不变（图7-21d）。对比图7-21a和7-21c可知，相同胶含量时，当添加了1%的明矾，抗晕散性能有了不同程度的提高，尤其在胶浓度较低时影响较为显著，随

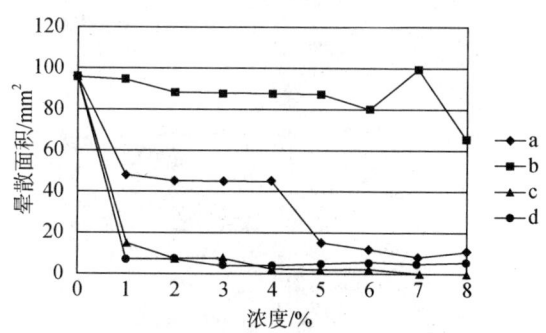

图7-21 各宣纸样品的的墨滴晕散面积变化图
（a.明胶；b.明矾；c.1%明矾＋明胶；d.3%明胶＋明矾）

着含胶量的逐渐升高,抗晕散性均逐渐增强。不含胶的矾水,抵抗墨滴晕散性能最差,明矾浓度1%时,比空白样晕散面积仅降低了$1.33~m^2$,且随着矾浓度的增加,抗晕散性变化不大(图7-21b)。可见,在墨滴抗晕散性能中胶料的影响较为显著,明矾可提高胶料的抗水能力。

(3)书写效果

明胶与明矾的配比不仅影响着墨滴晕散面积的大小还影响着实际的书写效果,显微镜下拍照的施加不同胶矾水的宣纸样品表面情况见图7-22。其中,F1-3和F1-7分别为胶含量为3%和7%的胶水涂刷,F2-7为矾含量为7%的矾水涂刷,F4-5分别为胶含量为4%,矾含量2%的胶矾水涂刷而成。由图F1-3、F1-7可见,有胶无矾时,墨会浮在纸上,墨与纸无法很好地结合,存在大量微孔;在宣纸背面(图B1-3、B1-7)有明显的漏墨现象,即便增加胶含量也不能明显改善。图F2-7、B2-7为有矾无胶的宣纸正反面墨迹情况,可以看到正面墨迹扩散,反面渗墨严重,可见仅用矾水涂刷后,宣纸憎水性差,墨迹易于晕散。图F4-5为胶与矾2:1时涂刷宣纸后的效果,可见宣纸憎水性明显提高,书写无跑墨和渗漏现象,可见明矾的加入可对墨滴具有显著的助留作用。

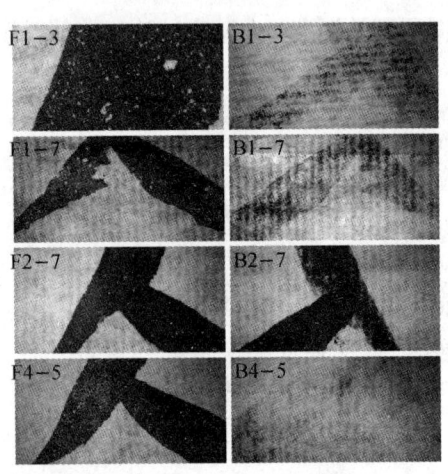

图7-22　不同胶矾水配比宣纸表面书写效果

（4）Ferron 逐时络合分光光度法

以 Al 浓度为横坐标，对应的吸光度值为纵坐标绘制的标准曲线见图 7-23，其线性拟合方程为 $Y = 0.26536 + 0.06725x$，$R = 0.99978$。其中，x 铝浓度；Y 吸光度值；R 相关系数。Ferron 逐时络合分光光度法测试明矾水溶液的吸光度动力学曲线如图 7-24 所示。铝聚合形态的划分和实验条件的确立参照相关文献。其中，在 1 min 内与 Ferron 试剂反应的单体铝的质量分数为 Al_a，1~120 min 与 Ferron 试剂反应的中等聚合态铝的质量分数为 Al_b，剩余的凝胶态铝质量分数为 Al_c。

表 7-10 是明矾中不同铝聚合形态的相对含量。明矾中 Ala 含量为 83.8%，Al_b 为 12.80%，说明在明矾中铝主要以单体形态单核铝 Ala 的形式存在，聚合态的多核铝 Al_b 含量均较低。可见，Ferron 逐时络合分光光度法可简便快速地定量区分铝形态，是一种有效的铝盐聚合物形态鉴定方法，但铝形态的划分较粗略，且不能分辨三种铝形态的具体组成。

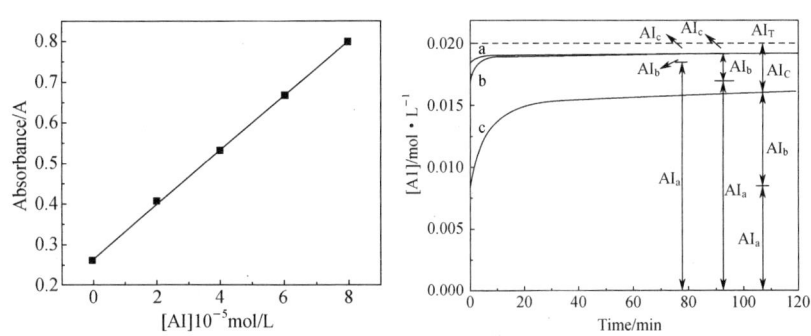

图 7-23　络合分光光度法标准曲线图　图 7-24　明矾的吸光动力学曲线图

表 7-10　明矾溶液 Al_a、Al_b 和 Al_c 分布对比（wt%）

Samples	Content		
	Al_a	Al_b	Al_c
Alum	83.80	12.80	3.40

(5)高场 ^{27}Al-NMR 分析

^{27}Al 核磁共振谱可用于铝离子的化学存在形态分析。利用高场 ^{27}Al-NMR 分析明矾水溶液中的铝离子存在形态及分布特点。由图7-25可见，明矾水解产物的 ^{27}Al-NMR 图中，化学位移 δ 在 0.78 ppm 处的共振峰代表铝单核络合物，主要为八面体结构的 Al(H$_2$O)$_6^{3+}$（Al$_1$），-2.5 ppm 处的窄峰代表 AlSO$_4^+$ 单核物，化学位移在 70.46 ppm 处的宽峰为多核铝高聚物，即对应四配位的铝氧四面体[Al$_{30}$O$_8$(OH)$_{56}$(H$_2$O)$_{24}$]$^{18+}$（Al$_{30}$）[15]。图7-26为明矾与明胶溶液混合后，以及在宣纸施胶过程中的铝化学形态分布变化情况。由图可知，明矾与明胶混合后，未发现新的共振峰，明矾水溶液中单核铝 Al$_1$ 及 AlSO$_4^+$ 的吸收峰强度均明显降低，Al$_{30}$ 共振峰稍有降低，宣纸施胶后，两种铝盐的单核物基本消失，宣纸上仅保留 Al$_{30}$ 的共振峰。可见在施胶过程中，明矾中的单核铝、多核铝均产生了消耗，推测可能在施胶过程转化成了其他铝聚合态或与带负电荷的胶料或纤维发生了静电吸附，是否发生与胶料或纤维产生化学键合需要通过红外光谱进一步确认。

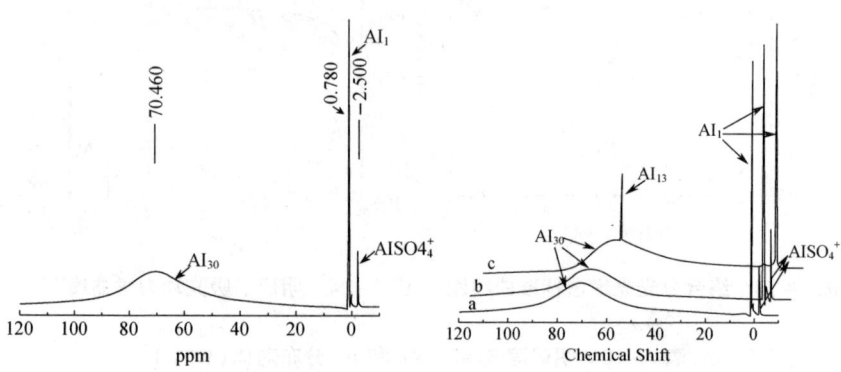

图7-25　明矾水溶液的 ^{27}Al-NMR　　图7-26　明矾施胶过程中的铝形态变化

（6）扫描电子显微镜

利用扫描电镜对未施加胶矾水、施加明胶和胶矾水的宣纸表面微观形态进行对比观察(如图7-27所示),没加入明胶和胶矾水的宣纸的纤维上条状纹理清晰可见,纤维间存在孔洞,没有交联的现象。而施加明胶或胶矾水后,明胶不仅能包覆纤维,并能在纤维间形成交联结构。纤维和明胶分子之间的结合使得纸张空隙率减小,从而使纸张抗水性及强度得以提高。

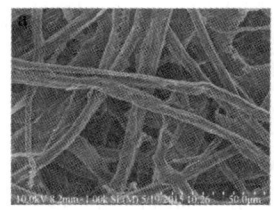 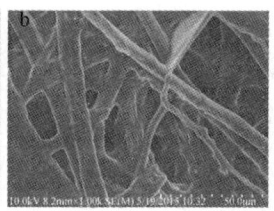 

图7-27 宣纸施胶前后微观形貌对比
(a.宣纸空白;b.宣纸施加明胶;c.宣纸施加胶矾水)

(7)衰减全反射红外光谱

利用红外光谱仪测试胶矾水膜及涂刷胶矾水宣纸样品的红外吸收光谱。图7-28为明胶及胶矾水成膜后的红外光谱图。其中,明胶的红外光谱图中,3278cm^{-1}为明胶胶原蛋白中酰胺的N-H或O-H伸缩振动吸收峰,1630cm^{-1}处是酰胺Ⅰ带C=O的特征吸收峰,1530cm^{-1}为酰胺Ⅱ带C-N键或N-H键的特征吸收峰,1081cm^{-1}为C-O的伸缩振动峰。胶矾水膜除了以

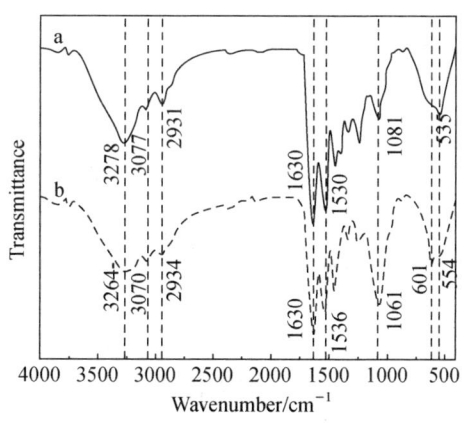

图7-28 明胶及胶矾水薄膜的红外光谱对比图(a.明胶;b.明胶:明矾=7:3)

上特征峰外，在601 cm⁻¹和554 cm⁻¹出现新的吸收峰，该峰位对应的为 Al–O 及 Al–OH 金属键吸收峰。分析可能明胶微粒中羟基（O–H）或羧基（–COOH）的 O 在干燥过程中与明矾的 Al（Ⅲ）发生络合效应，形成网状络合物，加强了胶料的交联，提高了胶料的抗水性。

图7–29为宣纸用不同比例胶矾水施胶液施胶后的红外光谱对比图。相对空白纸（图7–29a）胶矾水施胶液施胶后1641 cm⁻¹的蛋白质酰胺Ⅰ带 C=O 的特征吸收峰均明显增强，1530 cm⁻¹出现了酰胺Ⅱ带 C–N 或 N–H 吸收峰。宣纸植物纤维3326及3280 cm⁻¹的 N–H 和 O–H 的伸缩吸收峰变宽，并向低波数位移，表明施胶剂明胶胶原蛋白的羟基、一部分氨基和羧基与植物纤维表面的非离子区域的羧基能形成众多的分子间的氢键。由添加不同明矾含量施胶剂的宣纸红外光谱对比图（图7–29）可知，随着胶矾水中明矾含量不断增加，Al–O 吸收峰（602 cm⁻¹）强度不断增加，说明随着明矾浓度增加，与纤维结合的 Al 也不断增加。

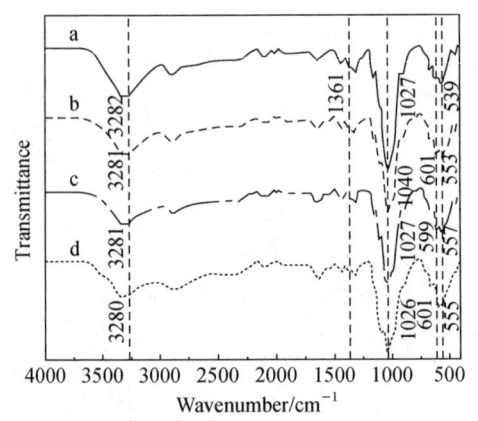

图7–29　宣纸空白及施加胶矾水的宣纸红外光谱对比图
（a. 宣纸空白；b. 明胶∶明矾＝3∶5；c. 明胶∶明矾＝3∶7；d. 明胶∶明矾＝3∶10）

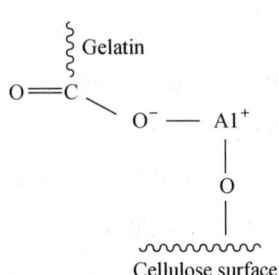

图7–30　胶矾水作用示意图

结合核磁共振结果可知，明矾可以正价态的单核物或多核物等形式与明胶发生键合，将原本带负电的明胶粒子转化为带正电的明胶粒子，带正电的 Al 离子可起到桥联作用，与带负电的纤维结合，促使明胶微粒沉淀在纤维表面，起到了施胶沉淀剂的作用，其作用示意图见图 7-30。

7.1.3.5 结论

本研究通过模拟试验可以得出以下结论：

（1）明矾作为促干剂加速了胶水凝聚固化；作为软化剂增加了胶料弹性。也可作为助留剂，起到墨滴助留作用。施加胶矾水的纸张抗墨滴晕散性能优于单纯的胶水或矾水；有胶无矾时，墨迹浮在纸上，存在大量微孔，易漏墨。有矾无胶时，则抗水性差，墨滴易于晕散。

（2）Ferron 逐时络合分光光谱和 ^{27}Al-NMR 分析表明，明矾及聚合硫酸铝的水解产物主要为单核铝 $Al(H_2O)_6^{3+}$（Al_1）、$AlSO_4^+$ 和多核铝（$[Al_{30}O_8(OH)_{56}(H_2O)_{24}]^{18+}$）（$Al_{30}$）；聚合氯化铝除 Al_1、Al_{30}，还有 Keggin 结构的中聚物 $[AlO_4Al_{12}(OH)_{24}(H_2O)_{12}]^{7+}$（$Al_{13}$）。^{27}Al-NMR 分析表明，铝盐与明胶混合后各种铝水解聚合形态的共振峰强度均有所降低，结合 ATR-FTIR 分析表明，降低的单核铝、多核铝等各正价态水解聚合产物很可能与明胶微粒中羟基（-OH）或羧基（-COOH）产生了键合，将原本带负电的明胶粒子转化为带正电的明胶粒子，促使明胶微粒沉淀在带负电的纤维表面，起到施胶沉淀剂的作用。

（3）Ferron 逐时络合分光光度法、高场 ^{27}Al-NMR 及 ATR-FTIR 技术相结合可迅速判断各类铝盐沉淀剂在宣纸表面施胶过程中的化学形态变化，是研究纸张施胶机理的有效手段。

7.1.4 胶矾水在书画颜料固色中的应用

7.1.4.1 研究背景

绘画中用到的矿物颜料以颗粒形式存在，与纸张纤维的亲合力差。为了提高绘画作品色牢度，必须借助胶和矾的作用，以胶包覆颜料颗粒，再通过明矾将其沉淀在纸张纤维表面。明矾作为一种媒染剂，在这一过程中起到了至关重要的作用。许多工笔画家为了使自己的作品日臻完美，在作画过程中会反复染上矾水，在染两三次颜色后就会罩一层矾水，最多时可以染九次，因此古时就有"三矾九染"之说。上明矾水后不仅能固定颜料，使颜料不晕染，还能使整个画面更加艳丽多彩，增加了颜料的光泽度、亮度和饱和度。颜料在纸张表面附着力、色彩、光泽度等的变化与明矾引起的微观结构变化息息相关。但目前关于明矾增加颜料或纸张光泽度的机理鲜有研究。

本研究拟从科技角度通过模拟实验与微观结构分析阐释明矾在固色中的作用。为了探讨胶与矾在颜料固色中各自起到的作用，本研究分别制备矾水、胶水、胶矾水，考查对银朱、雄黄、四绿、四青的固色效果，探讨固色前后的色度、耐摩擦色牢度及耐洗色牢度变化，利用扫描电子显微镜等考察固色后的颜料表面的孔隙率变化，以期明确胶矾水固色的科学内涵，为胶矾水的合理使用提供参考。

7.1.4.2 实验方法

（1）样品制备

①颜料配制

在银朱、雄黄、四绿、四青中分别加入2%明胶水溶液，用研杵在研钵里将颜料均匀分散。

③试样制备

胶膜：3wt.%明胶、3wt.%明胶+1wt.%明矾、2wt.%明矾制成胶膜，分别测试其光泽度、色度。分别涂刷于朱砂颜料表面测试对比光泽度、色度。

固色样品：采用胶矾质量比为3:1的胶矾水刷制熟宣，裁为尺寸5cm×5cm及5cm×20cm的样品。用毛刷将上述配制好的银朱、雄黄、四绿、四青颜料均匀涂刷于熟宣表面。以上述配好的矾水、胶水、胶矾水溶液均匀刷涂固色，自然晾干后分别用于色度、耐洗色牢度及耐摩擦色牢度测试。

（2）测试方法

①色度分析

采用分光测色仪对比矾水、胶水与胶矾水对银朱、雄黄、四绿、四青颜料固色后颜料色的色度变化。在 L^*C^*h 色空间中，L^* 代表亮度、C^* 为色饱和度、h 为色调角。

②耐磨擦色牢度

将晾干后的样品平铺在染色牢度摩擦仪（温州方圆仪器有限公司，型号 Y（B）571B）的试样台上，将试样固定于样品台上。用圆形磨擦头（直径 $\phi 1.6cm$）固定夹牢纯白棉布并使纯白棉布的经向与摩擦运动方向一致，磨擦头压力为9N，共往复10次，往复摩擦结束后取下摩擦头上的棉布。利用上述的分光测色仪测试摩擦后的棉布的沾色区域的的亮度 L_x^*、红绿对比度 a_x^* 和黄蓝对比度 b_x^*；计算色差值 $\triangle E$。最终结果取三个平行样品残留率的平均值。

③耐洗色牢度

在超声波清洗仪（购自昆山市超声仪器有限公司，型号为 KQ-50B 型）中加入常温的自来水（液位60mm），将晾干的试样，颜料正面朝下放入网架中，试样之间不相互重叠，使水面刚好没过试样。在超声波的频率为40kHz，功率为50W 的条件下，超声清洗 1 min 后，水温上升约 0.8℃（27℃）。清洗完后，用镊子取出正面朝上，在温度为23℃，相对湿度为55% 的条件下再次晾干。采集试样的图像并通过计算机图像处理软件测量残留区和涂布区的面积，计算得到颜料的残留率R%。综合色差值 $\triangle E$ 及残留率R% 两个指标能够实现评价颜料的耐洗色牢度。

④扫描电子显微镜观察

将样品喷金后置于扫描电镜样品仓中观察。测试电压10kv-15kv，放大倍率为500倍。观察对比矾水、胶水与胶矾水对银朱颜料固色后表面微孔结构变化。

7.1.4.3 结果与讨论

（1）色度分析

对比四种颜料采用矾水、胶水与胶矾水固色前后的色度可知（见表7-11），采用单独的矾水或胶矾水固色后各颜料均有较好的亮度 L^* 和饱和度 C^*，采用单独的胶水颜料饱和度 C^* 明显降低。可见采用矾水或胶矾水有使颜色更加鲜艳明亮的功效。

表7-11　不同施胶宣纸上各颜料的呈色效果

样品	色度	银朱	雄黄	四绿	四青
空白样	L^*	49.75	62.53	65.48	50.88
	C^*	43.25	62.47	28.94	29.9
	h	27.38	59.62	155.9	249
第一组（明矾水）	L^*	49.85	64.49	65.67	50.92
	C^*	41.22	60.97	30.51	31.38
	h	28.07	64.38	157.4	253.3
第二组（明胶水）	L^*	48.98	61.69	65.03	50.52
	C^*	47.23	67.19	30.26	30.11
	h	25.54	56.38	153.7	247.7
第三组（胶矾水）	L^*	50.5	62.53	65.89	51.7
	C^*	48.33	63.27	29.86	30.73
	h	29.9	60.59	157.4	251.8

（2）耐磨擦色牢度

对比单独的矾水、胶水与明矾水固色前后各颜料的色差变化，由图7-31可见，第三组样品即胶矾水摩擦后的棉布色差变化最小，即耐磨擦色牢度最好。单独的矾水比胶水固色前后的耐磨擦色牢度好。

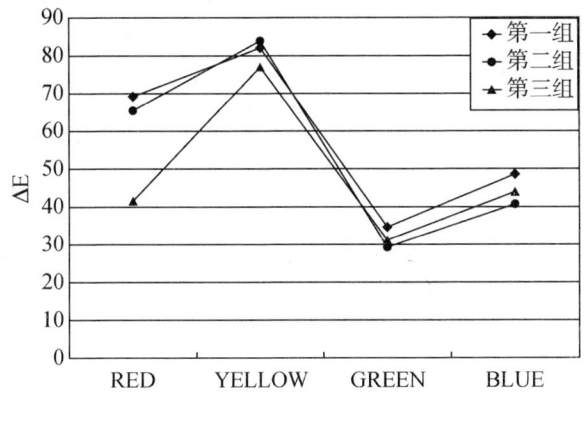

图7-31 宣纸颜料色差变化

(3) 耐洗色牢度

对比单独的矾水、胶水与明胶水固色前后各颜料的色差变化,由图7-32、图7-33可见,第三组样品即胶矾水利用超声波清洗后色差变化最小,残留率最大,即耐洗色牢度最好。单独的胶水比矾水固色前后的耐洗色牢度好。

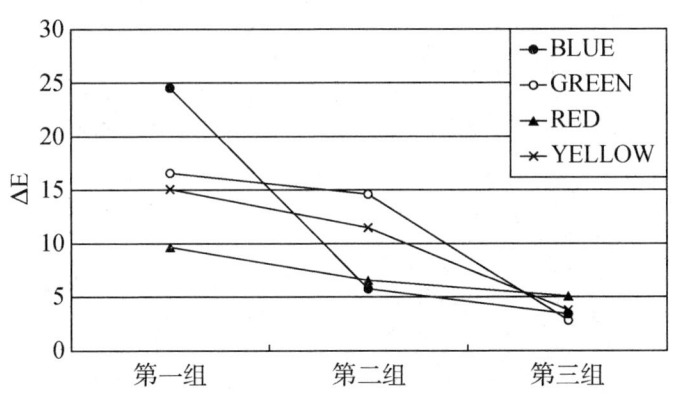

图7-32 宣纸表面清洗前后颜料色差变化

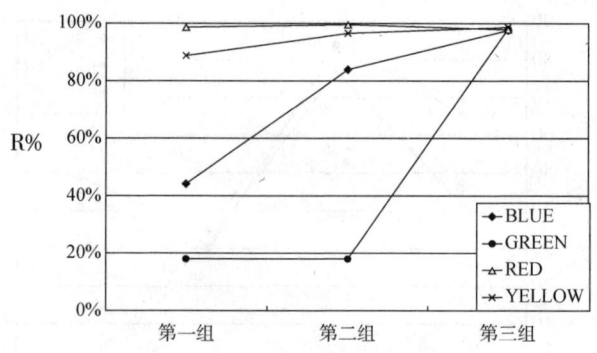

图7-33 宣纸表面清洗前后颜料残留率变化

(4)扫描电镜分析

图7-34为矾水、胶水与胶矾水对银朱颜料固色后表面微观形貌对比图。采用明胶水固色后,胶料干燥成膜后附着于颜料表面,但胶料在不同部位分布不均匀。明矾水固色时,明矾水解产物小晶粒均匀分布于颜料表面。采用胶矾水固色时,对比空白样可见,胶矾水颗粒均匀包裹在颜料颗

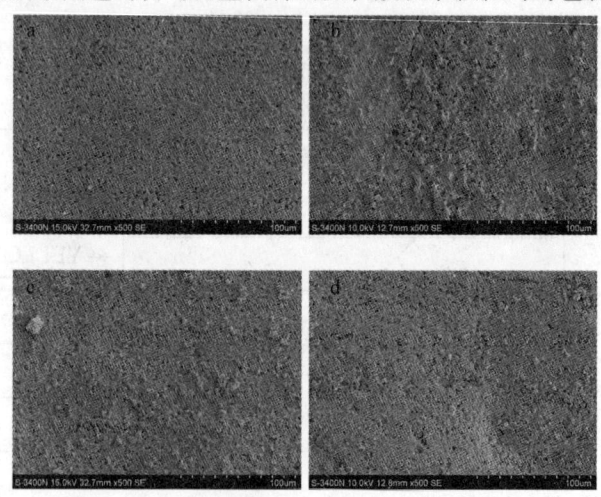

图7-34 银朱颜料固色前后微观形貌对比图
(a.银朱颜料空白样;b.明胶水固色;明矾水固色;d.胶矾水固色)

粒表面，孔隙变少，表面较为平整。可见，明矾促使了胶料沉淀、均匀包裹在在带负电的颜料颗粒表面。明矾作为明胶的促干剂、软化剂和助留剂，可以防止颜料施胶时胶料在干燥过程中的聚合沉淀，使成膜均匀。

（5）机理探讨

根据近代理论，胶矾水中明矾的 Al^{3+} 属于高正电荷密度的离子，是以水合铝离子的形式存在于水溶液中。带负电荷的胶料、颜料等物质吸附铝离子而转变为正电荷，并与带负电荷的纤维相互吸引而沉积在纤维表面，这类正电荷较强的物质称之为沉淀剂或媒染剂。胶矾水中的明胶含有大量的羟基，吸水性强，呈现负电荷。明矾水解后呈现高阳离子电荷，具有较强的反应活性。明矾以单核物、高聚物与明胶的羟基或羧基结合，加强明胶的交联，施于纸张后胶料表面微孔减少，结构更紧密。加入明矾后，可促使胶料沉淀，均匀包裹在在带负电的颜料颗粒表面。明矾作为明胶的促干剂、软化剂和助留剂，可以防止颜料施胶时胶料在干燥过程中的聚合沉淀，填补颜料颗粒表面的孔隙，形成一层均匀的胶膜，使表面漫反射作用减弱，镜面反射增强，光泽度增加，色彩饱和度较好。

7.1.5 结论

（1）采用胶矾水固色后颜色的亮度与饱和度比空白样均有所提高，使颜色更加鲜艳明亮。耐磨擦色牢度及耐洗色牢度均优于单独的矾水及胶水。

（2）胶矾水中的明矾促使胶料沉淀、均匀包裹在在带负电的颜料颗粒表面。明矾作为明胶的促干剂、软化剂和助留剂，可以防止颜料施胶的时候胶料干燥过程中的聚合沉淀，填补颜料颗粒表面的孔隙，形成一层均匀的胶膜，使表面漫反射作用减弱，镜面反射增强，光泽度增加，色彩饱和度较好。

7.2 一种新型中性施胶剂在书画固色中的应用

7.2.1 研究背景

古书画修复中胶矾水引入的纸张酸化、变脆问题长期以来困扰着文物保护工作者。在文博行业，故宫博物院、陕西师范大学、南京博物院分别研发出了羧甲基纤维素、水性聚氨酯以及由胶原蛋白、魔芋葡甘聚糖和壳聚糖形成的"三元膜"来替代胶矾水。然而，这几种替代材料研发的出发点为替代胶矾水中的明胶，未能考虑到胶矾水体系中明矾所发挥的潜在作用。本研究首次在明确明矾在施胶中作为促干剂、软化剂及助留剂的基础上，趋利避害，研发出可替代酸性明矾的中性铝盐施胶沉淀剂。该中性铝盐施胶沉淀剂含有较高的有效多核铝成分，多核铝含量对沉淀剂的效能发挥有重要作用。高含量的多核铝意味着更高的阳离子电荷及反应活性。

研究通过Ferron逐时络合分光光度法测定研发的中性铝盐施胶沉淀剂的铝形态分布、抗墨滴晕散、pH值、固色实验、扫描电镜、红外光谱测试铝盐施胶沉淀剂与明矾溶液混合形成的中性施胶剂的应用效果，湿热老化前后施胶宣纸的耐折度、抗张强度变化探讨其耐久性。

7.2.2 样品制备

（1）中性施胶剂制备

配制明胶与新型施胶沉淀剂混合水溶液为3∶1、2∶1、1∶1、3∶2的四种浓度配比，制备中性施胶剂，以考察其应用效果。称取中性铝盐施胶沉淀剂2g加入98mL去离子水中制成2wt%的中性铝盐施胶沉淀剂溶液，同时称取6g明胶加入94mL、70℃的去离子水中搅拌至全部溶解得到6wt%的明胶溶液，将所述2wt%的中性铝盐施胶沉淀剂溶液与6wt%的明胶溶液以体积比1∶1均匀混合，制成明胶与中性施胶沉淀剂为

3∶1的中性铝盐施胶剂。具体配比见表7-12。

表7-12 新型中性施胶沉淀剂配比

质量比	胶水浓度	沉淀剂浓度	水
3:1	3%	1%	200mL
2:1	2%	1%	200mL
1:1	1%	1%	200mL
3:2	6%	2%	200mL

（2）固色剂的配制

共配制五种固色用材料。主要包括：固色用的中性铝盐施胶剂为明胶与中性施胶沉淀剂配比3∶1的水溶液。施胶剂A以2wt%明矾溶液代替2wt%中性铝盐施胶沉淀剂溶液制备得到的3∶1的明胶与明矾水溶液。施胶剂B以2wt%市售施胶沉淀剂Ⅰ溶液代替2wt%中性铝盐施胶沉淀剂溶液制备得到的3∶1的明胶与市购沉淀剂水溶液。2wt%明胶水溶液以及1%的壳聚糖水溶液。

7.2.3 应用效果测试方法

（1）中性铝盐施胶沉淀剂有效成分分析

采用动力学分析方法Ferron逐时络合分光光度法分析合成的阳离子多核羟铝聚合物溶液中的有效成分多核铝Al_b的含量。

步骤1：建立铝标准曲线：取Ferron缓冲液8mL于50mL容量瓶中，分别加入5份0.001mol/L的铝标准液0mL、1.0mL、2.0mL、3.0mL、4.0mL，迅速定容至50mL，摇匀得到铝浓度分别在0mol/L、2×10^{-5}mol/L、4×10^{-5}mol/L、6×10^{-5}mol/L、8×10^{-5}mol/L的溶液，量取1.5mL待测液于比色皿中，利用分光光度计光谱模式在铝溶液的最大吸收波长（362nm）处测试其吸光度，并用origin拟合工具软件对测试结果进行回归分析，绘制标准曲线。

步骤2：测试铝盐沉淀剂水溶液中铝聚合形态分布：分别取总铝浓

度 Al_T 为 0.02 mol/L 三种铝盐沉淀剂样品与 8 mL Ferron 缓冲液，用水定容至 50 mL，使待测液 Al_T 为 5×10^{-5} mol/L，并利用分光光度计在动力学模式下逐时测试其吸光度值，测试时间 120 min。制作工作曲线，结合标准曲线确定铝盐沉淀剂水溶液中铝的形态，计算不同聚合形态铝的相对含量。

（2）应用于各类手工纸的 pH 值分析

测试涂刷中性施胶液手工纸施胶后以及湿热老化后的 pH 值。湿热老化条件为：箱内温度 50℃，相对湿度 85%，加速老化 30 天，每隔 10 天取出样品测试。测试方法如下：电极为 HI1414D pH 平面电极，测试环境温度 24℃，测量精度为 ±0.02 pH。利用标准 pH 电极标准校正液（pH=7.01，pH=4.01）两点校准后测试，在纸张表面滴加 pH 值测试专用预处理液润湿，将 pH 计置于纸张表面直接测试。每个样品各测四次，取平均值。选择同配比胶矾水样品作为对照样。

（3）手工纸抗墨滴晕散性能分析

将微量注射器固定在距离纸张样品 0.5 cm 处，将 4 μL 的墨滴（墨：水 =1:1）以缓慢、恒定的速度滴加到宣纸样品表面。待墨滴干燥后通过显微镜拍照并利用显微镜自带软件计算墨滴晕散面积。

（4）对绘画颜料的固色效果

对比与胶矾水、市购施胶沉淀剂、单独的明胶水以及壳聚糖对模拟书画颜料样品的固色效果。评估新型中性施胶剂对市购书画的固色效果。将市购加工红星牌熟宣裁成 150 mm × 150 mm 的样品用于固色实验。将银朱、雄黄、四绿、四青四种颜料与 2 wt% 明胶溶液在研钵中以 1:1 均匀混合，用毛刷蘸取颜料涂刷在绘画用熟宣上 2 cm × 2 cm 大小的方格内。待颜料干燥后采用以上固色材料对绘画颜料固色，观察有无晕染。

（5）对纸张力学性能的影响

将准备的 15 mm × 130 mm 的沿纸纤维纵向的纸张样品用于力学性能测试。利用耐折度仪测试样品的抗往复折叠能力，利用质构仪测试样品抗张强度。纸张耐折度测试按照 GB/T 2679.5-1995 进行，设置纸张的施加张力为9.81N。对宣纸纤维的纵向进行测试,各准备五个平行样,求其平均值。抗张强度测试纸选用"纸张拉伸断裂程序",拉力夹具(A/TG),测试样品断裂时承受的最大拉力,各准备五个平行样,求其平均值。

(6)宣纸施胶前后微观形貌及化学键合变化

通过扫描电子显微镜和红外光谱对采用中性施胶剂施胶后的宣纸微观形貌及化学键合情况进行分析。

7.2.4 结果与讨论

7.2.4.1 合成沉淀剂有效成分分析

表7-13对比了常用施胶沉淀剂明矾、市购施胶沉淀剂Ⅰ、市购施胶沉淀剂Ⅱ以及本研究合成中性铝盐施胶沉淀剂水溶液,在总铝浓度Al_T为0.02mol/L三种铝盐沉淀剂样品的有效成分多核铝Al_b含量。可见,明矾水溶液中单体铝Al_a含量为83.8%,多核铝Al_b为12.80%,市购施胶沉淀剂Ⅱ中Al_a含量高达94.05%,Al_b仅为2.55%,明矾及施胶沉淀剂Ⅱ水溶液中的铝主要以单体形态单核铝Al_a的形式存在,有效成分多核铝Al_b含量较低;市购施胶沉淀剂Ⅰ中单核铝Al_a含量为47.85%,多核铝Al_b含量达到了33.20%,溶胶态Al_c含量为18.95%。而本发明合成的中性铝盐沉淀剂多核铝Al_b含量达到了80.18%,具有高效的胶料助沉淀效果。

表7-13 不同来源沉淀剂中铝分布对比

样品\含量%	Al_a	Al_b	Al_c
明矾	83.80	12.80	3.40
市购施胶沉淀剂Ⅰ	47.85	33.20	18.95
市购施胶沉淀剂Ⅱ	94.05	2.55	3.40
中性铝盐沉淀剂	19.82	80.18	/

7.2.4.2 抗墨滴晕散

在净皮单宣、绢的空白样上以及涂刷不同浓度中性施胶剂的净皮单宣、绢的样品上分别进行抗墨性实验。待墨滴干燥后运用显微镜拍照并利用显微镜内软件计算墨滴晕散面积并求平均值，结果见表7-14。可见，中性铝盐施胶沉淀剂含量增加，抗墨滴晕散性能提高，纸张抗水性增加。

表7-14 施胶宣纸墨滴晕散面积变化

墨滴晕散面积/μm^2	1	2	3	平均值
空白生宣	6.34×10^8	6.84×10^8	6.79×10^8	6.65×10^8
生宣 3:1	4.98×10^7	4.71×10^7	3.16×10^7	4.28×10^7
生宣 3:2	2.84×10^7	2.64×10^7	3.28×10^7	2.92×10^7
生宣 2:1	2.47×10^7	2.35×10^7	3.74×10^7	2.85×10^7
生宣 1:1	3.13×10^7	5.02×10^7	5.28×10^7	4.47×10^7

7.2.4.3 固色实验

评估新型中性施胶剂对书画颜料的固色效果，找出该施胶剂使用的最佳浓度范围。具体结果见表7-15。经表明胶溶液、中性施胶剂和施胶剂A的比较可以看出，单独的明胶溶液固色后除了四青颜料外，其余均有晕染跑色现象。当将明矾与明胶溶液混合使用固色时，四种颜料均没有晕染现象。同样，本研究中制备得到的施胶沉淀剂与明胶溶液配合使用对颜料固色后，颜料均没有晕染现象，具有良好的固色效果。对比中性施胶剂、市购施胶剂、胶矾水与壳聚糖对常用九种易掉色的重彩画颜料的固色效果，见图7-35（彩）。可见中性施胶剂的固色效果最好。用新研发的施胶剂对现代市购书画固色后，颜色不晕染，效果较好，见图7-36（彩）。

表7-15 施胶剂对书画颜料的固色效果

固色材料	银朱	雄黄	四绿	四青
2wt% 明胶溶液	晕染	晕染	晕染	不晕染
中性施胶剂	不晕染	不晕染	不晕染	不晕染
施胶剂A	不晕染	不晕染	不晕染	不晕染

7.2.4.4 扫描电镜

将中性施胶剂用于棉料单宣、净皮单宣及竹纸上施胶并且晾干，使用扫描电镜观察未施胶与中性铝盐施胶沉淀剂施胶施胶后的三种手工纸的纤维微观形貌。具体结果见图7-37。图中a为未施胶的手工纸，b为施胶后的手工纸，经比较可以看出未施胶的宣纸纤维条状纹理清晰可见，纤维间存在孔洞，没有交联的现象，纸张的强度完全由纤维之间互相交织而提供。而采用明胶与施胶沉淀剂混合施胶后，溶液包覆了纤维，在纤维之间还产生交联并形成"架桥"，促进两者之间的结合，提高了纸张的抗水性及力学强度。

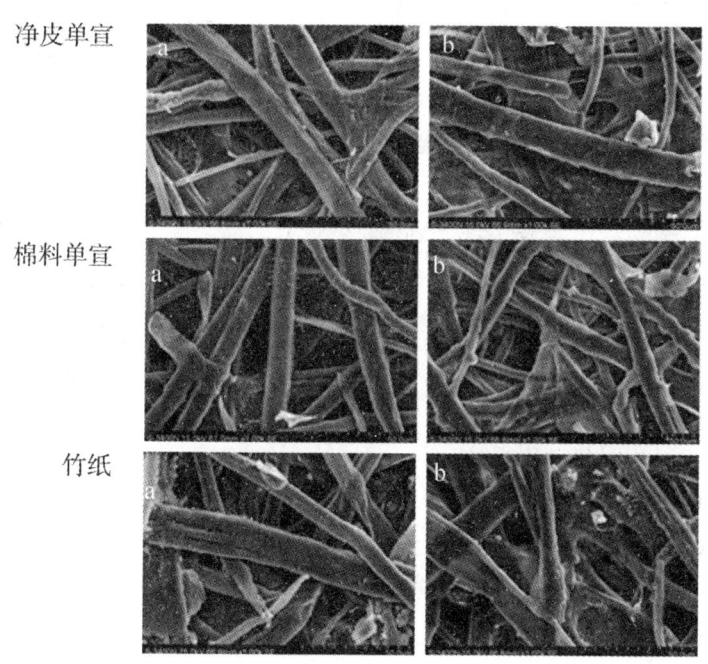

图7-37 扫描电镜谱图

7.2.4.5 红外光谱测试

使用红外光谱分析明胶膜、中性施胶剂膜以及宣纸施胶前后的化学键合，具体结果见图7-38和图7-39。经图7-38中a和b比较可以看出，本研究中制备得到的施胶沉淀剂在施胶后干燥的过程中Al（III）与明胶发生了键合，形成了网状络合物，加强了明胶的交联，提高了胶膜的抗水性。经图7-39中a和b比较可以看出，中性铝盐施胶沉淀剂与明胶混合施胶后，施胶剂中明胶胶原蛋白的羟基、一部分氨基和羧基与植物纤维表面的非离子区域的羧基能形成众多的分子间的氢键，从而提高了纸张的抗水性能。

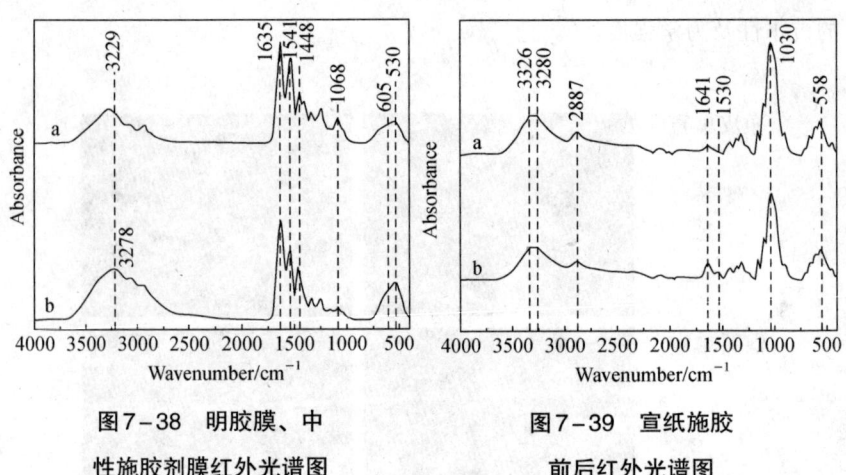

图7-38 明胶膜、中性施胶剂膜红外光谱图　　图7-39 宣纸施胶前后红外光谱图

7.2.4.6 湿热老化实验

进行湿热老化实验（50℃，70%）考察施胶剂随着时间变化的pH值、耐折度和抗张强度变化，见表7-16至表7-18。可见，老化后纸张的pH值依然呈现中碱性，施胶后提高了纸张的耐折度与抗张强度，并且使颜料的呈色、固色效果良好，无晕染。

表7-16 样品湿热老化过程中的pH值变化

样品	老化时间/d	0	7	14	21	28
棉料单宣	空白	8.23	8.21	8.04	7.91	6.12
	1:1	8.02	7.65	8.07	7.79	7.57
	3:2	8.02	7.64	8.08	7.46	7.93
	2:1	8.29	8.12	8.13	8.14	8.23
净皮单宣	空白	7.85	7.19	7.35	7.32	7.05
	1:1	7.24	7.47	7.91	7.92	7.98
	3:2	7.04	7.08	7.99	8.13	8.13
	2:1	7.38	7.34	7.96	8.03	8.06
绢	1:1	7.34	7.4	7.65	7.68	7.60
	3:2	7.62	7.59	7.7	7.74	7.69
	2:1	7.73	8.1	7.92	7.84	7.85

表7-17 净皮单宣样品湿热老化中的耐折度变化（单位：次数）

老化时间/d	0	7	14	21	28
空白	13	12	11	10	8
1:1	16	13	12	12	11
3:2	15	14	12	11	10
2:1	14	13	11	10	10

表7-18 净皮单宣样品湿热老化中的抗张强度变化（单位：N）

老化时间/d	0	7	14	21	28
空白	29.1	28.01	25.58	25.14	23.9
1:1	36.65	36.39	34.62	34.49	31.9
3:2	37.2	37.2	32.75	32.41	30.02
2:1	32.2	31.85	30.2	29.13	29.94

7.2.5 结论

本研究制备的中性铝盐施胶沉淀剂的制备方法通过 Al^{3+} 有机配位稳定剂和有机 pH 值调节剂分步调节多核羟铝聚合物溶液 pH 值至中性,避免了多核羟铝聚合物溶液在 pH 值调节过程中生成絮状氢氧化铝胶体沉淀;制备得到的施胶沉淀剂保持高阳离子电荷,维持施胶时的有效性。制备得到的施胶沉淀剂的 pH 为 6.5~7.5,其中施胶沉淀剂溶液中可促进施胶的有效成分多核铝 Al_b 含量可达到 80% 以上;所述施胶沉淀剂与明胶混合后在三种不同手工纸施胶后的 pH 值均可达到 7 以上,湿热老化 30 天后依然呈弱碱性;施胶后扫描电镜和红外光谱测试结果表明施胶后,溶液不仅包覆了纤维,施胶沉淀剂中的 Al(Ⅲ)均和明胶产生了键合,形成了网状络合物,加强明胶的交联,促进两者之间的结合,提高了纸张的抗水性能与力学强度,并且使颜料的呈色、固色效果良好,无晕染。

7.3 莜麦面团对彩绘文物的除尘效果评价

7.3.1 研究背景

存在于大气环境中的古建油饰彩画、彩绘泥塑等彩绘文物以及年代久远的古书画受降尘影响较为严重。降尘的形态以棱角状和次棱角状为主(83%),圆状等仅占 3%[16]。这种棱角状与高硬度的石英颗粒在湍流的作用下,对彩绘表面磨蚀严重。而且降尘中携带的酸性及霉菌等物质等促使了颜料及其胶结物质的劣变,引起了颜料的褪色、变色甚至影响到基体材料。

除尘是文物保护中的一项最基本的工作,看似简单但要选择一种合适的除尘方式却比较困难。降尘由于粒径比较小(10Å~100 μm),在静电作用、极化作用、氢键以及范德华力的作用下与颜料颗粒紧密结合。不适当的除尘方法不但清洁效果不好,还会导致颜料层的脱落。传统的手工除尘方法有鸡毛掸子除尘、除尘刷除尘、面团除尘等。其中,面团法较适合于表面光滑、体积较大的文物，如建筑彩绘、壁画等。小麦面团因为黏度大，已被应用于文物表面除尘[17]，但容易将绘画表面的颜料黏附下来，造成颜料层松动或脱落。

莜麦面是由裸燕麦（俗称莜麦）加工而成的面粉，燕麦的谷蛋白分子量较小，黏弹性小[18]，具有不沾盆、不沾手、不沾牙三不沾的特点，在除尘过程中易于掌控。本研究旨在探讨经具有防霉驱虫效果的中药材花椒、黄柏和保湿剂甘油改性后的莜麦面团对彩绘以及书画文物表面的综合清洁性能。制备了绘画常用的群青、石青、石绿、铁红、酞菁绿等单色以及复色色卡。将色卡放置在颐和园云辉寺铜佛像的平台上76天后，取回实验室内进行分析。利用离子色谱（IC）、X射线衍射仪（XRD）等分析颐和园的降尘特点；探讨了除尘前后色卡的表面状况以及色差变化；并利用物性仪初步探讨了小麦面团、未改性莜麦面团及改性莜麦面团的黏度、拉伸强度与除尘效果之间的关系。

7.3.2 实验部分

7.3.2.1 莜面团制备

采用水煮法提取花椒、黄柏的有效成分，加热至水沸腾后保持15 min，放置待用。称取一定量莜麦面粉（市购武川莜面粉）后，将过滤后的花椒、黄柏的药汁（T=70℃~80℃）缓缓注入面粉中。注入药汁的同时需要不停地搅拌。待干面粉全部渗透药汁，边搅拌边加入甘油，不断搅拌，待温度逐渐降低，双手和面，将面团揉均匀、分团放置，面团表面蒙上湿棉布待用。注意在使用时，需要将面团在手中简单揉后再用于除尘。

7.3.2.2 模拟样板制备

（1）彩绘文物模拟色卡

利用多层宣纸托裱后的纸板作为载体，熬制浓度为2%的骨胶水，在研钵中配制群青、石青、石绿、铁红、酞菁绿、土红、洋红（马利牌国画颜料）等七种色系的颜料，用羊毛刷均匀涂刷于样板上，样品分为两组，共14个样品。

（2）古书画模拟色卡

制作古书画常用颜料色卡，包括靛蓝、赭石、朱膘单色色卡，以及复色色卡，见表7-19。

表7-19 古书画模拟色卡颜料配比

颜色	配比
红色	单色：朱砂；朱膘；赭石； 复色：朱砂：赭石（1:1）；朱磦：墨（2:0.1）；曙红：墨（1:0.1）；胭脂：朱膘：墨（1:1:0.1）
蓝色	单色：靛蓝
紫色	复色：靛蓝：朱砂（1:1）；靛蓝：朱砂（1:3）；靛蓝：赭石（1:1）；靛蓝：赭石（1:5）；天蓝：大红（1:1）；胭脂：朱膘：花青（5:4:1）

7.3.2.3 降尘实验

降尘实验在颐和园云辉寺进行[见图7-40（彩）]，将各单色及复色色卡水平放置于铜佛像底座下的平台上，在没有人为干扰的状况下，自然落尘76天后取回首都博物馆实验室分析。

7.3.3 实验结果与讨论

7.3.3.1 颐和园降尘特点分析

利用离子色谱仪（IC，美国ICS-2100型）分析云慧寺油饰彩画以及山门殿彩塑护法金刚力士上收集的降尘颗粒离子组成。云慧寺降尘取样点在右侧屋梁[见图7-41a（彩）]，山门殿彩塑护法金刚力士取样部位在左臂衣襟飘带转折部位、右手小臂以及双脚部位[见7-41b（彩）、7-41c（彩）、7-41d（彩）]，用软毛刷轻轻刷取降尘约1g左右。

IC测试条件为：F^-、Cl^-、NO_3^-、SO_4^{2-}阴离子色谱分离柱为IonpacAS 11阴离子分离柱和AG 11阴离子保护柱，ASRS 300连续自动再生电解微膜抑制器；DX-600型离子色谱仪测定Na^+、NH_4^+、K^+、Mg^{2+}、Ca^{2+}阳离子，色谱分离柱为IonpacCS 12A阳离子分离柱和CG 12A阳离子保护柱，CSRS 300连续自动再生电解微膜抑制器。称取0.5g样品于

100 mL烧杯中，加入50 mL纯水，超声浸提15 min后，静置片刻，取上层清液用离子色谱进行分析。测试结果见表7-20，山门殿和云慧寺降尘中SO_4^{2-}、Ca^{2+}含量均较高，其次是NO_3^-、Mg^{2+}、Cl^-，可见主要为含硫酸盐或氮化物等的粉尘，有很强的化学腐蚀性和污染性。

表7-20　降尘试验阴阳离子测试结果（mg/kg）

阳离子	Na^+	NH_4^+	K^+	Mg^{2+}	Ca^{2+}
山门殿	838.94	246.04	289.76	1478.87	15215.58
云慧寺	1346.89	1006.81	607.74	2752.70	19574.52
阴离子	F^-	Cl^-	NO_3^-	SO_4^{2-}	
山门殿	457.00	1136.36	3473.88	16709.51	
云慧寺	441.29	1713.61	3073.70	27187.87	

7.3.3.2 除尘前后显微观察

在三维视频显微镜下（放大200~300倍）对比洋红、群青、石青三种颜料样品在采用莜麦面团和除尘刷（猪鬃毛刷）除尘前后的显微照片［见图7-42（彩）］，可见在处理相同时间（5s）后，莜麦面团除尘较干净，显微照片中灰尘中的颗粒几乎看不到。除尘刷除尘会导致颜料层不同程度的脱落，特别是与胶水融合性不好的有机颜料洋红样品脱落最为严重，露出宣纸纤维基体。莜面团除尘过程温和，对画面颜料层影响较小。

7.3.3.3 色差及反射光谱分析

降尘试验前与除尘后样品的色差ΔE反映了除尘的效果，色差越小说明越接近于样品原始表面状况，除尘效果越好。表7-21为模拟彩绘样品集尘76天后除尘前后的色差变化。对比莜面除尘和除尘刷除尘前后的色差变化可知，除尘刷除尘前后色差变化较大，特别是洋红、铁红、酞菁绿、石青等颜料，而莜麦面团除尘后，洋红色彩改变最大，ΔE为3.58；其他颜料样品ΔE均小于3，可见莜面团除尘较为温和，除尘后的样品和降尘试验前的原始样品表面状况较为接近。图7-43分别是酞菁绿（phthalocyanine green）、群青（ultramarine blue）、石绿（malachite green）

及洋红(carmine)采用莜面团或除尘刷除尘前后的反射光谱变化。由图可知，各颜料样品均有相同的规律，莜面团除尘前后反射光谱比较接近，而除尘刷除尘前后反射光谱差异较大，说明除尘刷对模拟彩绘颜料样品表面影响较大。

图7-44为利用莜麦面团处理书画模拟色卡后的色差变化情况，可见除了易于脱落的靛蓝外，其他色卡除尘前后 ΔE 变化均小于3.5，大多数 ΔE 在3以下，可见莜面团除尘对色彩影响较小。

表7-21 彩绘样品集尘及除尘前后的 ΔE 值

第一组		酞菁绿	群青	石青	石绿	铁红	土红	洋红
莜面团	ΔL*	0.26	0.32	0.65	-0.26	-0.18	-1.04	3.15
	Δa*	0.77	0.95	-0.89	-1.84	-0.98	-1.35	-1.56
	Δb*	2.85	-0.56	-0.48	1.16	1.92	-0.97	-0.69
	ΔE	2.96	1.14	1.20	2.19	2.16	1.96	3.58
第二组		酞菁绿	群青	石青	石绿	铁红	土红	洋红
除尘刷	ΔL*	1.13	2.06	2.21	-0.23	3.92	2.06	10.11
	Δa*	7.01	-3.01	-0.57	1.08	4.8	-3.34	-0.77
	Δb*	2.44	1.11	3.88	0.64	7.07	-1.94	-1.62
	ΔE	7.50	3.81	4.50	1.27	9.40	4.37	10.26

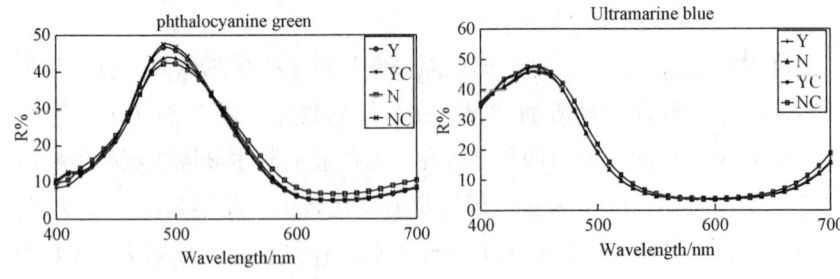

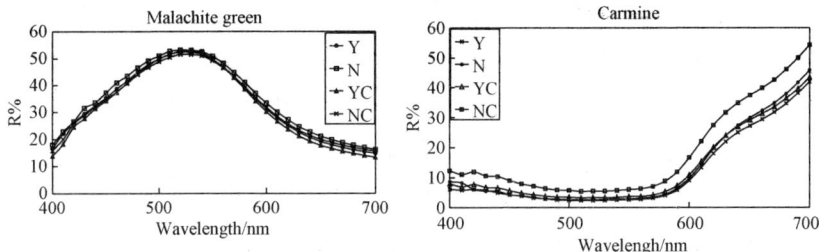

图7-43 各颜料样品莜面团或除尘刷除尘前后的反射光谱变化
（Y 莜面团除尘前；YC 莜面团除尘后；N 除尘刷除尘前；NC 除尘刷除尘后 ）

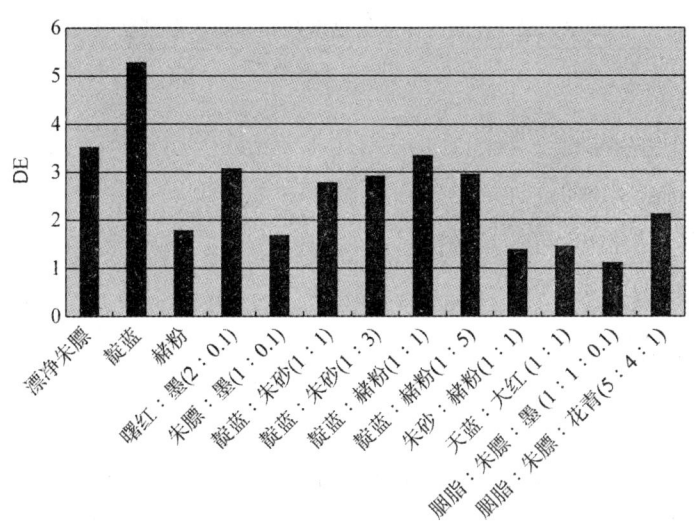

图7-44 莜麦面团处理书画模拟色卡后的色差变化

7.3.3.4 莜面团的黏度及拉伸强

莜面团的除尘能力与其黏度有着直接关系，可通过测试面团对相邻物体的接触部分的分离能力表征其黏度。在本次实验中利用 TA.XTplus 质构仪（台湾超技仪器有限公司）测试莜面团的黏度，黏度通常用圆柱形探头（P/50）测试。设置以 2.0mm/s 的速度接近样品，直到探测到 5gN 的接触力，然后开始压缩样品当接触力达到 300gN 时，保持5秒，使探头和样品良好接触，然后探头以 10mm/s 的速度，撤离样品 15mm，这时产生的分离探头与样品的力为最大黏度,即为最大的力量转折点。各测试莜麦粉和小麦粉(市购富强粉)样品做3个面团,面团大小约为20mm×60mm,求平均值计算。表7-22为各测试面团样品的黏度及黏丝距离测试结果。可知,本次除尘的莜面团黏附力为15.89gN。对比小麦面团可知,相同配比的小麦粉黏度以及黏丝距离为莜面团的几十倍;水增加5mL,莜面团黏度增加不到两倍,而小麦面团增加五倍多。黏度越大除尘效果越好,但同时也容易引起颜料层脱落或者使面团粘到文物的缝隙中,因此小麦面团并不适合于彩绘及书画文物除尘。

表7-22　各测试样品的黏度及黏丝距离测试结果

样品	最大黏度(gN)	面团黏附性(gN/sec)	面团黏丝距离(mm)
除尘用莜面团	15.89	0.90	1.11
莜面100g,水100mL	33.43	2.37	1.30
莜面100g,水105 mL	64.68	5.52	1.58
小麦粉100g,水100 mL	549.224	429.999	24.203
小麦粉100g,水105 mL	2956.865	584.777	26.221

拉伸强度反映了样品的抗拉伸阻力,可表示面团面筋网络结构弹性、筋力。将面团制成大小约为20mm×60mm的长条,以夹具夹持(A/TG),测试直到面团条断裂得到面团的抗拉伸力、延伸度。为了避免样品在夹持钳口断裂,在试样与钳口间垫上绢布,各制作三个面团,求平均值计算。表7-23为各测试面团样品的拉伸强度及延伸度测试结果。由表可知,本次除尘用改性莜麦面团的拉伸强度为80.3gN,不改性莜麦面团的拉伸强度为140 gN,大于相同配比小麦粉的拉伸强度。改性莜麦面团延伸度为6.9mm,延伸度为未加甘油莜面团的两倍,可见甘油的加入改善了莜麦面团的网络结构,增加了黏弹性,在除尘时较为温和,对画面影响较小。

表7-23 各测试面团样品的拉伸强度及延伸度测试结果

样品	拉伸强度（gN）	延伸度（mm）
除尘用莜面团	80.3	6.9
莜面100g，水100 mL	140	3.57
小麦粉100g，水100 mL	37.8	6.83

7.3.3.5 讨论

古建彩绘或纸质绘画由于时代久远，胶结材料老化流失，在被清理尘土的同时，常伴随着颜料层的脱落，因此彩绘类文物除尘难度相对较大。在常用的几类方法中，例如清水、羊毛刷、猪鬃刷、吸尘器、鸡毛掸子等方式中，清水除尘改变了绘画颜料表面湿度，在干燥的过程中引起二次伤害；羊毛刷虽然柔软，除尘却不干净；猪鬃刷质地稍坚硬，对绘画层破坏明显；吸尘器在吸走灰尘的同时，难免会吸走一些脆弱的颜料颗粒；鸡毛掸子容易导致颜料粉化脱落。莜麦面团是在除尘过程中易于人为掌控的一种方法，相对来说较为温和，除尘干净。

事实上，彩绘类文物除尘没有一个完全理想的方式，每一次除尘都会产生一定程度的伤害。利用莜麦面团除尘可根据彩绘文物表面保存的具体情况筛选不同的黏度配比，加入中药材可以起到防腐防霉的作用，加入的防静电材料可以在除尘后对尘土起到排斥的作用，以便延长除尘的周期。所以，莜麦面团除尘是一种有前景的除尘方式，值得推广。

7.3.4 结论

本研究通过显微观察、色差及反射光谱分析对比了改性莜麦面团和除尘刷两种除尘方法对自然降尘后的彩绘及书画模拟样品的除尘效果，结果表明：

（1）颐和园降尘主要为含硫酸盐或氮化物等的盐碱粉尘，有很强的化学腐蚀性。

（2）改性莜麦面团除尘较干净，且除尘过程温和，除尘前后色差变化小于3.5；除尘刷除尘会导致颜料层不同程度的脱落，特别是与胶水融合性不好的洋红颜料脱落最为严重。

（3）物性仪分析表明，改性莜麦面团所测黏度为15.89gN，相同配比的小麦粉黏度以及拉丝距离为莜面团的几十倍，黏度越大除尘效果越好，但同时也容易导致颜料层脱落或者使面团粘到文物的缝隙中，因此小麦面团并不适合于彩绘及书画文物除尘。同时，改性莜麦面团由于加入甘油，改善了莜面团的弹性，延伸度为未加甘油莜面团的两倍，除尘温和，对绘画颜料的影响小。

（4）利用莜麦面团除尘可根据彩绘文物表面保存的具体情况筛选不同的黏度配比，加入中药材可以起到防腐防霉的作用，加入的防静电材料，可以在除尘后对尘土起到排斥的作用，以便延长除尘的周期。莜麦面团除尘是一种有前景的除尘方式，值得推广。

参考文献

[1] 许慎. 说文解字[M]. 北京：中华书局, 1963.

[2] 张彦远. 历代名画记[M]. 北京：人民美术出版社, 1963.

[3] Kunii T L, Nosovskij G V, Hayashi T. *A Diffusion Model for Computer Animation of Diffuse Ink Painting*[C]. Computer Animation'95, Proceedings, IEEE, 1995: 98-102.

[4] Lee J, Diffusion rendering of black ink paintings using new paper and ink models[J]. *Computers & Graphics*, 2001, 25(2): 295-308.

[5] Shin J, Marumoto M. *Ink diffusion simulation for 3D Virtual Calligraphy*[C]. In Awareness Science and Technology (iCAST), 4th International Conference on IEEE, 2012: 163-168.

[6] 白兵乾. 基于颜色和圆形度的交通禁令标志提取. 电子设计工程, 2011, 19(6): 150-153.

[7] 王概,等.芥子园画传(全本)[M].杭州:浙江古籍出版社,1998:631.

[8] 方开泰.均匀设计与均匀设计表[M].北京:科学出版社,1994:1-17.

[9] Ekaterina Pasnak, Season Tse, Alison Murray. An investigation of alum in the gelatin sizing of far eastern paintings on silk[J]. *Archetype Books*, 2005:81.

[10] 徐文娟.明矾对宣纸耐久性影响的研究[J].文物保护与考古科学,2008,20(4):47-50.

[11] 王亚龙.明矾在纸质文物中的应用研究[J].南方文物,2013(1):154-156.

[12] 时倩,铁付德,梅建军.胶矾水浓度对宣纸性能影响初探[J].中国国家博物馆馆刊,2013(11):136-148.

[13] Irene Bruckle. The role of alum in historical papermaking[J]. *The Abbey Newsletter*, 1993, 17(4):1-12.

[14] 张恒.浅析胶矾在中国绘画艺术中的应用[J].株洲师范高等专科学校学报,2003,8(6):4-44.

[15] 王先龙,邹公伟,毕树平.^{27}Al核磁共振波谱法测定环境生物样品中铝研究进展[J].无机化学学报,2000,16(4):548-560.

[16] 边归国,马荣.大气环境对文物古迹的影响[J].环境科学研究,1998,11(5):22.

[17] 王允丽,曲亮.文物除尘方法研究[C]//王蕙贞,宋迪生,王瑸生.文物保护与修复纪实——第八届全国考古与文物保护(化学)学术会议论文集[M].广州:岭南美术出版社,2004:378-383.

[18] 刘永峰,杨晓清.燕麦—小麦混合粉的粉质特性研究[J].农产品加工·学刊,2010(6):25-27.

第八章　文物色彩分析与保护修复方法

本书的研究以文物色彩为主线，以期建立各类材质基体色彩文物分析保护的一般研究思路与方法，从表观的颜色变化监测到微观的色彩成分变化，从色彩构成材料本身的物理化学性能测试到外界环境的影响评估，从配色染色数据化到色彩保护材料的研发与应用，涵盖了文物色彩保护工作的方方面面。色彩类文物的分析内容主要包括色彩组成、色彩载体材料、连接载体材料和色彩的胶结材料、媒染剂，色彩中的相关填料，敷彩、染色工艺，劣变产物及文物保存状态等。在明确色彩等本体组成及劣变程度的基础上，探究导致劣变的内在因素与外界环境因素带来的影响，该研究对于文物后续的保护修复及保存环境设置具有重要参考意义。文物色彩在展览展示过程中易受到环境中温度、湿度、光照、污染气体及微生物等的影响发生褪变色，因此对原有文物色彩进行量化表征，以最大程度复制文物风貌，代替文物进行展示研究也是一种很好的保护方式。另外，除了预防性保护，一些糟朽严重的色彩类文物，如绘画颜料的污染、脱落、褪色，需要引入外来材料进行清洗、除尘、固色、全色等修复处理。这些材料不应对文物本体带来伤害，与原材料兼容性好，耐久性好，不影响下一步的保护处理。

可见，文物色彩分析保护工作需要多方面的综合知识，涉及文物保护学、分析化学、涂料化学、界面化学、胶体化学、染料化学、材料学等。科学分析是为了有目的性、有针对性地进行下一步的保护修复处理，以最大限度地还原、维护色彩文物的健康状态，消除病害隐患，使色彩文物处于适宜的环境下，长久保存，延年益寿。文物保护事业发展20多年以来，分析检测技术日新月异，分析仪器不断更新，分析手段更加多样，更加趋向于微损、无损、大样品的原位以及远距离分析，分析的准确度、效率、应用范围有了很大程度的提高与拓展。另外，文物色彩分析流程的规范化有利于文物的安全及有效信息的提取，保护修复方法的梳理对于色彩文物的适当保护具有重要意义。

8.1 文物色彩分析原则与步骤

8.1.1 分析原则

文物作为珍贵的历史文化遗产，具有唯一性和不可复制性。本体物质组成、经历、储存环境赋予了文物珍贵而独特的历史信息，因此文物分析即为各种表观及微观信息的收集。让文物"活"起来，即安全、准确、有效地挖掘文物潜在历史文化科技信息，让沉默的历史说话。首先，分析手段必须无损或者微损，分析过程需要从无损到微损。尽量减少取样量、减少曝光量，把对文物的伤害降到最小。例如，分析时先采用X射线荧光等无损分析手段，再采用扫描电镜等微损方式进行全面分析；在采用激光拉曼光谱对颜料进行分析时，可进行预实验，尽量衰减激光功率，在采集信息的同时减少损害。其次，分析需要从宏观到微观，从表面到本质。例如，可先拍照、显微拍照、量化色彩、绘制病害图，然后进行色彩组成成分、工艺、劣变产物等的分析。再次，在分析过程中要保证文物的安全，可根据需要设计缓冲样品台（例如加装海绵缓冲垫、护栏）等，做好防护措施及预案。最后，文物色彩分析需要各种分析手段综合运用，相互佐证，以最大限度采集文物最真实的信息和状态。总的来说，文物色彩分析的原则就是在保证文物安全的前提下，最大限度采集、保留文物真实信息，为下一步的保护修复做准备。

8.1.2 分析步骤

根据以上的分析原则，色彩文物分析需要从无损到微损，从宏观到

微观,从组成到结构,从无机到有机,从现象到本质。具体的分析步骤总结归纳如下:

(1) 文物样品登记编号

对文物样品信息依次编号登记,填写文物检测申请单、任务单,检测完成后填写报告单。检测申请单主要内容应包括文物样品名称、年代、取样点、现状描述、测试目的等信息。文物检测申请单示例见表8-1。文物检测任务单和文物检测报告单格式分别见表8-2、表8-3。

表8-1 首都博物馆文物检测申请单

申请单位 (或部门)		申请人 (或经手人)	
文物名称 (及编号)	文物材质	文物年代	
文物状况 取样点 重量 尺寸 腐蚀等			
检测预期目的			

(以上内容由文物检测申请单位填写)

负责人(签字)

日期: 年 月 日

表8-2 首都博物馆文物检测任务单

被检测文物名称（及编号）		
检测仪器	☐ 电子探针 ☐ 扫描电镜 ☐ X射线荧光能谱仪 ☐ 色质联用仪 ☐ X射线摄影仪 ☐ 环境材料试验机 ☐ 红外线摄影仪 其它：	☐ 三维视频显微镜 ☐ 全电动体视显微镜 ☐ 傅立叶变换红外显微镜 ☐ X射线衍射仪 ☐ 激光拉曼光谱仪 ☐ X射线荧光分析显微镜 ☐ 万能显微镜
检测人		
检测期限		
简要检测方案		

负责人（签字）

日期： 年 月 日

表8-3　首都博物馆文物检测报告单

被检测文物名称（及编号）			
检测人	检测日期	审核人	

报告简述

负责人（签字）

日期：　年　月　日

（2）拍照、显微拍照

采用相机对文物样品加标尺及色卡拍照，在体式显微镜或者三维视频显微镜下，按照放大倍数从小到大观察、拍照记录样品表面形貌、保存状况等信息。

（3）颜色量化与监测

利用漫反射技术进行现场原位、连续实时的监测颜色的变化。可采用分光光度仪、光纤光谱仪等仪器测试光谱特性参数，量化色彩。测量时只需将探头放在样品表面，无须取样，是一种快速、简便、无损的分析技术，可以做到准确定量。

（4）元素及物相无损分析

各种彩绘颜料（金箔、金粉）、地仗材料、填料、纤维等，将采用X射线荧光分析仪、漫反射技术、电感耦合等离子体质谱仪（ICP-MS）、激光拉曼光谱、红外光谱等等方法进行材料元素及物相成分的无损分析检测。

（5）剖面分析

对于彩绘漆片、壁画、古建彩绘等文物样品可进行剖面分析，研究其绘制工艺。将样品切片、打磨、固定于载玻片上，采用光学显微镜、扫描电镜、偏光显微镜等手段对彩绘文物样品进行剖面观察，获取其厚度、结构、粒度等的相关信息。

（6）元素及物相微损分析

采用扫描电镜-能谱分析仪（SEM-EDX）、激光诱导击穿光谱（LIBS）、X射线衍射仪（XRD）等方法进行材料元素组成及物相成分的分析检测。如可采用XRD等技术对壁画地仗层中掺杂的麦草等纤维材料的结晶度情况进行分析检测，以判别其老化程度。

（7）有机物成分微损分析

彩绘文物中的有机物质为胶料或者染料等。胶料是彩绘层的主要有机物质，包括骨胶、明胶、桃胶等。拟采用红外光谱、拉曼光谱、气相色谱质谱等技术对其进行分析检测，对比古代常用的胶结材料组成和降解、分解后的产物标准谱图,通过胶料在老化前后光谱特性及其强度的变化来识别胶料的组成、含量及其老化程度,彩绘文物分析技术路线见图8-1。染料可通过紫外可见分光光谱、液相色谱质谱联用仪、核磁共振等分析染料组成成分。

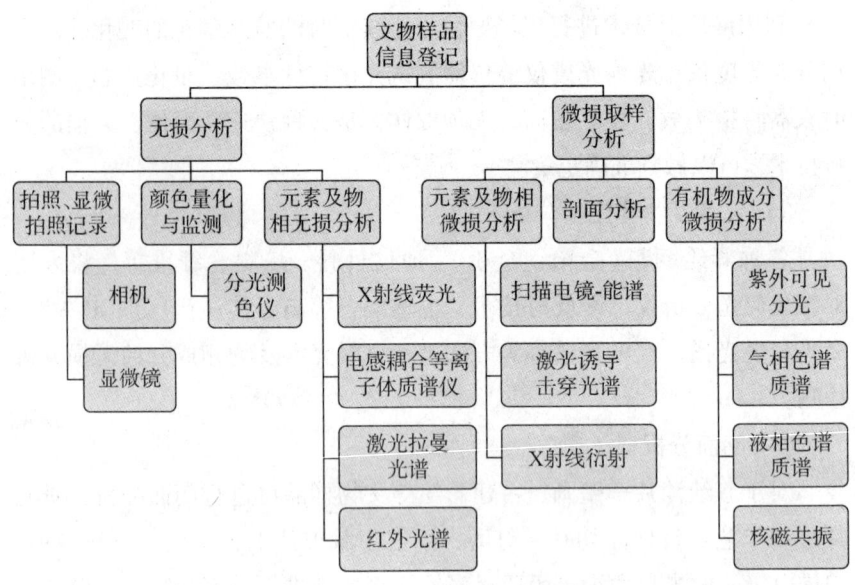

图8-1 彩绘文物分析技术路线

8.2 色彩文物的保护修复

8.2.1 保护修复原则

文物演绎着人类社会历史发展的轨迹,是先辈留给我们的宝贵财富。因此,文物承载着历史信息、文化信息,保护文物的实质是保护其历史、科学、艺术等价值。这些价值是由它的结构和所承载的信息所决定的。文物保护修复就是要减缓或控制文物劣化变质的进程,对已损文物进行处理,使其缺失的结构或丧失的信息得以恢复,使文物的隐患得以消除,使劣化进程得以控制或减缓并使之处于相对稳定的状态之中。

《威尼斯宪章》等国际公约中所提出的最少干预性原则、布兰迪所倡导的现代文物保护修复理念来源于西方文物的保护实践,针对的多是西方的建筑、油画、雕塑等文物,修复实践中坚持最小干预性、可逆性和可识别性三原则。最小干预性原则适用于任何国家任何文物,东西方有着近似的看法,即不影响文物所包含的历史信息的尽量不修,能少修的一定不多修。可逆性原则指的是修复过程中使用的材料必须是可去除的,方便以后新材料、新工艺的利用且不对文物造成损害。目前,可逆性原则根据实际情况修改为可再处理原则,即保护修复不影响下一步的保护处理。关于可识别性原则,中国和西方在认知上存在差异。西方修复工作者在修复中遵循真实性和可辨识性,而中国在文物的保护修复中将修复分为考古修复、展览修复、商业修复,将不同功能的文物区别对待,以适应社会人群的美学需要。

8.2.1.1 文物的劣变与保护者的守护

物质起始于原子,通过化学键合构成各类化合物分子,形成物质,从最低能态到达最高能态。最终随着岁月的变迁,又倾向于并最终达到最低能态,周而复始,循环往复。可见,各类物质组成的文物都有逐步劣化的必然趋势,这是大自然的运动发展规律。作为一名文物保护修复人员,便是要在充分认识各类文物材质发展、劣变规律的基础上,延缓劣变速度,为文物创造适宜的生存环境,监测文物保存动态。尽可能地消除存在隐患,使文物本体得到稳定化,劣化进程得以控制或减缓并使之处于相对稳定的状态之中。尽可能地延长文物寿命,保留历史文化信息,守护灿烂的文化遗产。

8.2.1.2 传统修复与保护科技

文物传统修复技艺多为修复匠师口传身教,代代相传,是长期修复过程中点点滴滴经验的积累,是珍贵的非物质文化遗产。现代的文物保护修复便是在传承传统修复技艺同时,进行科学化提升,摒弃不足,发扬优势。科技分析的引入,使给文物治病更具有针对性、目的性,在此基础上制定科学的修复方案及预防性保护方案。除了使用天然材料,现代材料科学进步出现的纳米材料、生物材料的出现也为文物保护修复注入了新的动力。科学地引入、筛选其他领域的新技术、新材料,继承地使用原有材料,将传统修复技艺与现代科学技术紧密、有机结合就形成了文物修复的发展趋势。

8.2.2 色彩文物保护修复的一般思路与方法

8.2.2.1 文物本体保存现状调查

修复前首先需要对文物本体保存现状进行调查。彩绘类文物劣变的主要形态有颜色褪变、颜料层包括贴金层脱胶粉化、起翘、开裂,胶结材料老化,黏度降低,地仗层开裂、空膨变形、起翘脱落等。纺织品类文物存在染料的褪变色、污染、霉变,纺织品糟朽、叠压、缺失等病害。

8.2.2.2 外界环境调查

外界环境地下埋藏环境和出土后的保存环境。地下埋藏环境包括地下水、酸碱盐侵蚀、细菌分解、周围铁锈等的污染。出土后的环境因素包括光照辐射(紫外线、热辐射)、温湿度变化、降尘、污染气体、微生物等因素。色彩类文物制成后,保存环境条件是决定其风化的主要因素。环境因素对彩画风化的影响研究是非常重要的,研究可结合典型性、代表性色彩文物的古代制作技术、保存现状与病害调查等工作,通过传统的观察绘图记录的方法,结合实验室的加速风化老化试验,了解文物基本病变类型的内在机制。采用传统材料、工艺制作出模拟样品,进行实验室模拟老化实验,进行不同风化因素对劣变的具体影响过程和程度,通过考察文物中主要材料的化学组成、颜色、胶结力等方面性能的变化,从而确定文物的风化程度。利用相关学科的理论知识对模拟实验取得的数据进行处理,揭示制作工艺、保存环境与其劣变的关系,确定劣变的主要原因(见图8-2)。

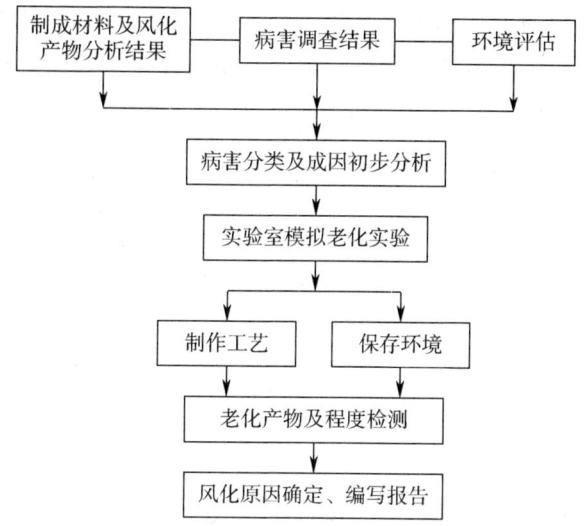

图8-2 彩绘类文物风化原因研究技术路线

8.2.2.3 修复材料筛选、研发与应用

修复材料主要包括清洗、除尘、加固、防霉等修复保护材料，需要根据文物的实际情况有针对性地进行筛选，确定所用材料的配比、用量以及使用方法。首先，需要根据待修文物的材料、制作方法制备模拟样品；其次，设计一系列修复材料的浓度、配比、应用方法在模拟样品上试用；再次，通过测试对比该材料在模拟样品上使用前后、老化前后的色彩分析、酸碱度分析、力学性能、化学结构以及微观结构变化，评估其使用效果，筛选最佳浓度、配比与使用方法；最后，通过在文物上小范围使用该保护修复材料，定期监测其应用效果、文物状况，确认可行后，再整体大范围使用。

8.2.2.4 文物的存放与监测

色彩类文物如壁画、书画、彩绘泥塑、彩绘陶和织绣品等为有机无机复合体文物，需要放置于适宜的环境条件下，才能长久保存。一般温度为15℃~20℃，每日温度波动小于2℃，相对湿度为55%-

60%，每日变动上下幅度不超过2%~5%，光源不产生紫外线及热辐射，光照照度降为最低或可调。定期对绘画颜色、载体材料、形变情况变化进行监测。

后　记

　　十年前，我从汉唐胜地、文物大省陕西省的一所高校——西北大学文化遗产学院硕士毕业后，来到首都博物馆工作。我从小耳濡目染了秦砖汉瓦、古建彩绘、墓室壁画的魅力，读书期间导师王丽琴教授又将我引入了文物保护研究这座神秘殿堂。我从对专业知识的一知半解，到自行设计实验方案和分析实验现象、结果，这些进步都离不开王老师的谆谆教导和悉心传授。文物保护学是个多学科交叉的复杂领域，既需要化学、物理等自然科学做支撑，又需要丰富的文史及艺术史知识方面的积淀。除了学习分析化学、有机化学、材料化学等课程之外，我在课余时间沉浸于秦彩绘陶俑、墓葬壁画等文物的资料搜集和研究中，并有幸参加了国家科技部"十一五"科技支撑计划项目"古建油饰彩画传统工艺科学化研究"，与文物色彩研究结下了不解之缘。

　　自2008年参加工作以来，我在首都博物馆王武钰副馆长的指导下，曾对书画修复组修复的多幅书画进行了修复前后的色彩量化，对比了全色、清洗前后的色差变化，同时对绘画颜料进行原位无损分析鉴定。在参与北京市科委课题"中国古代纺织品保护研究"期间，建立了常用天然植物染色材料的拉曼光谱、紫外可见光谱等数据库，分析测试了多件馆藏纺织品文物的染料成分，为纺织品文物的修复、复原提供了理论依据。此外，我还曾研究了老山汉墓漆器髹漆工艺、曹村窑青黄釉陶片腐蚀物形成机理、古书画辅料配色染色数据化、彩绘保存环境影响、传统胶矾水作用于纸张上的机理以及保护材料研发等方面。工作十年以来，我在对各类文物色彩分析与保护研究方面积累了较为丰富的理论及实践经验，十年磨一剑，将自己从事文物色彩保护多年的研究成果整理汇总，撰成此书。感谢北京市文物局科研办、首都博物馆领导和同事对我研究工作的帮助和支持,谨以此书献给兢兢业业的文物保护工作者们!

何秋菊

2018年10月于首都博物馆